(개정판)

한 권으로 끝내는
공공조달 시장 진출

PUBLIC PROCUREMENT

입찰부터 계약 및 사후 관리까지

개정판

한 권으로 끝내는 공공조달 시장 진출

양현상 지음

두드림미디어

프롤로그

국내 공공조달 시장은 약 123조 원의 규모를 갖고 있음에도 불구하고 기업 입장에서 절차와 방법을 알기 쉽게 정리된 것이 없다. 물론, 각 정부기관에서 안내서 등으로 발간되지만, 그 또한 내부 참고자료이고, 그 절차를 전체적으로 이해하기 어렵다.

그동안 공공조달 관련 법령과 제도에 관한 책들은 일부 발간되었으나, 공공조달 입찰 절차를 설명하는 책은 없었다. 중소기업들은 사업 참여 방법을 이해하기 쉽지 않고, 절차도 어렵게 느껴져 시장 진출에 어려움을 겪고 있다.

세부적인 방법과 절차를 하나하나 해당 기관 담당자에게 묻는 것도 한계가 있다. 기본적인 지식의 바탕이 없는 상태에서 질문은 해결방법을 찾기 어렵다. 이런 점에서 공공조달은 어렵고, 복잡하고 잘못했다가 오히려 경영의 어려움을 겪을 수 있다는 불신의 시장 분야가 되었다.

어떤 시장보다 접근하기 좋고, 진출할 때 도움을 받을 수 있는 것이 정부기관과의 계약임에도 기업들이 어려움을 느끼는 것을 조금이나마 해결하기 위해 내용을 정리하게 되었다. 이번 책에서는 공공조달 관련 계약제도 등은 별도로 하고, 기업에서 실무자가 직접 활용할 수 있는 절차와 방법을 기술했다. 물론, 공공조달과 관련한 다양한 분야를 이 책 한 권에 담기에는 어려움이 있었다. 하지만 이 책을 통해 공공조달에 대한 전반적인 이해가 가능하도록 꼭 필요한 내용을 담으려고 노력했다. 기업이 안정적으로 공공조달 시장에 진출하기 위해 실무자뿐만 아니라 경영자까지 전반적인 이해가 가능하도록 집필했다.

이 책을 통해 공공조달의 방법과 절차를 이해하는 데 도움이 되길 바라며, 공공조달 시장 진출을 통해 기업은 안정적 이익을 창출하고, 정부 및 공공기관은 질 좋은 제품을 구매하는 순환 구조의 시장이 확립되길 바란다. 이러한 시장 환경을 통해 기업과 정부 및 공공기관이 서로 대등한 입장에서 합의를 체결하고, 계약 내용은 성실히 지켜지는 계약 문화가 만들어지길 바란다.

많은 시간 경험하고 쌓아온 공공조달에 대한 내용을 책으로 정리하는 과정은 힘들었지만 소중한 시간이었다. 이 책을 끝까지 마무리할 수 있도록 도움을 주신 출판 관계자분들과 항상 응원해주는 가족들께 감사함을 전하면서 많은 기업들의 공공조달 시장 진출을 돕는 데 조금이나마 힘이 되길 기원한다.

양현상

차례

부록

PART

1

공공조달 시장,
어떻게 진출하는가?

1

공공조달 제대로 알기

1 공공조달의 이해

공공조달(Public Procurement)은 정부가 공공재 공급을 위해 민간 등 다른 부문으로부터 재화 또는 서비스(물품, 공사 및 용역 등)를 획득하는 것이라 할 수 있다. 여기서 '정부'는 국가, 지방자치단체 및 공기업·준정부기관을 포함한 공공기관 등 광의의 정부를 의미한다. 따라서 중앙정부 및 지방자치단체와 공공기관의 조달 계약을 모두 포함하면 '공공조달 계약' 또는 '공공 계약'이라는 용어를 사용한다. '국가 계약' 또는 정부를 의미하는 '정부 계약'이라는 용어도 함께 사용하고 있다.

공공조달은 일반적으로 입찰 공고, 입찰 참가 등록, 입찰, 낙찰자 결정, 계약 체결, 준공 및 대가 지급 등에 이르는 일련의 절차를 갖고 있다. 조달절차 및 대금수수 등 이러한 모든 과정은 '전자조달' 정보처리시스템을 통해 발주기관과 직접 대면 없이 전자 방식에 의해 처리하고 있다.

공공 계약 절차 요약

국내 입찰		국제 입찰
• 추정 가격 국제 입찰	**국제 입찰 대상 여부 판단**	• 추정 가격 국제 입찰
• 일반 입찰, 제한 입찰 지명 입찰, 수의 계약 • 협상에 따른 계약 등	**입찰(계약) 방법 결정**	• 일반 입찰(제한 입찰 포함), 지명 입찰, 수의 계약 • 협상에 따른 계약 등
• 입찰서 제출 마감일로부터 7일 전(공사 : 현장설명일 전일~7일 전) • G2B 공고	**입찰 공고**	• 입찰서 제출 마감일로부터 40일 전(공사 : 현장설명일 전일~7일 전)
• PQ • 현장설명(입찰일로부터 10~33일 전) • 예정 가격 작성(VAT포함)		• 좌동(유자격자 명부 작성 가능) • 현장설명(입찰일로부터 33일 전)
• 입찰 보증금 납부 (입찰 금액의 5% 이상) • 청렴 계약 체결	**입찰**	• 입찰서 제출 마감일로부터 40일 전(공사 : 현장설명일 전일~7일 전)
• 적격심사 낙찰제, 최저가 낙찰제, 종합심사 낙찰제 협상에 따른 계약 등	**낙찰자 결정**	• 좌동
• 계약 보증금 납부 (계약 금액의 10% 이상)	**계약 체결**	• 좌동
• 선금 지급 : 계약 금액 20~70%		
• 계약 금액 조정 • 기성 대가 지급	**계약 이행**	• 좌동
• 준공 대가 지급 • 하자보수 보증금 (계약 금액의 2~5%)	**이행 완료 및 대가 지급**	• 좌동

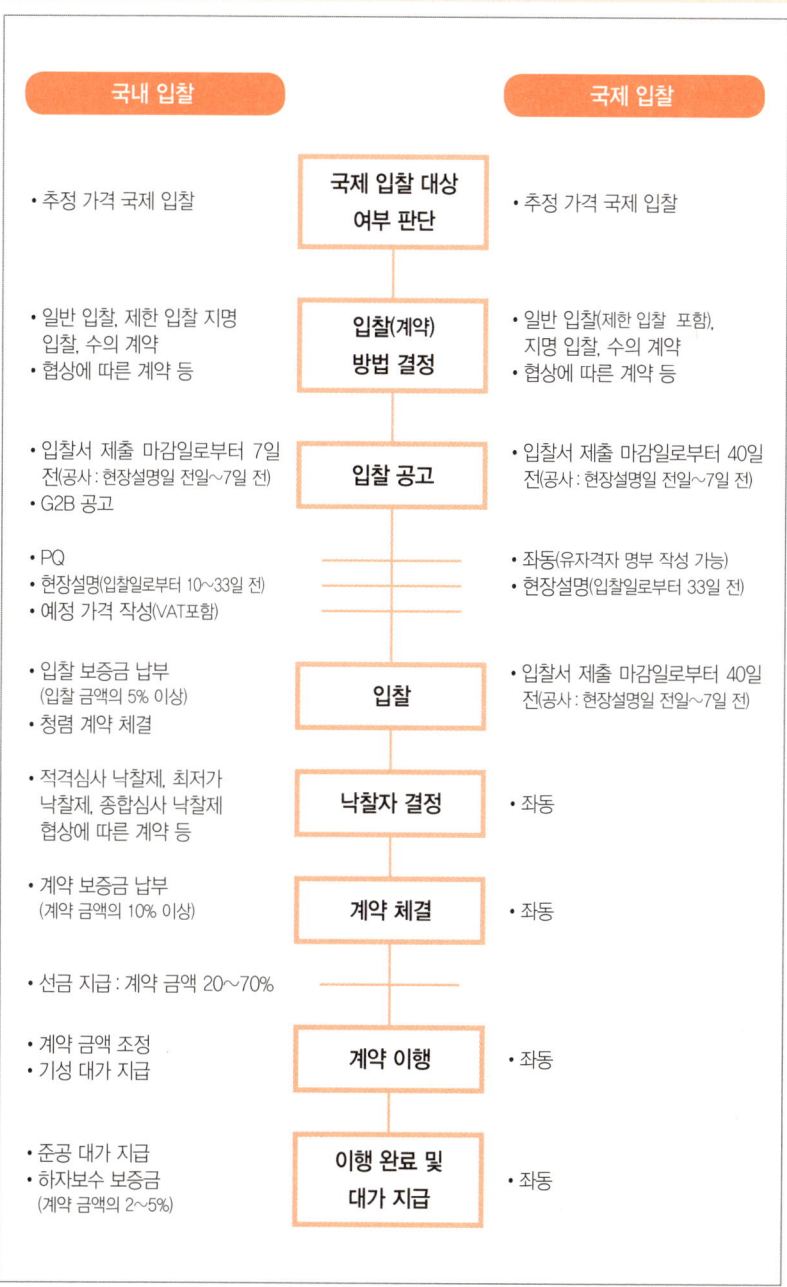

공공 계약의 '전자조달'은 조달청이 구축한 국가종합전자조달시스템(G2B 또는 나라장터)을 이용해 국가, 지방자치단체와 공공기관은 물품 구매나 시설공사 및 용역 등을 계약할 때 전자조달시스템을 통해 입찰 공고를 하고, 입찰에 참가하는 업체는 같은 시스템을 통해 입찰 참가 신청 등 필요한 서류를 제출한다. 국방 관련 조달은 국방전자조달시스템을 통해 같이 진행하고 있다. 계약 체결도 전자서명을 활용하고, 계약 이행 대가도 계좌이체 등을 통해 지급되는 등 모든 조달절차가 비대면으로 처리되고 있다.

공공 계약의 입찰 및 계약 방법 결정에서부터 입찰 공고, 예정 가격 작성, 입찰, 낙찰자 결정, 계약 체결, 계약 이행, 준공 및 하자보수에 이르기까지 전체 과정에 대한 구체적인 방법, 기준 및 절차는 국가계약 법령에서 규정하고 있다.

2 공공조달 계약의 종류는 어떤 것이 있나요

공공기관이 공급원을 결정하는 방식(계약 방법)에는 여러 사람에게 동시에 청약 기회를 제공하는 경쟁 입찰(일반, 제한, 지명)과 특정인에게만 청약 기회를 제공하는 수의 계약으로 구분된다. 경쟁 입찰 방법은 일반 경쟁 입찰, 제한 경쟁 입찰 및 지명 경쟁 입찰의 3가지 방법이 있다. 그 중 일반 경쟁 입찰에 따른 계약이 입찰의 기본원리에 가장 충실한 방식이다. 입찰 공고를 통해 일정한 자격을 가진 불특정 다수의 희망자를 입찰에 참가하도록 한 후 미리 제시한 낙찰자 결정 방식에 따라 선정된 자와 계약을 체결하는 방법이다.

일반 경쟁 계약은 계약 대상 물품, 용역, 시설공사를 규격 및 명세서와 계약 조건 등을 공고해 불특정 다수의 입찰 희망자가 모두 입찰에 참여하도록 허용하고, 국가에 가장 유리한 조건을 제시한 자와 계약을 체결하는 방법이다. 공공조달은 일반 경쟁 계약을 원칙으로 한다.

제한 경쟁 계약은 경쟁 입찰 참가자의 자격을 일정한 기준에 따라 제한해 계약을 체결하는 방법이다. 예를 들면 시공능력, 실적, 기술보유 상황, 지역, 재무 상태 등에 따른 제한이다. 구체적인 기준은 '국가를 당사자로 하는 계약에 관한 법률 시행령' 제21조(제한 경쟁 입찰에 의할 계약과 제한사항 등)에 명시되어 있다. 입찰 참가자격을 공사의 경우 시공능력 공시액, 시공실적, 기술보유 상황 등으로 정하고, 물품제조의 경우 해당 물품제조에 필요한 설비, 기술보유 상황, 실적 등 일정한 기준으로 참가요건을 정한다. 불성실하고 능력이 없는 자를 입찰에 참가하지 못하도록 해서 부실시공 방지, 입찰업무의 효율성 등을 확보하려는 데 의미가 있다.

지명 경쟁 계약은 신용과 실적 등에 있어서 적당하다고 인정되는 특정 다수의 경쟁 참가자를 지명해 계약 상대를 결정하는 방법이다. 예를 들면 계약의 성질·목적에 비춰 특수한 설비가 있는 자가 아니면 계약의 목적을 달성하기 곤란한 경우로서 입찰 대상자가 10인 이내인 경우 등이다. 구체적 기준은 '국가를 당사자로 하는 계약에 관한 법률 시행령' 제23조(지명 경쟁 입찰에 의할 계약)에 명시되어 있다.

수의 계약은 계약 담당 공무원이 계약 상대자를 경쟁 입찰을 하지 않고 견적서를 비교하거나 특정인을 계약 상대로 선정해 계약을 체결하는 방법(경쟁 계약 원칙에 대한 예외)이다. 예를 들면, 추정 가격이 5,000만 원 이하인 물품·용역 등이다. 구체적 기준은 '국가를 당사자로 하는 계약에 관한 법률 시행령' 제26조(수의 계약에 의할 수 있는 경우)에 명시되어 있다. 일방 경쟁 계약을 원칙으로 하는 정부 계약의 특례를 이루고 있고, 계약 공무원이 수의 계약을 체결하려는 때에는 보다 신중하고 공정한 업무집행이 요구된다.

계약 체결 방법 장·단점 비교

구분	장점	단점
일반 경쟁	• 입찰의 기본 원리에 충실 • 폭넓은 입찰 참가 기회 부여 및 가격 경쟁으로 공정성·투명성 확보 및 예산 절감에 유리	• 경쟁 과열로 인한 덤핑 입찰 및 계약 이행능력이 부족한 업체의 응찰 등으로 인한 부실공사 우려 • 입찰자 및 발주기관의 입찰 소요비용 부담 증가
제한 경쟁	• 입찰 참가자격 요건 설정으로 계약 목적 달성에 적합한 업체 선정에 유리 • 중소기업 보호 목적에 적절 • 일반 경쟁 및 지명 경쟁의 단점을 보완	• 객관적인 참가자격 요건 설정의 어려움 • 지나친 요건 설정으로 진입 장벽 우려
지명 경쟁	• 불필요한 과다경쟁 배제로 입찰 절차의 효율성 제고 • 일반 경쟁에 비해 절차 간소	• 참가자 지명 단계에서 객관성 및 공정성 확보의 어려움 • 특정인만 참가함으로써 발생하는 담합의 소지
수의 계약	• 계약 목적물의 특성 충족에 적합 • 신속한 계약 목적 달성이 가능 • 입찰 절차 간소화로 입찰 비용 부담이 감소	• 경쟁 배제로 기술 개발의 저해 및 예산 낭비 우려 • 정책적 목적 달성을 위한 수단으로 악용될 우려 • 업체와 발주기관 간 유착으로 잡음 발생 우려

3 계약의 기본 프로세스는 어떻게 되나요

계약의 기본 프로세스는 물품용역, 시설공사로 구분해 살펴볼 수 있다.

물품용역 계약 프로세스

물품용역 계약 프로세스의 대상은 조달청, 계약 대상자, 수요기관으로 구분될 수 있고, 총 18개 절차로 수행된다.

물품용역 계약 프로세스

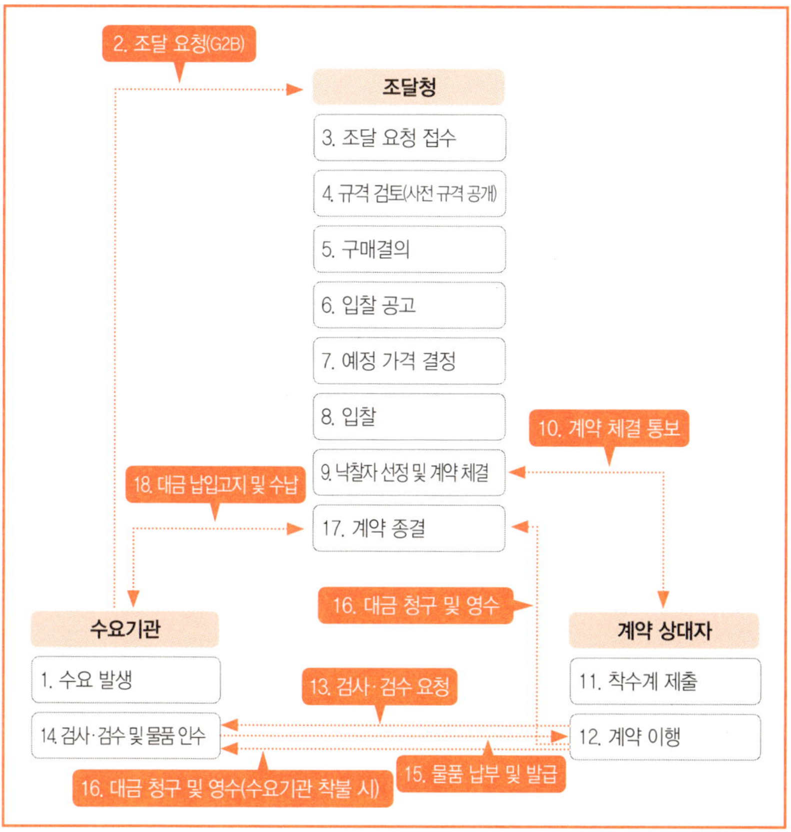

① 수요 발생

수요 발생은 수요기관의 사업목적에 필요한 물품 및 용역의 필요에 따른 것으로 해당 예산을 확보함으로써 발생한다.

② 조달 요청(나라장터)

수요기관의 장은 품명, 규격(명세서), 납기, 특수조건 및 추정 가격, 배정 예산 등을 기재해 나라장터(국가종합전자조달시스템)를 통해 조달 요청을 한다.

③ 조달 요청 접수(나라장터)

조달 요청서는 본청 및 수요기관을 담당하는 지방청에서 접수하고, 접수와 동시에 나라장터에 게재해 일반에게 공개한다.

④ 규격 검토

정부 물품은 일반 경쟁을 원칙으로 하고, 가장 경제적이고 경쟁 가능한 규격으로 구매한다.

⑤ 구매결의

검토가 끝난 조달 요청서에 대해 낙찰자 선정 방식 등이 기재된 구매결의서를 작성한다.

⑥ 입찰 공고

입찰 방법에 따라 경쟁에 부치고자 할 때는 나라장터를 이용해 공고한다.

⑦ 예정 가격 결정

예정 가격은 계약 담당 공무원이 구매를 위한 경쟁 입찰 또는 가격 협의를 하기 전에 당해 계약 목적물의 특성 및 계약 여건 등을 고려해 예산 범위 내에서 구매 가격으로서 적정하다고 판단해 정한 가격을 말하고, 같은 가격은 입찰 또는 협의조정에 따른 낙찰자 선정의 기준이 되며 계약 체결에 대한 최고 상한금액이다.

⑧ 입찰

입찰은 입찰 공고에 명시된 시간과 장소에서 실시한다.

⑨ 낙찰자 선정 및 계약 체결

경쟁 입찰은 입찰 후 낙찰 예정자로 선정된 자, 수의 계약은 수의 계약 대상자와 체결한다.

⑩ 계약 체결 통보

계약서를 계약 당사자 및 수요기관에 송부한다.

⑪ 납품 준비

계약 당사자는 계약서에 따라 물품을 납품하고, 계약서 규격, 명세서 및 제반 조건 등에 맞도록 제작한 계약 물품을 공급한다.

⑫ 납품

계약자는 납품에 필요한 제반 준비사항을 완료한 후에 서면으로 수요기관에 통지한다.

⑬ 검사·검수 요청

계약 상대자는 수요기관에 계약 목적물에 대한 검사·검수 요청을 납품일까지 서면으로 신청한다.

⑭ 검사·검수 및 물품 인수

'검사'는 계약 목적물이 관련 법령에 의거 적합하고 구매규격 명세서대로 제조·설치되었는지를 검사 공무원이 확인하는 것이고, '검수'는 검사에 합격한 계약 목적물이 손상 또는 훼손 없이 납품 서류상의 수량대로 납품되었는지를 물품출납 공무원이 확인하는 것이다.

⑮ 물품 납품 및 영수증 발급

물품을 인수한 수요기관에서는 물품 납품 및 영수증을 발급하고, 계약 조건에 따른 유보금 및 공채매입 여부 등 대금 지급 시 참고할 내용을 기록한다.

⑯ 대금 청구 및 영수

수요기관에서 검사·검수가 완료되어 물품 납품 및 영수증, 기타 제출 서류를 첨부해 계약자가 조달청에 대금 청구를 할 때는 제반 기재사항, 계약 물품의 규격 및 수량, 납품기한 대 실제 납품일, 하자 보증금 적립 여부, 계약자에게 지급될 금액에 관한 사항 등을 확인 후 대금을 청구한다.

⑰ 계약 종결

납품서류 확인 결과 하자가 없거나 보완이 완료된 경우에는 계약 종결 서류를 작성한다.

⑱ 대금 납입고지 및 수납

계약 상대자에게 계약물품 대금을 지급한 후 계약 대금과 해당 조달수수료를 가산해 수요기관에 납입고지하고(수요기관 직불의 경우는 해당 수수료), 수요기관은 동 금액을 국고수납 대리점에 납부한다.

시설용역 계약 프로세스

시설용역 계약 프로세스의 대상은 조달청, 계약자, 수요기관, 한국은행 국고수납 대리점, 조달 회계팀으로 구분될 수 있고, 총 23개 절차로 수행된다.

① 시설공사 계약 요청

수요기관의 장은 시설공사의 계약 체결을 요청할 때에는 공사 계약요청서, 공사개요서, 내역서, 설계도면, 명세서 등 관련 서류를 첨부해 제출한다.

② 공사 계약요청서 접수

공사 계약요청서를 계약부서에서 접수해 미리 본 후 기술검토 부서에 송부한다.

시설용역 계약 프로세스

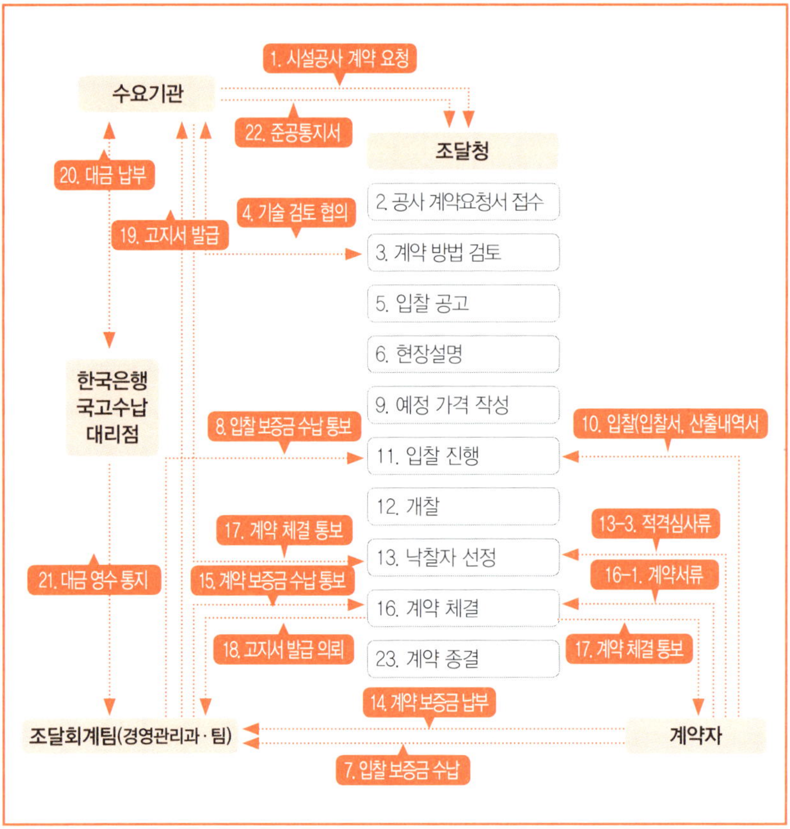

③ 계약 방법 검토

당해 공사의 공법, 기술, 용도, 규모, 현장 여건, 시공에 필요한 등록 요건, 수요기관 요구사항, 복합공사 종류의 경우 분리발주 여부, 관계 규정 등을 검토해 계약 방법을 결정한다.

④ 기술 검토 협의

기술 검토에 필요한 사항 등을 수요기관과 협의한다.

⑤ 입찰 공고

입찰 방법에 따라 경쟁에 부치고자 할 때는 나라장터를 이용해 공고한다.

⑥ 현장설명

• 현장설명 참가

▶ 국가계약법 적용 대상 추정 가격 300억 원 이상인 공사의 경우 현장설명은 의무실시 대상이나, 현장설명에 참석하지 않아도 입찰 참가가 가능하다.

▶ 지방계약법 적용 대상 공사로서 현장설명을 시행하는 경우에는 반드시 현장설명에 참여한 자만이 입찰 참가가 가능하다.

• 현장설명 참가자격 증명

▶ 현장설명 일시 및 장소는 입찰 공고서에 명시한다.

▶ 현장설명 참가자는 국가기술 자격수첩 또는 건설기술자 경력수첩을 제시한다.

⑦ 입찰 보증금 수납

보증금액은 입찰 가격 5/100 이상 상당 금액이고, 보증방법은 현금 또는 지정된 보증서 등(부정당업자, 계약관이 입찰 보증금 납부가 필요하다고 결정한 경우다. 이외에는 보증금 지급각서로 대체한다. 공사입찰특별유의서 제8조 참고)이다.

⑧ 입찰 보증금 수납 통보

조달회계팀장(경영관리과·팀장)으로부터 입찰 보증금 납부자 명단을 통보한다.

⑨ 예정 가격 작성

수요기관에서 작성해 보낸 산출내역서의 소요물량에 대해 단위당 단가를 조사해 예정 가격 기초조사서를 작성하고, 예정 가격 기초조사서에 근거해서 작성된 예비 가격 기초 금액을 입찰일로부터 3~7일 전에 공표한다.

⑩ 입찰

입찰 공고에서 달리 정한 경우를 제외하고는 전자 입찰을 원칙으로 한다.

⑪~⑫ 입찰 집행 → 개찰

⑬ 낙찰자 선정

- 종합심사 낙찰제 : 추정 가격 300억 원 이상인 공사에 해당한다. 종합심사를 거쳐 점수가 최고인 자를 낙찰자로 선정한다.
- 적격심사 낙찰제 : 추정 가격 300억 원 미만에서 추정 가격 100억 원 이상인 공사는 적격심사 결과 92점 이상을 획득한 입찰자를 낙찰자로 선정한다. 추정 가격 100억 원 미만 공사는 적격심사 결과 95점 이상을 획득한 입찰자를 낙찰자로 선정한다.

⑭ 계약 보증금 납부

- 계약 보증서, 현금 : 15/100
- 공사이행보증서로 납부하는 경우 : 40/100(예정 가격의 70% 미만 낙찰공사는 50/100)이다.

⑮ 계약 보증금 수납 통보

⑯ 계약 체결 – 계약서의 작성

낙찰자로부터 계약 체결에 필요한 계약서와 보증금, 수입인지, 국공채 매입 필증 등을 제출받아 계약을 체결한다.

⑰ 계약 체결 통보

계약을 체결한 후 당해 계약서를 수요기관과 계약자에게 송부한다.

⑱ 고지서 발급 의뢰

계약 체결 후 수요기관에 조달수수료를 내도록 경리부서에 고지 의뢰한다.

⑲~⑳ 고지서 발급 → 대금 납부

㉑ 대금 영수 통지

국고수납 대리점에서 한국은행에 통보, 한국은행에서 조달청에 통지한다.

㉒ 준공 통지서

공사 준공 후 수요기관에서 조달청에 준공 통지한다.

㉓ 계약 종결

계약 담당 부서에서 종결 처리한다.

4 공공조달 참여는 어떻게 하나요

등록 요건

다른 법령에 따라 허가, 인가, 면허, 등록, 신고 등을 필요로 하면 해당 허가, 인가, 면허, 등록, 신고 등이 되어 있거나 기타 필요한 자격요건에 적합해야 한다. 보안 측정 등의 조사가 필요한 경우에는 관계기관으로부터 적합 판정을 받아야 한다.

소득세법 제168조, 법인세법 제111조 또는 부가가치세법 제8조에 따라 해당 사업에 관한 사업자등록증을 교부받았거나, '부가가치세법 시행령 제12조 제2항'에 따라 고유번호증을 부여받는다.

* 관계 법령

국가를 당사자로 하는 계약에 관한 법률 시행령 제12조
국가를 당사자로 하는 계약에 관한 법률 시행규칙 제14조 내지 제18조
국가종합 전자조달시스템 입찰 참가자격 등록규정(조달청 고시)

등록 절차

사업자등록증상의 사업장을 기준으로 하나의 사업장만 등록할 수 있다. 법인사업자는 법인등기부등본 및 사업자등록증상의 본사 소재지를 기준으로 등록하되 필요한 경우 지사도 등록할 수 있다. 등록 신청서는 나라장터를 통해 연중 수시로 접수 및 처리를 할 수 있다.

등록 절차도

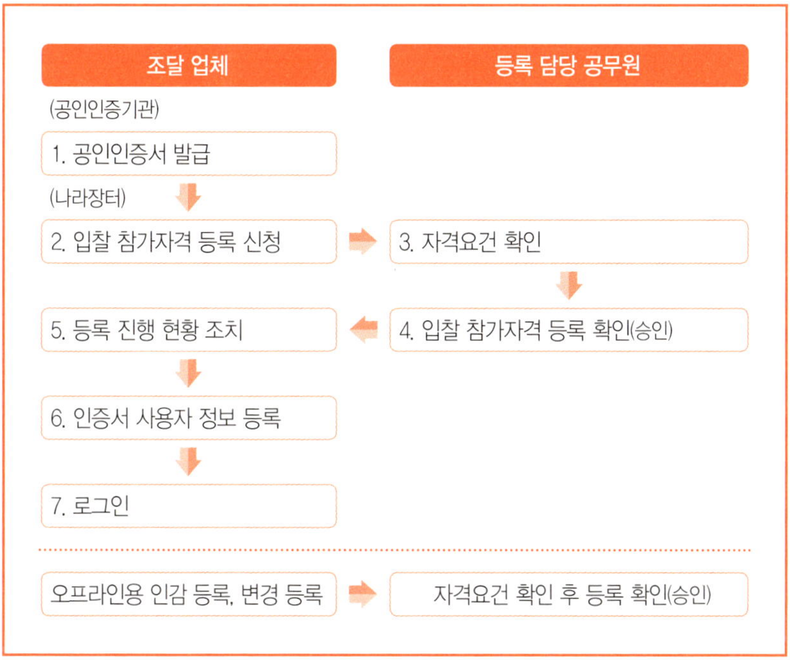
조달 업체
등록 담당 공무원
(공인인증기관)
1. 공인인증서 발급
(나라장터)
2. 입찰 참가자격 등록 신청
3. 자격요건 확인
4. 입찰 참가자격 등록 확인(승인)
5. 등록 진행 현황 조치
6. 인증서 사용자 정보 등록
7. 로그인
오프라인용 인감 등록, 변경 등록
자격요건 확인 후 등록 확인(승인)

2

공공조달 입찰 방법 따라 하기

1 입찰 참여를 위한 1단계(입찰 등록)

물품 · 공사 · 용역 입찰 등록은 어떻게 하나요

① 등록 기준

• 물품

▸ 공급업체 : 등록 신청서, 관련되는 허가 '인가', 면허 '등록' 신고 등을 증명하는 서류 준비

▸ 제조업체 : 제조업체임을 증명하는 공장등록증 등 증빙서로 공사. 등록 신청서, 관련되는 허가·인가·면허·등록·신고 등을 증명하는 서류로 한다. 건설산업기본법, 전기공사업법, 정보통신공사업법, 소방시설공사업법 등에 따른 공사

• 용역

등록 신청서, 관련되는 허가·인가·면허·등록·신고 등을 증명하는 서류를 준비

▶ 기술 용역 : 건설기술진흥법, 엔지니어링산업진흥법, 건축사법, 기술사법, 전력기술관리법, 정보통신공사업법, 소방시설공사업법, 공간정보의 구축 및 관리 등에 관한 법률 등 기타 법률의 규정에 따른 감리 또는 설계 등

▶ 일반 용역 : 소프트웨어산업진흥법, 환경영향평가법, 폐기물관리법, 에너지이용합리화법, 시설물의 안전 관리에 관한 특별법 등 기타 법률의 규정에 따른 전산 용역, 전산장비 유지 용역, 환경영향평가업 청사관리 용역, 청소 용역 등

② 등록 유효기간

제조 물품에 대한 유효기간은 3년간이며, 다른 법령의 규정에 따라 허가, 인가, 면허, 등록, 신고 등에 유효기간이 있는 경우와 등록 서류 및 관련 서류에 유효기간이 있는 경우에는 그 기간을 유효기간으로 한다.

③ 등록 정보의 이용

나라장터에 게재된 조달업체 정보는 각 이용 기관의 장 또는 계약 담당 공무원에게도 등록한 것으로 간주하며, 공공기관의 담당자는 시스템을 통해 해당 업체의 입찰 참가자격을 확인한다. 자체조달시스템을 운용하는 방위사업청, 주택공사, 도로공사 등의 공공기관도 나라장터의 등록 정보를 준용해 입찰 참가자격이 부여된다.

④ 업종 DB 및 근거법규 조회시스템

• 나라장터(www.g2b.kr) → 업종 DB 및 근거법규 검색

• 나라장터(www.g2b.kr) → 계약 규정 검색

신규업체 참여 방법을 알고 싶어요

1단계 – 범용인증서(유료) 발급(업체 스스로 발급)

다음의 공인인증기관 중 한 곳을 자율 선택해 연락 후 사업자 범용기업인증서를 발급받는다. 제출 서류를 지참해 인증기관을 직접 방문해야 하며, 인증서는 매년 11만 원씩 납부한다.

※ 지문보안기기 구매 안내 : 경쟁 입찰은 원칙적으로 '지문 등록'을 해야 하므로, 인증서를 구매할 때 지문기계(지문보안기기)까지 동시에 구매(대금 결제)하고, 구매 후에 지문보안기기 수령증 또는 구매확인증을 출력한 후 우선 보관(2단계에서 조달청 방문 시 지참)해야 한다.

- ▶ 코스콤(www.signkorea.com) : 1577-7337
- ▶ 한국무역정보통신(www.tradesign.net) : 1566-2119
- ▶ 한국전자인증(www.crosscert.com) : 1566-0566
- ▶ 한국정보인증(www.signgate.com) : 1577-8787

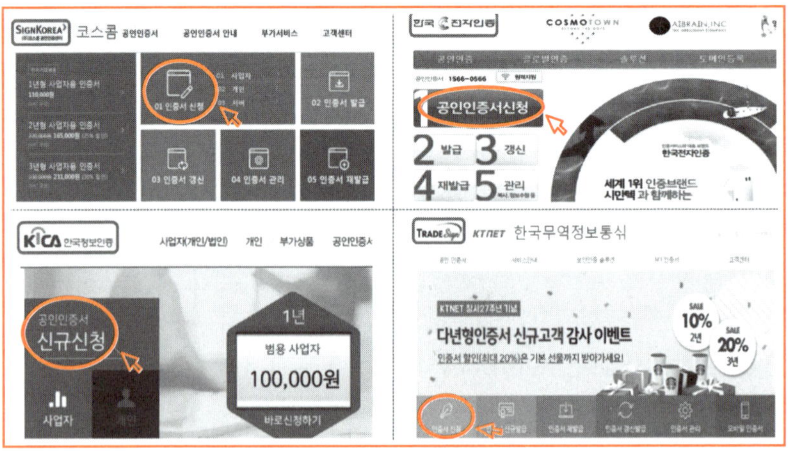

2단계 – 등록 신청(업체, 조달청)

* '제조 물품'을 등록할 경우 '직접생산증명서' 대상 물품 여부를 중소기업중앙회(1666-9988)에 먼저 확인을 할 필요가 있다.

나라장터(www.g2b.go.kr) 접속 ⇒ 이용자 등록 ⇒ 조달업체 이용자 ⇒ '입찰 참가자격 등록 신청' 메뉴에서 자신에게 해당하는 항목만을 입력한 후 '송신'(가장 가까운 지방 조달청으로 송신) ⇒ '시행문 출력' 클릭해서 출력 ⇒ 출력된 시행문에 나오는 안내 내용에 따라 '시행문'과 '관련 제출 서류'(출력된 시행문을 보면 제출 서류가 나와 있음)를 해당 지방조달청 경영관리과에 방문해 제출(등기우편 가능)

3단계 – 등록 승인(조달청 : 조달등록팀, 경영관리과)

송신한 관할지방조달청(경영관리과)에서 제출 서류 및 송신 내용을 확인 후 이상이 없으면 즉시 승인된다.

승인 여부를 확인하는 메뉴 :
나라장터 ⇒ 이용자 등록 ⇒ 조달업체 이용자 ⇒ '등록 신청 확인 및 시행문 출력' 메뉴

※ 지문 등록 안내 : 대표자 또는 입찰 대리인은 조달청 경영관리과를 방문해 지문을 등록해야 하므로 지문 등록 할 경우 방문 시 ①지문보안기기 수령증(또는 구매확인증)과 ②신분증을 꼭 지참

4단계 – 인증서 등록(업체 스스로 등록)

나라장터 접속 ⇒ 이용자 등록 ⇒ 조달업체 이용자 ⇒ 인증서 관리⇒ '인증서 신규 등록' 메뉴 클릭 후 사업자등록번호로 조회한 다음 약관 동의 등 간단한 절차를 거치면 인증서 등록 완료

4단계까지 완료되면 모든 업체 등록 절차가 끝난 것이므로 다음 날부터 전자 입찰에 참여 가능하다.

① 공인인증서 신청·발급, 지문보안토큰 구매

입찰 참여를 위해서는 공인인증기관에서 발급하는 공인인증서가 필요하다.

공인인증기관명	인터넷 사이트 주소	연락처
한국정보인증	www.signgate.com	1577-8787
한국전자인증	www.crosscert.com	1566-0566
㈜한국무역 정보통신	www.tradesign.net	1566-2119
㈜코스콤 공인인증센터	www.signkorea.com	1577-7337

※ 조달업체의 인증서 발급은 공인인증기관에 관계없이 모두 유료로 운영되고 있으며, 이와 관련해서는 인증기관에 직접 문의한다.

| 공인인증서 발급 시 제출 서류 |

- 공인인증서비스 신청서 1부(인감 날인 또는 대표자 자필 서명)
- 사업자등록증 사본 1부
- 신원확인이 가능한 대표자 신분증 앞뒤 사본 1부(원본 지참)
- 대리인 신청 시는 신청서에 반드시 인감증명서상의 인감 날인
- 위임장 및 법인(개인) 인감증명서 원본 1부 추가
- 대표자가 2인 이상으로 공동대표면 신청서에 대표자 모두의 인감을 날인 후 인감증명서 원본 및 신분증 사본 1부씩 제출하고, 각자 대표면 법인 등기부 등본 원본 1부 추가

② 지문보안토큰 구매

공공조달에서 진행되는 모든 입찰은 지문인식을 통해 입찰자 신원을 확인 후 진행되므로, 공공조달에 참여하기 위해서는 반드시 지문보안토큰을 구매해야 한다. 공인인증서 대여에 따른 부정 대리 입찰 및 담합 등을 차단하기 위해 비대면 온라인 전자 입찰에서 생체정보를 이용해 입찰자 신원을 확인 후 등록된 대표자와 입찰 대리인만 입찰서 제출이 가능하도록 한 것이 도입 배경이다.

지문보안토큰 구매 안내

공인인증기관에서 인증서를 신청·발급할 때 미리 지문보안토큰까지 동시에 구매(대금 결제)하기 바라며, 구매 후 지문보안토큰 수령증을 출력해 보관하고, 국가종합전자조달(나라장터)에 업체 등록 과정에서 입찰 참가자격 등록 요청이 승인 완료된 이후 조달청에 직접 방문해 지문 등록 시에 제출해야 한다.

1 지문보안토큰 구매

- 가까운 조달청에 수령증 제출하고 지문보안토큰 수령 및 지문 등록

2 지문보안토큰에 지문 등록

- 조달청 민원실 또는 고객지원센터 방문
- 입찰 참가자격 등록증에 입찰자로 등록된 대표자 또는 입찰대리인 신원확인 (주민증, 지문보안토큰 지참)

3 지문보안토큰에 인증서 복사

- 공인인증서 복사 메뉴 클릭
- 나라장터에 등록된 사업자 범용인증서를 지문보안토큰에 복사

4 지문인식 전자 입찰 참여

- 지문보안토큰에 복사된 사업자범용인증서를 통한 로그인 진행 후 입찰에 참여

③ 업체 등록

공공기관과 계약을 체결하고자 하는 사업자는 국가종합전자조달(나라장터, www.g2b.go.kr)에 업체 등록한다.

| 업체 등록 절차 |

- 입찰 참가자격 등록 신청(업체가 조달청으로 전자송신) ⇒ 입찰 참가자격 등록 승인(조달청 고객지원센터) ⇒ 지문 등록(업체가 조달청 고객지원센터 직접 방문) ⇒ 공인인증서 등록(업체가 직접 등록) ⇒ 공인인증서를 지문보안토큰으로 복사(업체가 직접 복사)

④ 입찰 참가자격 등록

| 접근 경로 |

- 나라장터(www.g2b.go.kr) 홈페이지 화면 오른쪽 위 ⇒ 신규 이용자 등록 ⇒ 조달업체 이용자 ⇒ 조달업체 이용자 등록 ⇒ 입찰 참가자격 등록 신청

메뉴에서 해당 신청항목을 입력한 후 [송신] 버튼 클릭

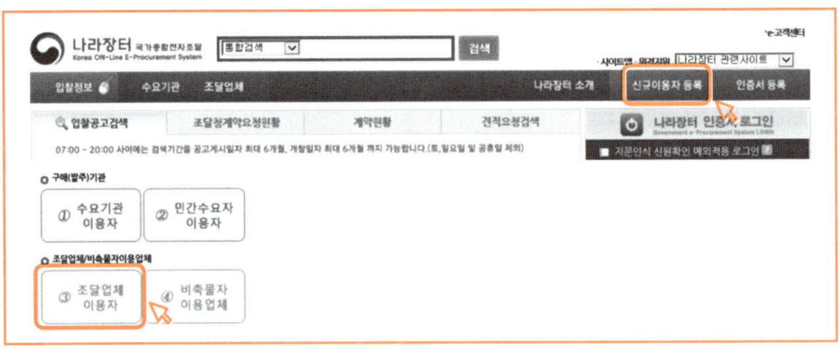

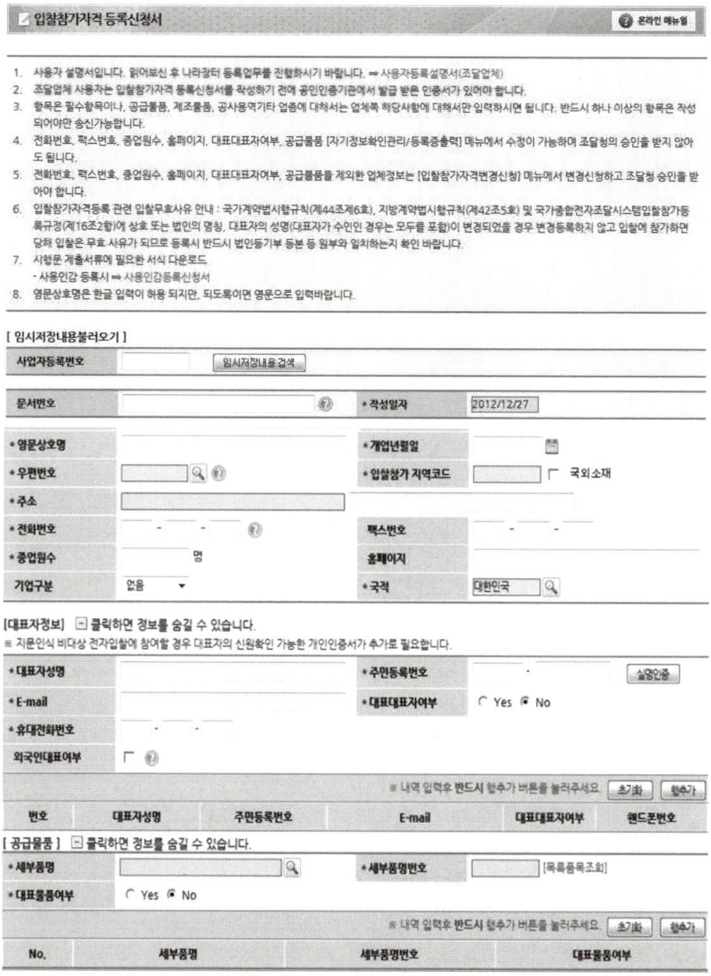
입찰참가자격 등록신청서

온라인 매뉴얼

1. 사용자 설명서입니다. 읽어보신 후 나라장터 등록업무를 진행하시기 바랍니다. ⇒ 사용자등록설명서(조달업체)
2. 조달업체 사용자는 입찰참가자격 등록신청서를 작성하기 전에 공인인증기관에서 발급 받은 인증서가 있어야 합니다.
3. 항목은 필수항목이나, 공급물품, 제조물품, 공사용역기타 업종에 대해서는 업체쪽 해당사항에 대해서만 입력하시면 됩니다. 반드시 하나 이상의 항목은 작성되어야만 송신가능합니다.
4. 전화번호, 팩스번호, 종업원수, 홈페이지, 대표대표자여부, 공급물품 [자기정보확인관리/등록증출력] 메뉴에서 수정이 가능하며 조달청의 승인을 받지 않아도 됩니다.
5. 전화번호, 팩스번호, 종업원수, 홈페이지, 대표대표자여부, 공급물품을 제외한 업체정보는 [입찰참가자격변경신청] 메뉴에서 변경신청하고 조달청 승인을 받아야 합니다.
6. 입찰참가자격등록 관련 입찰무효사유 안내 : 국가계약법시행규칙(제44조제6호), 지방계약법시행규칙(제42조5호) 및 국가종합전자조달시스템입찰참가등록규정(제16조2항)에 상호 또는 법인의 명칭, 대표자의 성명(대표자가 수인인 경우는 모두를 포함)이 변경되었을 경우 변경등록하지 않고 입찰에 참가하면 당해 입찰은 무효 사유가 되므로 등록시 반드시 법인등기부 등본 등 원부와 일치하는지 확인 바랍니다.
7. 시행문 제출서류에 필요한 서식 다운로드
   - 사용인감 등록시 ⇒ 사용인감등록신청서
8. 영문상호명은 한글 입력이 허용 되지만, 되도록이면 영문으로 입력바랍니다.

[임시저장내용불러오기]

사업자등록번호	임시저장내용 검색

문서번호		* 작성일자	2012/12/27
* 영문상호명		* 개업년월일	
* 우편번호		* 입찰참가 지역코드	국외소재
* 주소			
* 전화번호	- -	팩스번호	- -
* 종업원수	명	홈페이지	
기업구분	없음	* 국적	대한민국

[대표자정보] 클릭하면 정보를 숨길 수 있습니다.

※ 지문인식 비대상 전자입찰에 참여할 경우 대표자의 신원확인 가능한 개인인증서가 추가로 필요합니다.

* 대표자성명		* 주민등록번호	- 실명인증
* E-mail		* 대표대표자여부	Yes No
* 휴대전화번호	- -		
외국인대표여부			

※ 내역 입력후 반드시 행추가 버튼을 눌러주세요. 초기화 행추가

번호	대표자성명	주민등록번호	E-mail	대표대표자여부	핸드폰번호

[공급물품] 클릭하면 정보를 숨길 수 있습니다.

* 세부품명		* 세부품명번호	[목록품목조회]
* 대표물품여부	Yes No		

※ 내역 입력후 반드시 행추가 버튼을 눌러주세요. 초기화 행추가

No.	세부품명	세부품명번호	대표물품여부

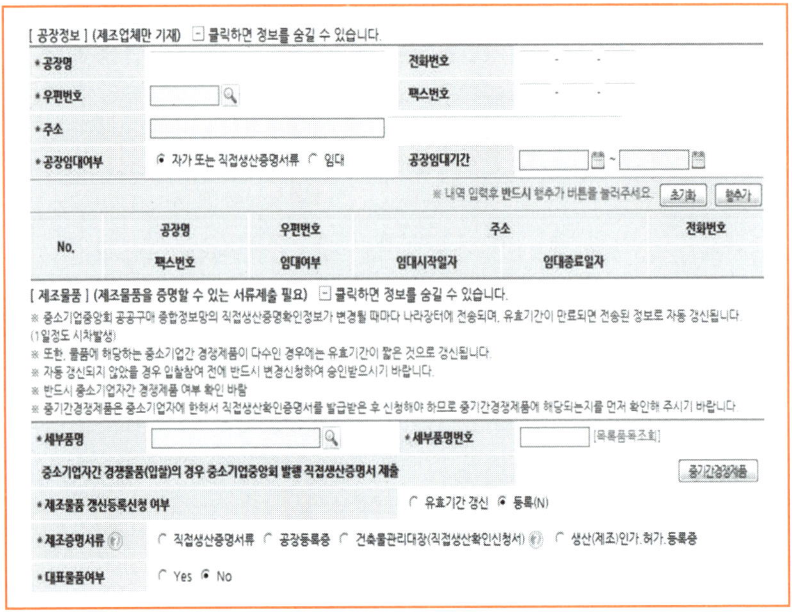

항목 설명

- 대표자 정보 : 조달업체의 대표자
- 공급 물품 : 조달업체에서 공급할 수 있는 물품
- 공장 정보 : 제조 물품을 생산하는 공장 정보
- 제조 물품 : 조달업체에서 제조 및 생산하는 물품
- 공사·용역·기타업종 : 조달업체가 보유하고 있는 공사·용역·면허
- 입찰 대리인 : 입찰에 참여하는 대리인
- 접수 관련 정보
  - 등록기관 : 해당 신청서의 승인 및 반환하는 기관
  - e-mail : 신청서의 처리 결과를 회신받을 e-mail 연락처

작성 요령

- '*'으로 표시된 부분은 필수입력 항목이다.
- 문서번호는 조달업체에서 관리하는 문서번호를 입력한다. 문서번호를 관리하지 않을 시에는 입력하지 않아도 된다.
- [찾기] 버튼이 있는 항목들은 직접 손으로 입력하지 말고 반드시 이를 이용해 입력한다.
- 대표자 정보는 1인 이상을 입력해야 한다.
- 공급 물품, 제조 물품, 공사·용역·기타 업종 중 하나 이상을 입력해야 하고, 여러 개 동시 입력도 가능하다.
- 공장 정보 입력 시 제조 물품을 1개 이상 입력해야 한다.
- 제조 물품 등록 신청 시에는 공공구매 종합정보망(www.smpp.go.kr)의 정보 조회 ⇒ 제품목록정보 ⇒ 중기간 경쟁 제품에서 중소기업자간 경쟁 제품 여부를 반드시 조회 후 신청해야 한다.
- 대표자 정보, 공장 정보 등은 해당 항목을 입력 후 반드시 [추가] 버튼을 클릭해야 한다.
- 접수 관련 정보의 등록기관은 해당 업체가 등기우편을 보내거나 직접 방문해 서류를 처리할 기관이니 가까운 조달청 지청을 선택한다.
- 접수 관련 정보의 e-mail은 승인(또는 반려) 결과를 통보하는 연락처이므로 신청자의 e-mail을 정확하게 입력해야 한다.
- [송신] 버튼을 클릭하면 공인인증서 창이 팝업되고, 인증서 선택 후 비밀번호를 입력하면 등록 신청서가 접수된다.

입찰 참가자격 등록 송신 이후 절차

- [시행문 출력]을 클릭해 출력한다. 조달업체 이용자 등록 ⇒ 등록 신청 확인 및 시행문을 출력한다.

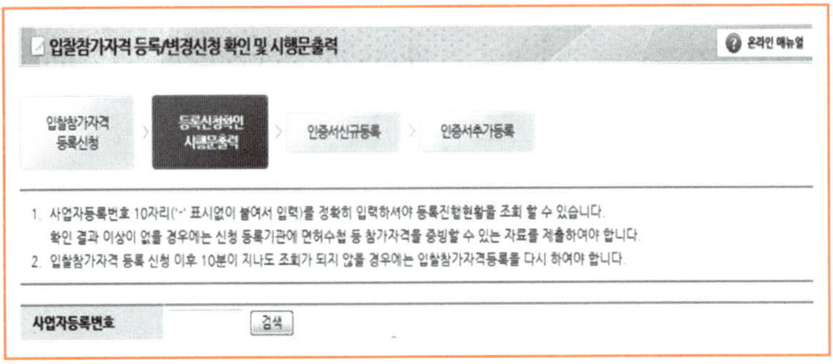

- 등록 신청 관련 제출 서류(시행문 내용 참조)를 해당 조달청(고객지원센터)으로 등기우편 송달 또는 직접 방문해서 제출한다.
- 입찰 참가자격 등록 승인을 확인한다. 등록 신청한 담당 조달청(고객지원센터)에서 신규 업체의 신청 내용 및 제출서를 확인 후 이상이 없으면 즉시 승인한다.
- 승인 여부 확인 메뉴 : 등록 신청확인 및 시행문 출력지문 등록

전자 입찰 참여 시 지문인식으로 입찰자 신원을 확인하므로 조달청을 직접 방문해 사전에 지문을 등록해야 한다. 지문보안토큰은 공인인증서 신청 시 동시 구매하는 것이 편리하다.

지문 등록 절차

- 입찰 참가자격 등록 승인 확인 후 담당 조달청의 고객지원센터를 방문해 지문보안토큰 수령 및 지문을 등록한다.
  - 방문 시 반드시 지문보안토큰 수령증 및 신분증 지참

– 입찰 참가자격 등록 시 등록한 대표자·입찰 대리인만 지문 등록 가능

– 지문 정보 등록 후 등록된 지문 정보의 정상 인식 여부 반드시 확인(전자 입찰 참여 시 지문 인증 오류가 있을 수 있으므로 반드시 확인)

인증서 등록 및 지문보안토큰에 복사

• 인증서 등록 접근 경로

나라장터(www.g2b.go.kr) 홈페이지 화면 오른쪽 위 ⇒ 인증서 등록 ⇒ 조달업체 이용자 ⇒ 인증서 관리 ⇒ 인증서 신규 등록

• 처리 화면

조달업체 확인 : 사업자등록번호를 입력하고, [검색] 버튼 클릭

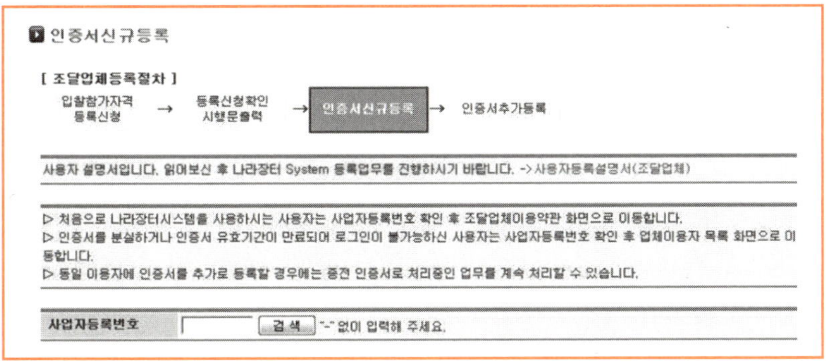

조달업체 이용약관을 반드시 읽고, [동의함] 버튼을 클릭한다. 다음은 인증서 정보 등록의 방법이다.

▶ 조달업체이용약관

국가종합전자조달시스템조달업체이용약관

조달청 공고 제2003-20호('03. 6. 2)

제1조(목적)
이 약관은 재정경제부장관이 지정정보처리장치로 고시한 국가종합전자조달시스템(이하 "시스템" 이라 한다)의 관리.운용자인 조달청장(이하 "운영자" 라 한다)이 조달업체가 시스템을 이용하여 조달업무를 수행하는데 필요한 사항을 정함을 목적으로 합니다.

제2조(용어의 정의)
이 약관에서 사용되는 용어의 정의는 다음 각 호와 같습니다.
1. "전자입찰"이라 함은 국가를당사자로하는계약에관한법률시행령(이하 " 시행령 "이라 한다) 제39조제2항의 규정에 따른 입찰을 말합니다.
2. "조달업체" 라 함은 이 약관의 규정에 따라 시스템에 이용자등록을 한 자를 말합니다.
3. "이용기관" 이라 함은 조달사업에관한법률 제2조제4호의 규정에 따른 수요기관으로서 조달업무를 수행하기 위하여 시스템에 등록한 기관을 말합니다.
4. "지정공인인증기관"이라 함은 전자서명법 제4조의 규정에 의한 공인인증기관 중 운영자가 지정하여 시스템상의 인증업무를 수행하는 기관을 말합니다.
5. "문서접수지원서버"라 함은 전자문서의 송,수신을 목적으로 시스템에 설치된 전산장비를 말합니다.

[동의함] [동의안함]

▶ 조달업체 인증서등록

[기본정보]

상호명		사업구분	물품
대표자		사업자등록번호	
전화번호	[redacted]	홈페이지	www.g2b.go.kr
본사주소			

[인증서정보]

담당부서		담당자명	
담당자전화번호	선택 - -	담당자팩스번호	선택 - -
이동전화번호	선택 - -	메일주소	
이용자관리비밀번호	영문이나 숫자 4자리 이상 13자리 이하	이용자관리비밀번호확인	
대표수신자여부	☐ 전자문서 대표수신자가 됩니다.		
공사진행통보서 송수신 여부	☐ ※ 공사진행통보서 항목 체크시 투찰할 수 없습니다. 체크시 등록된 인증서로는 투찰 및 조달업체업무 대부분을 사용할 수 없고, 조달업체업무의 공사관리진행통보서송수신 업무에만 사용할 수 있습니다.		

▷ 이용자 정보를 입력하고, 발급받은 인증서를 나라장터 이용자 인증서로 등록합니다.
▷ 비밀번호는 인증서의 비밀번호가 아닌 별도의 이용자 관리 비밀번호를 입력하여야 하며, 동 비밀번호는 인증서의 추가 등 향후 인증서 관리에 사용됩니다.
▷ 동일 업체에 복수 이용자가 복수 인증서를 등록하여 있는 경우 대표수신자 여부를 선택하면, 견적요청서 발송 등에 있어 대표수신자로 지

기본 정보 확인 후 인증서 정보란에 사용자 정보를 입력한다. 공공기관에서 업체로 보내는 전자문서 대표 수신자를 입력한다. [등록] 버튼을 클릭하면 인증서 선택 창 팝업인증서 선택 및 암호 입력 후 [확인] 버튼을 클릭하면 업체 등록이 완료된다.

지문보안토큰에 인증서 복사

1단계 : 지문보안토큰 구동프로그램 설치

나라장터 홈페이지 화면 오른쪽 위 [e-고객센터] 버튼 클릭

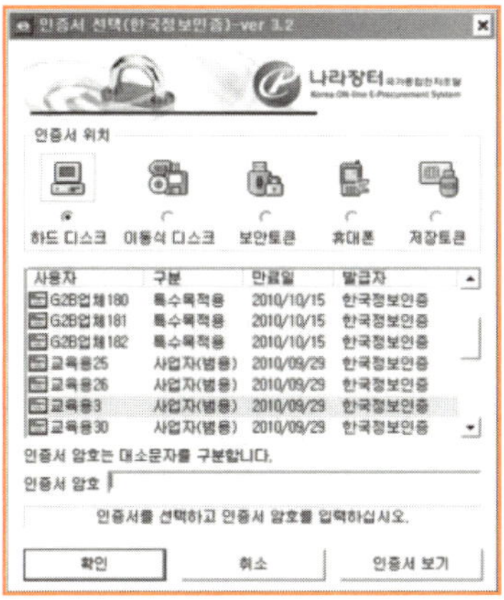

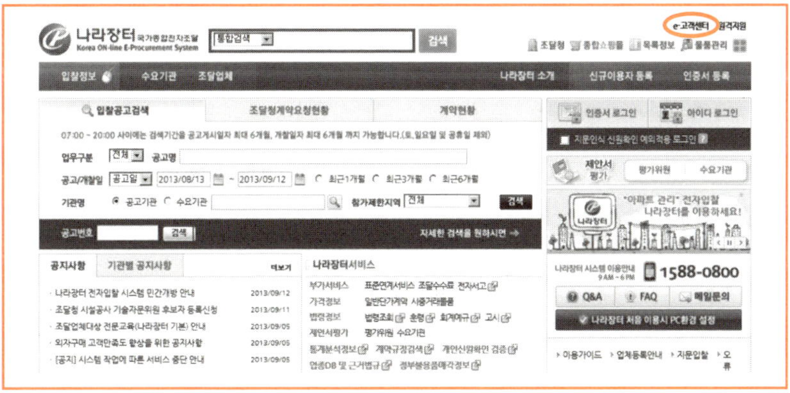

- e-고객센터 → 지문보안 전자 입찰 → 구동프로그램설치 클릭
- 지문보안토큰 제조사별로 해당 프로그램을 내려받아서 설치

구동프로그램 설치 후 지문보안토큰을 PC USB 포트에 연결하고, 지문보안토큰 장치 프로그램을 설치

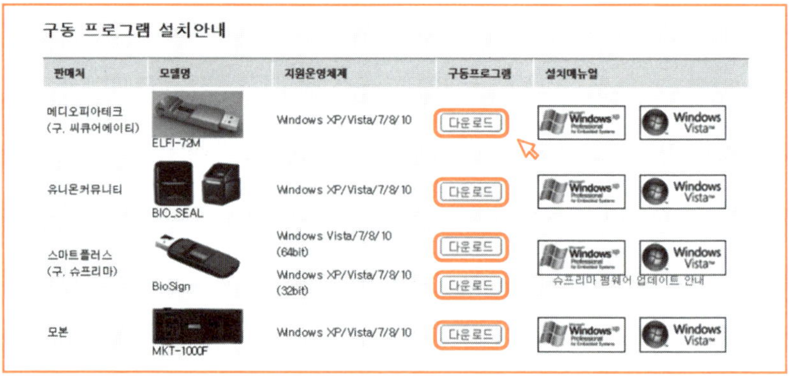

2단계 : 지문보안토큰에 공인인증서(법인용)를 복사

e-고객센터 ➡ 지문보안 전자 입찰 ➡ 인증서 복사 클릭

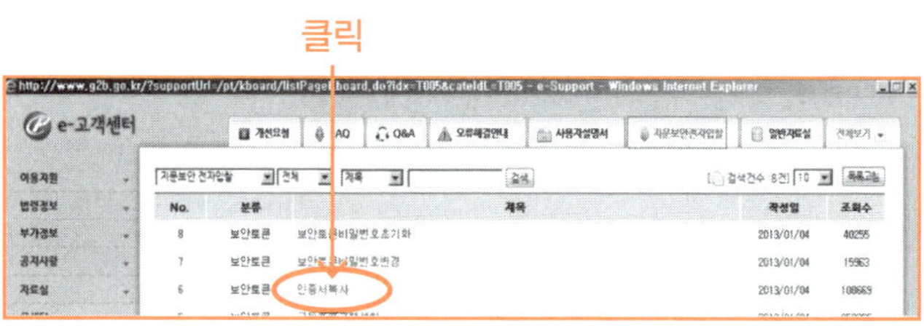

링크된 공인인증기관 중 인증서를 발급받은 기관을 선택해 클릭

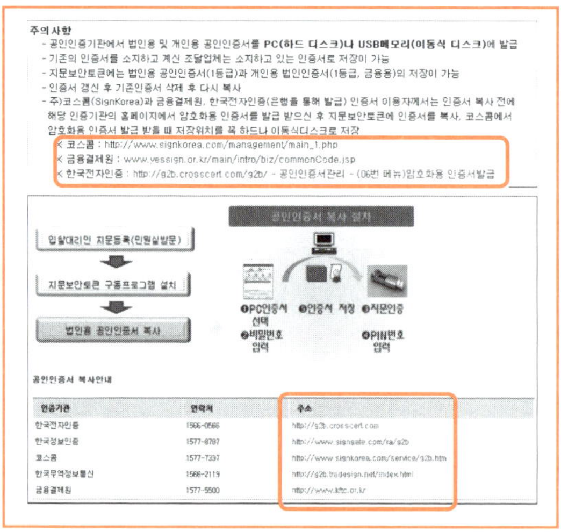

- 지문보안토큰에는 법인용 공인인증서(1등급)를 복사
- 법인용 공인인증서의 경우 전자서명용 공인인증서와 암호화용 공인인증서가 존재해야 인증서 복사가 가능(만일 암호화용 공인인증서가 없는 경우 주의사항에 링크된 공인인증기관의 암호화용 인증서 발급 페이지를 이용해 암호화용 인증서 발급)

예시 한국전자인증, [인증서 복사하기] 클릭해 인증서 복사

3단계 : 나라장터 보안 모듈 설치 및 지문인식 전자 입찰 테스트

- 나라장터 홈페이지 화면 오른쪽 위 나라장터 처음 이용 시 PC 환경 [설정] 버튼 클릭해 모듈 설치
- 지문보안토큰 이용해 나라장터 로그인
- 지문 모의 입찰을 통해 지문인식 전자 입찰 가능 여부 테스트

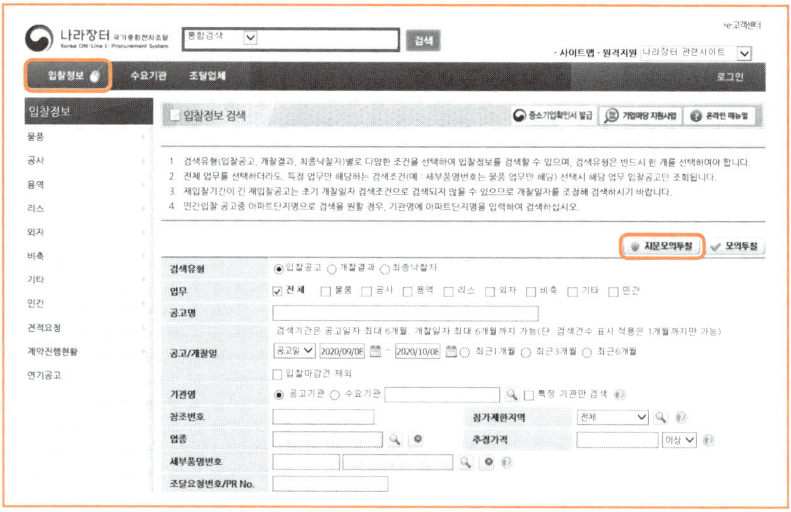

입찰 참가자격 등록 사항 변경 · 추가

나라장터(www.g2b.go.kr) 홈페이지 로그인 ⇒ 나의 나라장터 ⇒ 업체정보관리 ⇒ 입찰 참가자격 변경·제조 물품 갱신 등록 신청

• 처리 화면

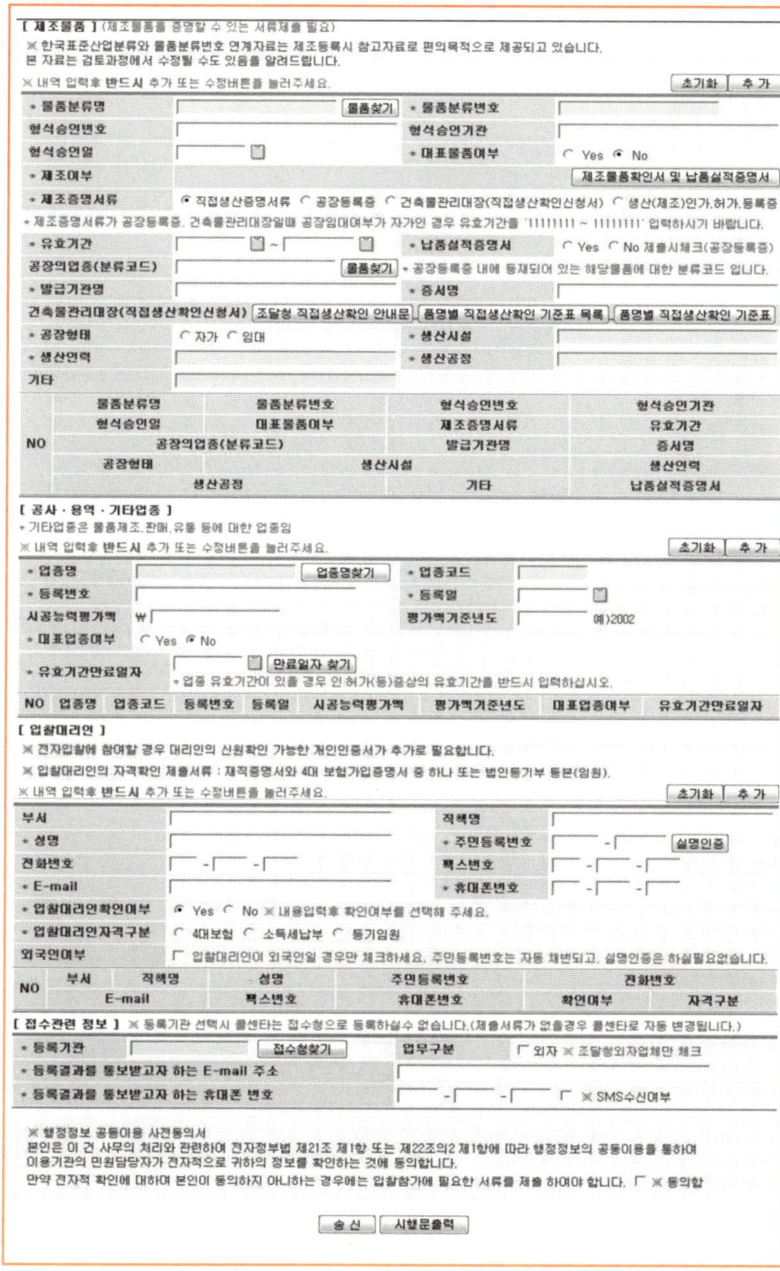

[제조물품] (제조물품을 증명할 수 있는 서류제출 필요)

※ 한국표준산업분류와 물품분류번호 연계자료는 제조등록시 참고자료로 편의목적으로 제공되고 있습니다.
본 자료는 검토과정에서 수정될 수도 있음을 알려드립니다.

※ 내역 입력후 반드시 추가 또는 수정버튼을 눌러주세요. 초기화 | 추 가

• 물품분류명	물품찾기	• 물품분류번호	
형식승인번호		형식승인기관	
형식승인일		• 대표물품여부	Yes / No
• 제조여부	제조물품확인서 및 납품실적증명서		
• 제조증명서류	직접생산증명서류 / 공장등록증 / 건축물관리대장(직접생산확인신청서) / 생산(제조)인가,허가,등록증		

• 제조증명서류가 공장등록증, 건축물관리대장일때 공장임대여부가 자가인 경우 유효기간을 '11111111 ~ 11111111' 입력하시기 바랍니다.

• 유효기간	~	• 납품실적증명서	Yes / No 제출시체크(공장등록증)
공장의업종(분류코드)	물품찾기	• 공장등록증 내에 등재되어 있는 해당물품에 대한 분류코드 입니다.	
• 발급기관명		• 증서명	
건축물관리대장(직접생산확인신청서)	조달청 직접생산확인 안내문	품명별 직접생산확인 기준표 목록	품명별 직접생산확인 기준표
• 공장형태	자가 / 임대	• 생산시설	
• 생산인력		• 생산공정	
기타			

NO				
	물품분류명	물품분류번호	형식승인번호	형식승인기관
	형식승인일	대표물품여부	제조증명서류	유효기간
	공장의업종(분류코드)		발급기관명	증서명
	공장형태	생산시설		생산인력
	생산공정		기타	납품실적증명서

[공사 · 용역 · 기타업종]

• 기타업종은 물품제조,판매,유통 등에 대한 업종임

※ 내역 입력후 반드시 추가 또는 수정버튼을 눌러주세요. 초기화 | 추 가

• 업종명	업종명찾기	• 업종코드	
• 등록번호		• 등록일	
시공능력평가액	₩	평가액기준년도	예)2002
• 대표업종여부	Yes / No		
• 유효기간만료일자	만료일자 찾기 • 업종 유효기간이 있을 경우 인·허가(등)증상의 유효기간을 반드시 입력하십시오.		

NO	업종명	업종코드	등록번호	등록일	시공능력평가액	평가액기준년도	대표업종여부	유효기간만료일자

[입찰대리인]

※ 전자입찰에 참여할 경우 대리인의 신원확인 가능한 개인인증서가 추가로 필요합니다.

※ 입찰대리인의 자격확인 제출서류 : 재직증명서와 4대 보험가입증명서 중 하나 또는 법인등기부 등본(임원).

※ 내역 입력후 반드시 추가 또는 수정버튼을 눌러주세요. 초기화 | 추 가

부서		직책명	
• 성명		• 주민등록번호	- 실명인증
전화번호	- -	팩스번호	- -
• E-mail		• 휴대폰번호	- -
• 입찰대리인확인여부	Yes / No ※ 내용입력후 확인여부를 선택해 주세요.		
• 입찰대리인자격구분	4대보험 / 소득세납부 / 등기임원		
외국인여부	입찰대리인이 외국인일 경우만 체크하세요. 주민등록번호는 자동 채번되고, 실명인증은 하실필요없습니다.		

NO					
	부서	직책명	성명	주민등록번호	전화번호
	E-mail		팩스번호	휴대폰번호	확인여부 / 자격구분

[접수관련 정보] ※ 등록기관 선택시 콜센타는 접수청으로 등록하실수 없습니다.(제출서류가 없을경우 콜센타로 자동 변경됩니다.)

• 등록기관	접수청찾기	업무구분	외자 ※ 조달청외자업체만 체크
• 등록결과를 통보받고자 하는 E-mail 주소			
• 등록결과를 통보받고자 하는 휴대폰 번호	- - ※ SMS수신여부		

※ 행정정보 공동이용 사전동의서
본인은 이 건 사무의 처리와 관련하여 전자정부법 제21조 제1항 또는 제22조의2 제1항에 따라 행정정보의 공동이용을 통하여 이용기관의 민원담당자가 전자적으로 귀하의 정보를 확인하는 것에 동의합니다.
만약 전자적 확인에 대하여 본인이 동의하지 아니하는 경우에는 입찰참가에 필요한 서류를 제출 하여야 합니다. ※ 동의함

송 신 | 시행문출력

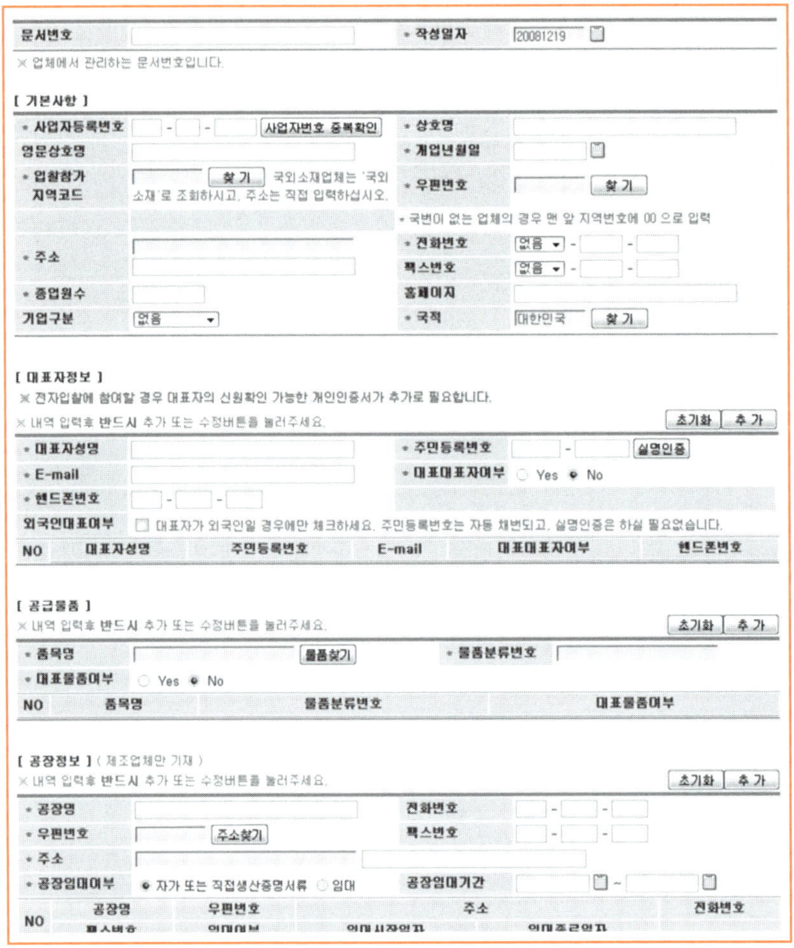
문서번호 | * 작성일자 20081219

※ 업체에서 관리하는 문서번호입니다.

[기본사항]

* 사업자등록번호	- - 사업자번호 중복확인	* 상호명	
영문상호명		* 개업년월일	
* 입찰참가 지역코드	찾 기 국외소재업체는 '국외소재'로 조회하시고, 주소는 직접 입력하십시오.	* 우편번호	찾 기
		* 국번이 없는 업체의 경우 맨 앞 지역번호에 00 으로 입력	
* 주소		* 전화번호	없음 - -
		팩스번호	없음 - -
* 종업원수		홈페이지	
기업구분	없음	* 국적	대한민국 찾 기

[대표자정보]

※ 전자입찰에 참여할 경우 대표자의 신원확인 가능한 개인인증서가 추가로 필요합니다.

※ 내역 입력후 반드시 추가 또는 수정버튼을 눌러주세요. 초기화 추 가

* 대표자성명		* 주민등록번호	- 실명인증
* E-mail		* 대표대표자여부	○ Yes ◉ No
* 핸드폰번호	- -		
외국인대표여부	☐ 대표자가 외국인일 경우에만 체크하세요. 주민등록번호는 자동 채번되고, 실명인증은 하실 필요없습니다.		

NO	대표자성명	주민등록번호	E-mail	대표대표자여부	핸드폰번호

[공급물품]

※ 내역 입력후 반드시 추가 또는 수정버튼을 눌러주세요. 초기화 추 가

* 품목명	물품찾기	* 물품분류번호	
* 대표물품여부	○ Yes ◉ No		

NO	품목명	물품분류번호	대표물품여부

[공장정보] (제조업체만 기재)

※ 내역 입력후 반드시 추가 또는 수정버튼을 눌러주세요. 초기화 추 가

* 공장명		전화번호	- -
* 우편번호	주소찾기	팩스번호	- -
* 주소			
* 공장임대여부	◉ 자가 또는 직접생산증명서류 ○ 임대	공장임대기간	~

NO	공장명	우편번호	주소		전화번호
	팩스번호	임대여부	임대 시작일자	임대 종료일자	

작성 요령

- 전화번호, 팩스 번호, 종업원 수, 홈페이지, 대표대표자 여부, 공급 물품은 [자기 정보 확인 관리/등록증 출력] 메뉴에서 수정할 수 있으며, 조달청의 승인을 받지 않아도 된다.
- 전화번호, 팩스 번호, 종업원 수, 홈페이지, 대표대표자 여부, 공급 물품을 제외한 업체정보는 [입찰 참가자격 변경 신청] 메뉴에

서 변경 신청하고, 시행문 출력 후 증빙서류와 함께 조달청에 방문 또는 우편으로 송부해 변경 승인을 받아야 한다.

– 그 외 작성 요령은 입찰 참가자격 등록 신청서와 동일하다.

인증서 추가 · 삭제

나라장터(www.g2b.go.kr) 홈페이지 로그인 ⇒ 나의 나라장터 ⇒ 인증서 관리 ⇒ 인증서 추가 등록

• 처리 화면

조달업체 확인 : 사업자등록번호를 입력하고, [검색] 버튼 클릭

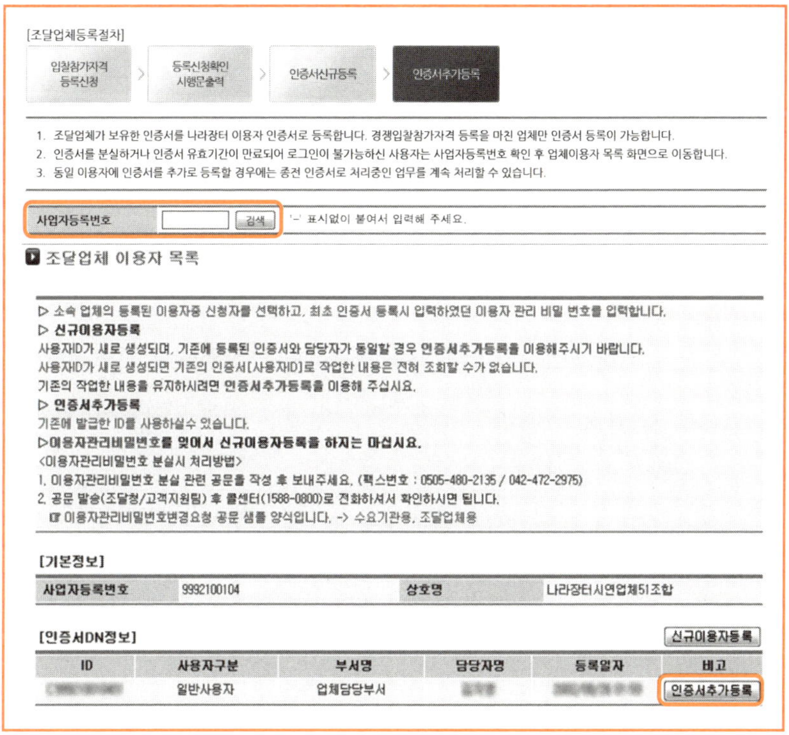

[조달업체등록절차]

입찰참가자격 등록신청 > 등록신청확인 시행문출력 > 인증서신규등록 > 인증서추가등록

1. 조달업체가 보유한 인증서를 나라장터 이용자 인증서로 등록합니다. 경쟁입찰참가자격 등록을 마친 업체만 인증서 등록이 가능합니다.
2. 인증서를 분실하거나 인증서 유효기간이 만료되어 로그인이 불가능하신 사용자는 사업자등록번호 확인 후 업체이용자 목록 화면으로 이동합니다.
3. 동일 이용자에 인증서를 추가로 등록할 경우에는 종전 인증서로 처리중인 업무를 계속 처리할 수 있습니다.

사업자등록번호 [검색] '–' 표시없이 붙여서 입력해 주세요.

조달업체 이용자 목록

▷ 소속 업체의 등록된 이용자중 신청자를 선택하고, 최초 인증서 등록시 입력하였던 이용자 관리 비밀 번호를 입력합니다.
▷ **신규이용자등록**
사용자ID가 새로 생성되며, 기존에 등록된 인증서와 담당자가 동일할 경우 **인증서추가등록**을 이용해주시기 바랍니다.
사용자ID가 새로 생성되면 기존의 인증서[사용자ID]로 작업한 내용은 전혀 조회할 수가 없습니다.
기존의 작업한 내용을 유지하시려면 **인증서추가등록**을 이용해 주십시요.
▷ **인증서추가등록**
기존에 발급한 ID를 사용하실수 있습니다.
▷**이용자관리비밀번호를 잊어서 신규이용자등록을 하지는 마십시요.**
<이용자관리비밀번호 분실시 처리방법>
1. 이용자관리비밀번호 분실 관련 공문을 작성 후 보내주세요. (팩스번호 : 0505-480-2135 / 042-472-2975)
2. 공문 발송(조달청/고객지원팀) 후 콜센터(1588-0800)로 전화하셔서 확인하시면 됩니다.
☞ 이용자관리비밀번호변경요청 공문 샘플 양식입니다. -> 수요기관용, 조달업체용

[기본정보]

사업자등록번호	9992100104	상호명	나라장터시연업체51조합

[인증서DN정보] [신규이용자등록]

ID	사용자구분	부서명	담당자명	등록일자	비고
[illegible]	일반사용자	업체담당부서	[illegible]	[illegible]	인증서추가등록

- [신규 이용자 등록] 버튼을 클릭하면 인증서 신규 등록 절차가 진행되며, 이때 사용자 ID가 새로 생성되기 때문에 기존의 인증서로 작업한 문서는 조회할 수 없다. 따라서 기존의 작업 내용을 유지하려면 반드시 [인증서 추가 등록] 버튼을 이용
- 이용자 관리 비밀번호 입력 : 인증서 신규 등록 시 인증서 정보에 입력했던 이용자 관리 비밀번호를 입력 후 [확인] 버튼을 클릭하면 인증서 추가·삭제 화면이 표시

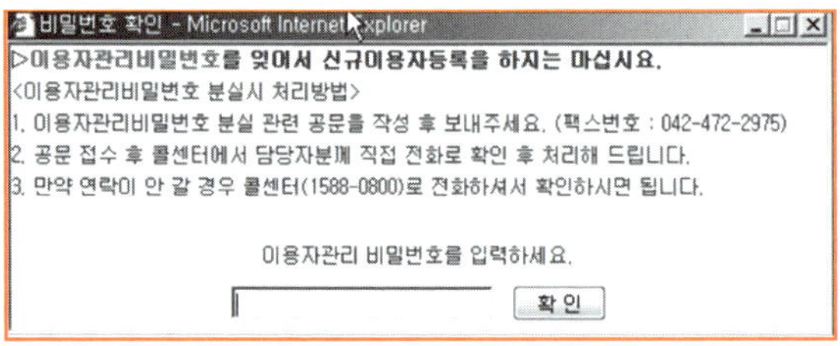

- 이용자 관리 비밀번호를 잊어버리면 신규 이용자 등록을 하지 말고, 안내된 '이용자 관리 비밀번호 분실 시 처리방법'에 따라 처리

인증서 추가 · 삭제

- 인증서 추가 시 [추가 등록] 버튼을 클릭하면 인증서 선택 창이 팝업되며, 이때 추가할 인증서 선택 및 암호 입력 후 [확인] 버튼을 클릭하면 인증서 추가
- 인증서 삭제 시 해당 인증서 선택 후 [삭제] 버튼 클릭

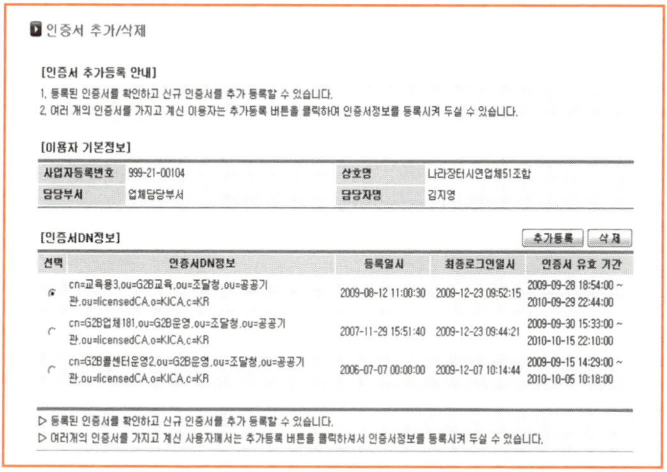

인증서 선택 및 암호 입력 후 [확인] 버튼 클릭

조달업체 사용자 유형 선택

- 업체대표자 등록 시 [업체대표자 등록]을 선택
- 업체대표자 외 등록 시 [입찰 대리인/일반 사용자 등록]을 선택

※ 조달업체별 최초 등록자는 대표자가 되며, 입찰 대리인과 일반 사용자 등록은 선택되지 않는다.

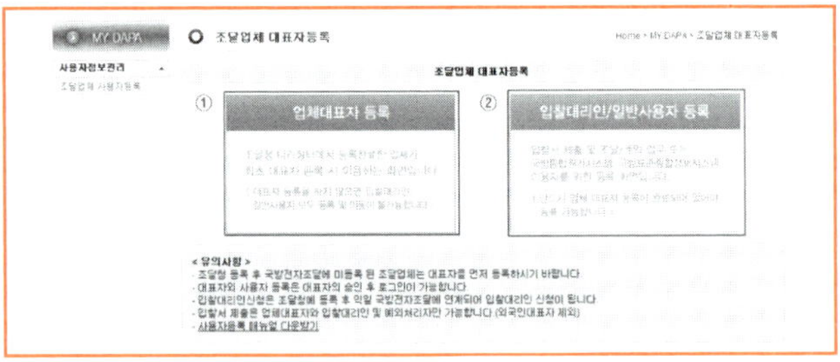
MY DAPA
조달업체 대표자등록
사용자정보관리
조달업체 대표자등록
①
업체대표자 등록
②
입찰대리인/일반사용자 등록
< 유의사항 >

업체 이용약관 동의

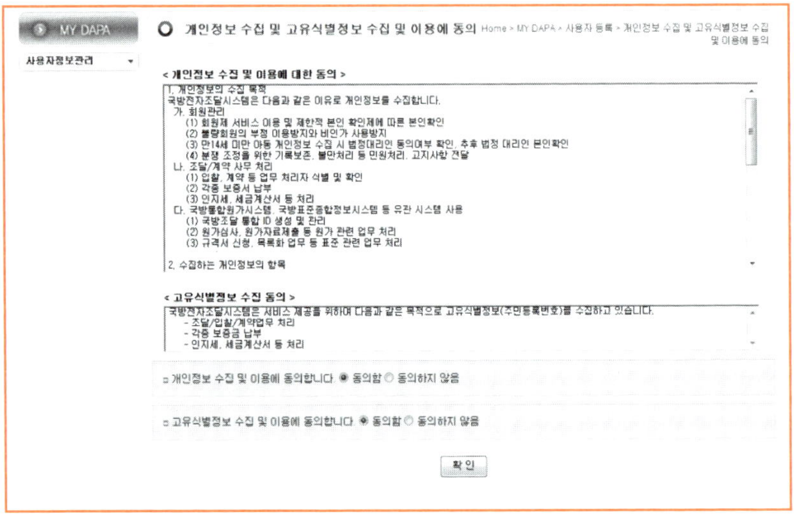
MY DAPA
개인정보 수집 및 고유식별정보 수집 및 이용에 동의
Home > MY DAPA > 사용자 등록 > 개인정보 수집 및 고유식별정보 수집 및 이용에 동의
사용자정보관리
< 개인정보 수집 및 이용에 대한 동의 >
1. 개인정보의 수집 목적
국방전자조달시스템은 다음과 같은 이유로 개인정보를 수집합니다.
가. 회원관리
(1) 회원제 서비스 이용 및 제한적 본인 확인제에 따른 본인확인
(2) 불량회원의 부정 이용방지와 비인가 사용방지
(3) 만14세 미만 아동 개인정보 수집 시 법정대리인 동의여부 확인, 추후 법정 대리인 본인확인
(4) 분쟁 조정을 위한 기록보존, 불만처리 등 민원처리, 고지사항 전달
나. 조달/계약 사무 처리
(1) 입찰, 계약 등 업무 처리자 식별 및 확인
(2) 각종 보증서 납부
(3) 인지세, 세금계산서 등 처리
다. 국방통합원가시스템, 국방표준종합정보시스템 등 유관 시스템 사용
(1) 국방조달 통합 ID 생성 및 관리
(2) 원가심사, 원가자료제출 등 원가 관련 업무 처리
(3) 규격서 신청, 목록화 업무 등 표준 관련 업무 처리
2. 수집하는 개인정보의 항목
< 고유식별정보 수집 동의 >
국방전자조달시스템은 서비스 제공을 위하여 다음과 같은 목적으로 고유식별정보(주민등록번호)를 수집하고 있습니다.
- 조달/입찰/계약업무 처리
- 각종 보증금 납부
- 인지세, 세금계산서 등 처리
□ 개인정보 수집 및 이용에 동의합니다. ◉ 동의함 ○ 동의하지 않음
□ 고유식별정보 수집 및 이용에 동의합니다. ◉ 동의함 ○ 동의하지 않음
확 인

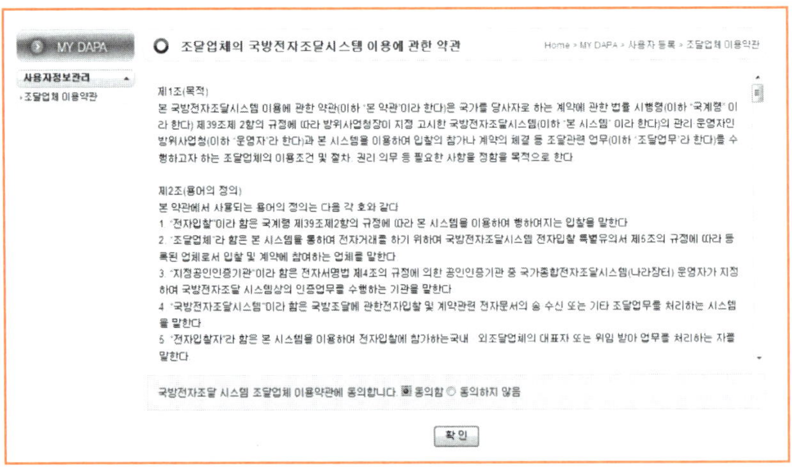
MY DAPA
조달업체의 국방전자조달시스템 이용에 관한 약관
Home > MY DAPA > 사용자 등록 > 조달업체 이용약관
사용자정보관리
› 조달업체 이용약관
제1조(목적)
본 국방전자조달시스템 이용에 관한 약관(이하 '본 약관'이라 한다)은 국가를 당사자로 하는 계약에 관한 법률 시행령(이하 '국계령' 이라 한다) 제39조제 2항의 규정에 따라 방위사업청장이 지정 고시한 국방전자조달시스템(이하 '본 시스템' 이라 한다)의 관리 운영자인 방위사업청(이하 '운영자'라 한다)과 본 시스템을 이용하여 입찰의 참가나 계약의 체결 등 조달관련 업무(이하 '조달업무'라 한다)를 수행하고자 하는 조달업체의 이용조건 및 절차, 권리 의무 등 필요한 사항을 정함을 목적으로 한다
제2조(용어의 정의)
본 약관에서 사용되는 용어의 정의는 다음 각 호와 같다
1. '전자입찰'이라 함은 국계령 제39조제2항의 규정에 따라 본 시스템을 이용하여 행하여지는 입찰을 말한다
2. '조달업체'라 함은 본 시스템을 통하여 전자거래를 하기 위하여 국방전자조달시스템 전자입찰 특별유의서 제5조의 규정에 따라 등록된 업체로서 입찰 및 계약에 참여하는 업체를 말한다
3. '지정공인인증기관'이라 함은 전자서명법 제4조의 규정에 의한 공인인증기관 중 국가종합전자조달시스템(나라장터) 운영자가 지정하여 국방전자조달 시스템상의 인증업무를 수행하는 기관을 말한다
4. '국방전자조달시스템'이라 함은 국방조달에 관한전자입찰 및 계약관련 전자문서의 송 수신 또는 기타 조달업무를 처리하는 시스템을 말한다
5. '전자입찰자'라 함은 본 시스템을 이용하여 전자입찰에 참가하는국내 외조달업체의 대표자 또는 위임 받아 업무를 처리하는 자를 말한다
국방전자조달 시스템 조달업체 이용약관에 동의합니다. ◉ 동의함 ○ 동의하지 않음
확 인

제조 물품의 참여 방법을 알고 싶어요

조달업체

1. 제조 물품 입찰 참가 등록 신청
   ① 공장등록증
   - 최근 3년 이내 납품실적 첨부한 물품제조사실 확인서
   ② 중기청 직접생산증명서
   ③ 생산(제조)인가 · 허가 등록증
   ④ 건축물관리대장
   - 건축면허 또는 사업장 면적이 500㎡ 미만 공장

→

등록 담당 공무원

2. 자격요건 확인
   ① 최근 3년 이내 납품실적 증명 제출 여부 확인
   - 제출 : 제출 서류 검토 후 등록
   - 미제출 : 직접 생산 여부 확인 후 적합할 경우만 등록
   ② 중소기업 공공구매 종합 정보망 확인
   ③ 직접생산 여부 확인 후 적합할 경우만 등록
   ④ 직접생산 여부 확인 후 적합할 경우만 등록

↓

2. 입찰 참가자격 등록 확인(승인)

←

4. 등록 진행 현황 조치

↓

5. 인증서 사용자 정보 등록

↓

6. 로그인

Tip

- 전자인증서의 유효기간은 1년이며 유효기간이 만료되면 인증서를 더 이상 사용할 수 없기 때문에 유효기간 내에 갱신해야 하고, 유효기간 경과 시에는 신규 발급절차에 따라 재발급을 받아야 한다.
- 유효기간 만료 30일전부터(고객 PC 설정 시간 기준) 잔여일수 안내 메시지가 화면에 안내되므로 가급적 만료 2주 전에 미리 조치하는 것이 좋고, 재발급 절차는 신규 발급 신청 및 등록 절차와 같다.

입찰 등록을 위해 물품목록은 어떻게 관리하나요

물품에 대한 입찰 참가자격 등록을 위해 세부 품명번호 부여 방법

: 세부 품명번호는 목록 정보 시스템 분류체계상에서 이미 부여되어 있으므로 입찰 참가자격 등록을 위해 세부 품명번호를 별도로 부여받을 필요는 없다.

물품 분류체계란?

물품을 기능, 용도, 재질 등에 따라 대, 중, 소, 세(楝), 세세 분류로 나누어 고유번호를 매기는 체계

입찰 참가자격 등록과 목록화 요청 차이는 입찰 참가자격 등록(나라장터 이용자 등록)은 물품, 공사, 용역 및 외자 물품의 입찰 참가자격을 분야별로 등록하는 것이며, 물품 목록화 요청은 물품식별번호를 부여받는 절차다. 따라서 입찰 참가자격 등록과 목록화 요청은 서로 관련 없는 별개의 업무다.

세부 품명번호는 목록 정보 시스템에 등재되어 있으며 지능형 검색 또는 일반 검색을 통해 확인할 수 있다. 목록화 요청의 처리 절차는 목록화(품목 등록)는 나라장터(www.g2b.go.kr) → 목록 정보 → 목록화 요청 → 품목 등록의 경로를 통해 요청할 수 있다.

목록화(품목 등록)란 물품에 품명을 부여하고 특성 자료 등의 식별 자료를 작성해 물품목록번호(물품분류번호+물품식별번호)를 부여하는 과정을 말한다. 목록화 요청 절차는 목록화는 나라장터(www.g2b.go.kr) → 목록 정보 → 목록화 요청 → 품목 등록의 경로를 통해 요청한다.

목록화 요청은 조달업체(제조 또는 공급업체), 수요기관 모두 가능하고, 조달업체는 등록하려는 물품을 조달청 입찰 참가자격 등록증에 제조 또는 공급물품으로 먼저 등록한 후에 목록화 요청이 가능하다. 특히, 공급업체는 등록하려는 물품의 제조업체가 조달청 입찰 참가자격 등록증에 해당 물품의 세부 품명을 제조 물품으로 등재하고 있어야 한다.

외국 제조업체인 경우에는 인터넷 주소, 카탈로그 등 제조업체를 확인할 수 있는 서류 제출로 갈음한다. 등록하려는 세부 품명이 분류되어 있지 않은 경우에는 목록화 요청→품명 등록의 경로를 통해 세부 품명 신청이 가능하다. 목록화 행정소요 일수는 요청일로부터 8일(공휴일 및 토요일 제외)이다.

업체명이 변경되었는데 기등록된 물품 목록의 수정 요청 처리 절차는 다음과 같다. 물품목록의 제조업체명 변경은 입찰 참가자격 등록에서 상호명 변경 또는 업체 등록(미등록 시) 후 목록 정보 시스템에서 요청하거나 문서로 요청하면 수정할 수 있다.

물품목록의 제조업체명 수정 요청 절차는 우선 입찰 참가자격 등록증에 상호명 변경 처리가 필요하고, 상호명 변경 처리 후 ① 목록 정보 시스템의 목록화 요청→품목 변경 메뉴에서 해당 품목을 검색해 변경 사항을 입력해 요청하거나 ② 문서로 제조업체의 변경 전·후 내용을 작성해 수정 요청을 하면 일괄 수정 처리가 가능하다(Fax 가능).

* 포함 사항 : 사업자등록번호, 업체명, 대표자명, 기타(변경 사유)

수정 요청 시 사업자등록번호는 같고 상호명만 변경된 경우 별도의 서류첨부는 필요하지 않다. 사업자등록번호, 상호명이 모두 변경된 경우 소멸한 법인과 신생 법인 간 체결한 합병(또는 분할) 서류, 목록자료 품명에 대한 포괄적 승계확인 서류, 법인 등기부 등본 등을 첨부해 요청한다. 품목 변경 행정 소요 일수는 요청일로부터 5일(공휴일 및 토요일 제외)이다.

이미 등록된 물품 목록의 모델명, 이미지, 규격 등을 변경할 경우, 물품 목록의 수정은 오류가 있는 경우와 빠진 사항을 추가하는 경우에 한정하는 것을 원칙으로 하며, 모델명, 이미지, 규격 등이 변경된 경우에는 신규로 등록해야 한다.

물품목록 수정은 나라장터(www.g2b.go.kr) → 목록 정보 → 목록화 요청 → 품목 변경의 경로를 통해 요청한다. 단순 오류·누락은 수정 가능한 물품 목록은 애초 등록한 정보에 오류가 있는 경우와 속성값 등이 빠진 경우에만 수정할 수 있다. 등록 오류란 품목 등록 이전의 증거 자료를 통해 기재한 내용이 오류로 확인된 것을 의미한다.

모델명, 이미지, 규격 등은 원칙적으로 수정 불가하다. 따라서 모델명, 이미지, 규격 등이 변경되면 이미 등록된 품목과 달라지므로 수정할 수 없고 신규로 등록해야 한다. 다만, 물품 목록 등록 후 계약 체결한 사실이 없고 장기간(약 3개월) 지나지 않은 건은 검토 후 승인 가능 장비의 경우 모델명, 규격 등의 변경 없는 단순한 이미지 변경은 검토 후 승인할 수 있다. 변경 전 이미지는 다면 이미지에 포함해 관리하는 것이 좋다.

2 입찰 참여를 위한 2단계(전자 입찰)

중소기업 전자 입찰 발주는 어떻게 되나요

조달청은 민간전용 전자조달시스템인 '누리장터'를 운영하고 있으며, 중소기업은 누리장터를 이용해 발주된다. 누리장터 이용 절차는 민간조달의 투명성 및 공정성 재고를 위해 나라장터를 민간에 개방한 민간전용 전자조달시스템이다. 2013년에는 아파트 관리사무소 및 영농·영어조합법인, 2014년에는 비영리법인, 2015년 중소기업, 2018년 '도시 및 주거환경 정비법'에 따른 사업시행자(추진위원회, 조합 등)로 이용 대상이 단계적으로 확대되었다.

누리장터의 주요 기능은 전자 입찰, 전자 계약, 대금 청구 등 조달 과정의 전자화, 견적 요청, 역경매 등 민간 맞춤형 서비스 제공, 계약 체결에 필요한 각종 정보 조회 및 증명서 발급이라고 할 수 있다. 누리장터 이용 절차는 민간 수요자 등록 및 인증서 발급 및 등록을 통해 이용할 수 있다. 누리장터(http://nuri.g2b.go.kr)에 접속해 우측 상당의 '신규 이용자 등록' 이용, 전자 입찰 공고 게시, 개찰 및 낙찰자 선정의 절차로 되어 있다.

※ 누리장터 온라인 설명서 및 사용자 교육 교재

누리장터 사이트 'e 고객센터–자료실–나라장터 자료실'에서 내려받기 가능

조달청의 '하도급 지킴이'는 공공기관에서 발주하는 시설공사, SW 용역 사업에서 발생하는 하도급 계약–대금 청구 지급–실적 증명 발급 등의 과정으로 이루어진다. 하도급 지킴이는 공공사업을 수행하는 원·하수급자들이 하도급 계약 체결, 하도급 대금·자재 장비 대금·노무비 지급을 전자적으로 처리하고 발주기관이 온라인으로 모니터링하는 시스템이다. 하도급 지킴이의 주요 기능 및 이용 절차는 다음과 같다.

주요 기능	이용 절차
• 하도급 계약, 대금 청구 및 지급 등의 업무 과정 전자화 • 발주기관, 원·하도급사별 계약 및 대금 지급 통계 제공 • 하도급 계약에 대한 실적증명서 발급 등	• 나라장터 인증서 발급·등록 • 하도급 지킴이 로그인, 사용자 등록 및 권한 설정 • 하도급 계약 등록 • 하도급 지킴이 약정계좌 발급·등록 • 대금 청구 및 지급처리

※ 하도급 지킴이 온라인 매뉴얼 및 사용자 교육 교재

하도급 지킴이의 공지사항 메뉴에서 온라인 매뉴얼 및 사용자 교육교재 내려받기 가능

공공조달과 관련한 통계는 두 시스템에서 조회 가능하다. ① 나라장터 관련 통계는 조달 정보개방 포털에서, ② 나라장터를 포함한 공공조달 전반에 관련된 통계는 공공조달통계시스템(온통 조달)에서 조회할 수 있다.

모바일로 입찰하는 방법도 알고 싶어요

스마트폰 전자 입찰은 PC와 동일하다. 다만 지문인식 시 모바일 전용 토큰(모본(MKT-1000F), KSID-지문 인증 스마트카드)이 사용된다.

지문 인증 스마트카드

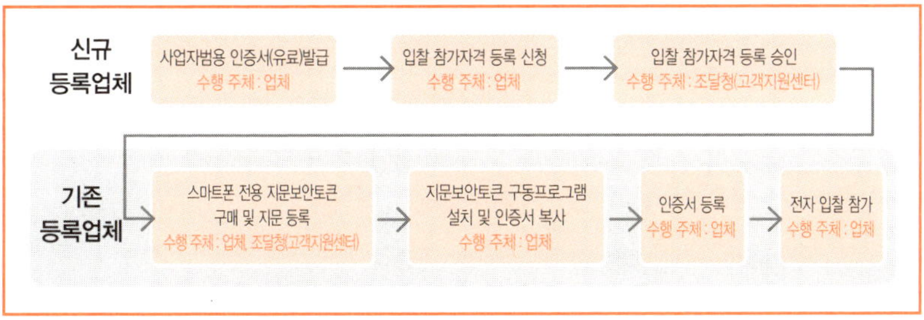

스마트폰 전자 입찰 절차

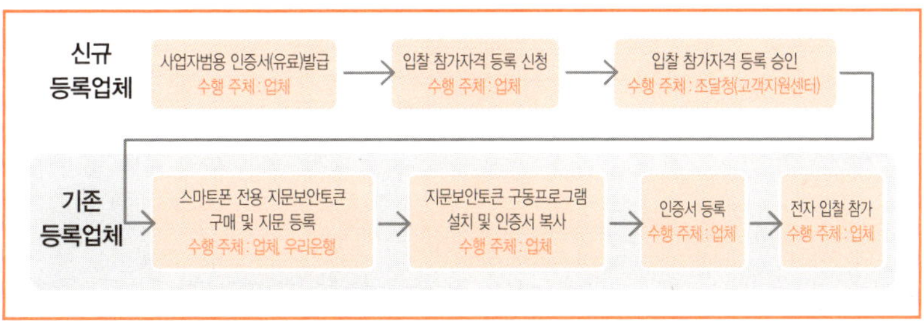

스마트폰 전자 입찰 관련 자료는 안내문에서 매뉴얼까지 다양하다.

신규업체 등록 절차 안내문	e-고객센터 → 자료실 → 나라장터 자료실 → 신규 입찰 참가자격 등록 및 전자 입찰 안내
경쟁 입찰 참가자격 등록 신청서 작성 요령	e-고객센터 → 자료실 → 일반 자료실 → 경쟁 참가자격 등록 신청서 작성 요령

구동 프로그램 설치	e-고객센터 → 이용지원 → 지문보안 전자 입찰 → 구동프로그램 설치
인증서 복사 매뉴얼	e-고객센터 → 이용지원 → 지문보안 전자 입찰 → 인증서 복사
지문인식 전자 입찰 이용 절차	e-고객센터 → 이용지원 → 지문보안 전자 입찰 → 지문인식 전자 입찰 안내
스마트 나라장터 매뉴얼	e-고객센터 → 공지사항 → 운영자 공지사항 → 스마트 나라장터 개편 안내

전자 입찰에서 반드시 알아야 할 것

◈ 전자 입찰을 했는데, 불가피한 사정으로 투찰을 취소할 경우

전자 입찰서를 제출한 전자조달 이용자는 '전자조달의 이용 및 촉진에 관한 법률 시행령 제5조'에 따라 입찰 금액 등의 중요한 입력 사항에 오류가 있는 경우에는 전자 입찰의 취소를 신청할 수 있다. 단, 취소 신청 가능 시기는 '공고한 개찰일시 이전까지'다. 취소 방법은 전자조달시스템을 이용하고, 메뉴 경로는 조달업체 로그인 → 나의 나라장터 → Bid Center → 해당 투찰건 → 전자 입찰 취소 신청(신청서 작성) 순으로 한다.

직접 제출 또는 팩스 전송 등의 방법을 통할 경우 전자조달시스템에 등록된 도장을 찍어야 한다. 다만, 전자조달시스템에 등록된 도장이 없는 경우에는 상업등기법에 따른 법인의 인감도장이나 인감증명법에 따라 신고한 인감도장을 찍고 인감증명서를 함께 제출해야 한다.

취소 처리의 경우, 수요기관의 장 또는 계약 담당자가 취소 신청을 받아서 신청한 전자조달 이용자의 전자 입찰을 취소하고, 해당 전자 입찰서를 무효로 처리할 수 있다.

◈ 나라장터 전자 입찰의 복수 예비 가격 작성 방법 및 같은 가격인 경우 낙찰자 선정 방법

예비 가격 기초 금액을 기준으로 발주기관에서 정한 기준율 범위 내에서 균등한 폭으로 15개 구간을 설정하고 각 구간 내에서 무작위로 1개씩의 예비 가격(비율)을 결정해 기초 금액을 곱해 산출한다. 입찰 가격이 같은 가격인 경우에는 '국가계약법시행령 제47조'에 따라 진행하되, 입찰 공고 시 집행관이 선택한 방법(수동, 자동)의 안내대로 하면 된다.

◈ 복수 예비 가격 작성 절차

기초 금액 공개 → (재무관)복수 예비 가격 작성, 무작위 순으로 저장 → (투찰업체)예비 가격 번호 2개 추첨(비공개) → 입찰 마감 → (입찰 집행관)복수 예비 가격 무작위 순으로 재배열 → 개찰 집행, 복수 예비 가격 중 최저가 4개를 산술평균해 예정 가격을 결정한다.

※ 복수 예비 가격 작성 시 발주기관에서 정한 기준율

조달청 기준(국가기관) : ±2%, 행자부 기준(지자체 및 교육기관) : ±3% 범위

기타 공공기관 : 발주기관에서 공고 시 정한 기준율

* 자세한 방법은 나라장터 운영자 공지사항 전자조달(입찰, 통합공고) '(안내)나라장터 복수 예비 가격 작성 기준 변경 안내' 참조

기타 공공기관 : 발주기관에서 공고 시 정한 기준율

* 자세한 방법은 나라장터 운영자 공지사항 전자조달(입찰, 통합공고) '(안내)나라장터 복수 예비 가격 작성 기준 변경 안내' 참조

같은 가격인 경우 낙찰자 선정 방법은 낙찰자 결정 방법에 따라 국가계약법시행령 제47조 제1항 각 호에 따라 선정하고, 자동 추첨 방법을 선택한 경우 투명성과 공정성을 보장하는 방법으로 구축된 시스템을 이용한다. 자세한 방법은 나라장터 운영자 공지사항 기타 '전자 입찰 특별유의서 개정 및 전자조달 시스템을 이용한 자동 추첨 프로그램 구축 안내'를 참조하면 된다. 수동 추첨 방법을 선택한 경우에는 기관별 수동 추첨을 진행한다.

◈ 나라장터에서 입찰할 때 해킹 위험 대비 방법

조달기업 이용자 PC에 안전입찰 2.0 프로그램(SafeG2B)을 설치하고, 입찰서를 제출해 해킹을 원천적으로 차단하는 '안전입찰서비스'를 이용한다. 여기서 안전입찰 2.0 프로그램은 나라장터 입찰전용 가상 PC를 생성하는 방식(안전입찰 1.0)에서 이용자 PC의 웹 브라우저를 가상화하는 방식(안전입찰 2.0)으로 운영하는 환경을 말한다.

나라장터 시스템은 국가정보원, 행정자치부 등 유관기관들과 협조해 상시 모니터링 체계를 구축하고 있다. 아울러, 주기적으로 나라장터 점검 후 취약점 발견 시에는 즉시 개선 조치가 이루어진다.

입찰 공고는 어떻게 확인하나요

입찰 공고는 나라장터 홈페이지의 입찰 정보에서 확인할 수 있다. 입찰 정보는 입찰 정보 메뉴에서 물품, 공사, 용역, 리스 등 업무별 입찰 공고를 확인할 수 있고, 물품 등 업무별 메뉴 중 공고 현황을 선택해 세부 입찰 정보 검색이 가능하다.

정보검색은 공고 현황에서 자료 입력 없이 검색하는 경우 일정 기간의 모든 입찰 공고가 조회되며, 특정 기관 등의 입찰 공고 정보가 필요한 경우 공고기관, 공고명 등을 입력해 검색할 수 있다. 개찰일, 추정가격, 지역 제한 등 다양한 방법으로 정보 검색이 가능하다.

상세 정보는 조회된 입찰 공고를 선택해 입찰에 관련된 상세 정보 확인이 가능한데, 해당 입찰에 참여하고자 하는 경우에는 입찰 공고 내용에 따라 자격조건 등을 확인하고 입찰에 참여할 수 있다. 전자적으로 가격 입찰서만을 제출하는 입찰은 입찰 공고 검색 후 우측의 지문 입찰을 선택해 공인인증서 로그인 후 전자 입찰서를 제출하면 된다. 입찰 참가자격, 세부 물품 내역, 서류 제출 여부 등은 첨부 파일의 공고서, 규격서 등을 통해 확인할 수 있다. 발주기관 정보, 개찰 일시, 투찰 제한, 구매대상 물품 등도 확인 가능하다.

3 입찰 참여 전 반드시 알아야 할 3가지 Tip

Tip 1. 제조 물품 직접생산확인 제도를 확인한다

제품제조로 입찰 등록하려는 업체의 직접생산 여부를 확인함으로써 제조능력이 없는 업체의 입찰·낙찰을 방지하고, 실제 제조능력을 갖춘 조달업체를 보호해 조달 물품의 품질을 향상하기 위한 제도다. '조달청 제조 물품 등록 직접생산확인 기준'에 보면 물품제조 등록에 있어 직접생산 여부를 확인하기 위한 제조공장, 생산시설, 생산인력 등의 확인 기준과 절차를 마련함으로써 직접생산 여부를 판정한다. 서류심사(사업자등록증명원, 공장등록증명서, 건축물 관리대장, 관련 법령에 따른 인허가, 면허, 등록 등의 증명서류 등)와 현장 조사를 병행한다.

직접생산확인 방법 적용 대상은 신규로 물품 제조 등록을 신청하는 업체, 유효기간이 지나 물품 제조 등록을 갱신하려는 업체, 이미 물품 제조 등록을 한 업체다. 현장에서 서류심사 및 생산시설 직접 확인을 할 때 주요 확인사항은 품명별 세부 직접생산확인 기준에 규정된 제조공장·시설(임차 가능), 인력 등을 확인한다. 또한 전기 사용료, 원부자재 매입내역 등 실제 제조 활동을 하는지 여부도 확인한다.

※ 조달품질원 홈페이지(www.pps.go.kr/center) 공고

품명별 세부 직접생산확인 기준은 세부 품명별 직접생산확인 기준(생산시설, 제조인력, 생산공정 등)을 설정해 각각의 품명에 대한 기준을 확인할 수 있다. 중소기업자 간 경쟁 제품의 경우, 중소벤처기업부에서 확인 기준을 제시해 인용한다.

※ www.smpp.go.kr/smpp/index.do(공공구매 종합정보 → 정보 조회 → 직접생산확인 기준)

직접생산확인 기준표는 어디서 확인하나요

직접생산확인 기준표(품명별 세부 직접생산확인 기준)는 조달품질원 홈페이지(http://www.pps. go.kr/center/)에서 확인 가능하다.

품명별 세부 직접생산확인 기준에 적용되는 대상(조달청 제조 물품 등록 직접생산확인 기준)

① 국가를 당사자로 하는 계약에 관한 법률 시행 규칙 제15조 제2항의 규정에 의해 국가종합 전자조달 시스템에 신규로 물품 제조 등록을 신청하는 자
② 국가종합전자조달시스템 입찰 참가자격 등록 규정(조달청 고시 제2017-23호) 제9조 제1항 제1호에 의해 유효기간이 경과해 국가종합전자조달시스템에 물품 제조 등록을 갱신하고자 신청하는 자
③ ①항 또는 ②항을 통해 이미 국가종합전자조달시스템에 물품 제조 등록을 한 자
중소기업자 간 경쟁 제품의 직접생산확인 기준은 조달품질원 홈페이지에서 확인이 가능하며, 중소벤처기업부공공구매 종합정보 사이트에서도 확인 가능

※ 중소기업자 간 경쟁 물품 : 중소기업자간 경쟁 물품 직접생산확인 기준(중소벤처기업부 제2018-9호, 2018.1.18, 별표2 경쟁 제품별 세부 직접생산 확인 기준). 접속 방법은 조달품질원 홈페이지를 통해 하고, 품명별 세부 직접생산확인 기준을 확인해야 한다.

조달청 홈페이지(http://www.pps.go.kr)→좌측 하단 지방청 바로가기→조달품질원 선택→조달품질원 홈페이지 중 기간 물품http://www.smpp.go.kr/smpp/index.do(공공구매종합정보→정보 조회→직접생산확인 기준)

Tip 2. 계약 이행을 할 수 있는지 체크한다

계약 해제·해지는 계약 불이행 등 계약 상대자의 책임 있는 사유로 인한 경우와 발주기관의 불가피한 사정이 발생한 경우에 이루어진다. 계약 상대방의 책임 있는 사유로 인한 계약 해제·해지에서 계약 해제란 계약의 효력이 소급되어 당초부터 그 계약이 없었던 것으로 하는 조치를 의미하고, 계약 해지란 유효하게 성립된 계약을 당사자 일방의 의사 표시로 계약의 효력을 일정 시점부터 소멸시키는 것을 의미한다. 납품기한 내에 계약을 이행하지 못한 경우, 계약 이행 중 뇌물수수 등 부당 행위 발생, 허위 서류 제출 등 부정한 방법으로 계약 체결된 경우 등은 계약 해제 또는 해지 처리된다.

※ 물품구매(제조)계약 일반 조건 제26조

발주기관의 사정변경에 따른 계약 해제·해지는 계약 상대자의 책임 있는 사유로 계약 해제·해지된 경우 계약 보증금은 국고 귀속되며 부정당업자 입찰 참가자격 제한을 받는다. 계약 상대자의 책임 있는 사유 이외에 객관적으로 명백한 발주기관의 불가피한 사정이 발생한 경우 계약 해제·해지가 가능하다. 발주기관은 계약 해제·해지 시 해당 기간 이전에 투입된 계약 상대자의 인력 재료 및 장비의 철수 비용을 지급해야 한다.

Tip 3. 계약 이행을 하지 못했을 때 불이익을 확인한다

부정당업자로 입찰 참가자격 제한을 받는 사유는 계약을 이행하면서 부정한 행위를 하거나 입찰 담합 등 공정 거래를 위반한 경우 등이고, 이에 대해서는 일정 기간 입찰 참가자격을 제한하고 있다. 불량품 납품 등 부당한 계약 이행, 입찰 담합, 입찰 및 계약 이행 과정에서의 뇌물 제공, 정당한 이유 없이 계약을 이행하지 아니한 경우 부정당업자 입찰 참가자격 대상이 된다(국가를 당사자로 하는 계약에 관한 법률 시행령 제76조 및 지방자치단체를 당사자로 하는 계약에 관한 법률 시행령 제92조). 입찰 참가자격 제한 사유별로 1개월~2년 범위 내에서 제재 기간이 결정되며, 해당 기간 입찰 참가가 제한되어 수의 계약도 체결할 수 없다.

과징금 부과는 입찰 참가자격 제한 사유에 해당하나 계약 상대자의 책임이 경미한 경우에는 입찰 참가자격 제한을 갈음해 과징금을 부과할 수 있다. 천재지변이나 이에 따르는 부득이한 사유로 인한 경우, 급격한 경제 여건 변화로 인한 경우 등은 과징금 부과 위원회의 심의를 거쳐 사유별 과징금을 부과한다. 국가계약법 적용 기관은 기획재정부, 지방계약법 적용 기관은 행정자치부 주관으로 구성된다.

업체의 불공정 행위를 어떻게 신고하나요

경쟁업체의 불공정 행위는 조달청 홈페이지 '불공정 조달행위 신고센터'와 '조달가격 신고센터'에서 신고하거나 계약 담당 부서에 직접 신고가 가능하다. 불공정조달행위 신고센터 신고 유형은 입찰자 또는 계약 상대자 등이 입찰 또는 계약, 납품검사 등에 관한 서류를 위조·변조하거나 거짓 서류를 제출하는 행위, 직접생산 기준을 위반해 납품하는 행위, 원산지를 거짓으로 표시해 납품하는 행위, 수요기관 등의 사전 승인 없이 계약 규격과 다른 제품을 납품하는 행위, 우수조달 물품 등의 지정을 거짓이나 부정한 방법으로 받은 행위다.

조달가격 신고센터 신고 유형은 조달계약 시 체결한 단가보다 시중 가격을 낮게 판매한 경우, 부정한 방법으로 고가로 조달청과 계약·납품하는 경우, 기타 부정한 방법으로 부당 이득을 취한 경우다. 신고 방법은 조달청 홈페이지와 나라장터상의 불공정조달행위 신고센터와 조달가격 신고센터를 이용하되, 모바일 앱, 팩스, 서면으로도 신고 가능하다. 신고서를 작성·제출하되 성명·주소·연락처를 반드시 기재해야 한다.

신고 경로는 다음과 같다. ① 조달청 홈페이지 → 참여·민원 → 불공정조달행위 신고센터/조달가격 신고센터 ② 나라장터 하단의 불공정행위 신고센터/가격조사 신고센터 바로 가기 신고 내용을 입력한다(신고센터의 신고등록 버튼 클릭 → 본인 인증 → 내용 입력). 중소기업자 간 경쟁 제품의 직접생산 위반 등 중소기업제품 공공구매와 관련된 사항에 대해서는 중소기업 제품 공공구매 종합정보망(www.smpp.go.kr) → 고객센터 → 부당행위 신고에서도 등록 및 신고할 수 있다.

전자 입찰 전체 업무 흐름도

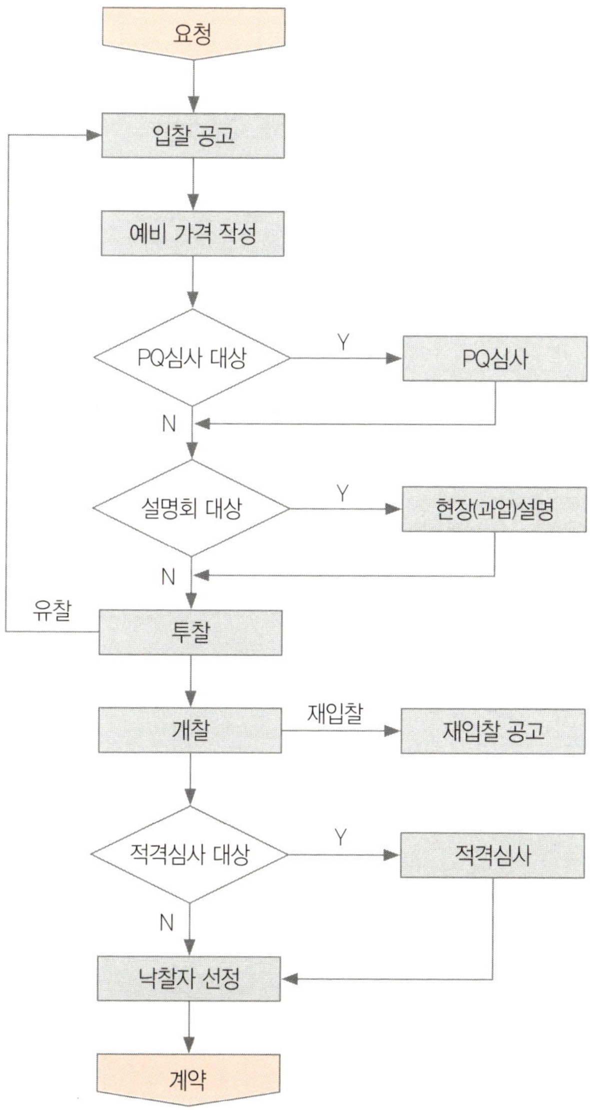

※ PQ심사 대상/ 설명회 대상/ 적격심사 대상은 해당 공고에만 적용

3

실수하지 않는 공공조달 계약 TiP

1 보증금은 어떻게 해야 할까요

입찰 보증금은 입찰 후 정당한 이유 없이 계약 체결을 회피하는 경우를 방지하기 위해 입찰자가 일정 금액을 납부하고 입찰에 참가하도록 하는 것이며, 계약 보증금은 계약 체결 후 계약을 이행하지 않는 경우 이에 대한 손해보전을 위해 계약 체결 시 계약자가 일정 금액을 납부해야 한다.

입찰 보증금

- 경쟁 입찰에 참여하는 경우 입찰자는 입찰금액의 5/100 이상의 입찰 보증금을 납부해야 한다. 단가 입찰의 경우에는 1회 이행 금액(최대 이행 예정량 × 입찰 단가)의 5/100 이상이다.

- 조달청에서 집행하는 입찰은 예외적이면을 제외하고는 입찰 보증금을 직접 납부받지 않고 지급 각서로 대체(기관별로 입찰 보증금을 직접 납부하도록 하는 경우도 있으므로 개별 입찰 공고서를 통해 납부 면제 여부 확인) 부정당업자 제재를 받고 제재 기간 종료일이 입찰 공고일로부터 최근 2년 이내인 경우이다.

계약 보증금

- 물품 계약의 경우 계약 금액의 10/100 이상을 계약 보증금으로 납부해야 하며 현금, 보증보험증권, 정기예금증서 등으로 납부 가능하다. 단가 계약의 경우에는 1회 이행 금액(최대 이행 예정량 × 계약 단가)의 10/100 이상이다.
- 물가변동 또는 계약 내용의 변경으로 계약 금액이 증액된 경우에는 이에 해당하는 금액의 보증금을 추가로 납부하고, 계약 금액이 감액된 경우 이에 해당하는 금액의 계약 보증금을 반환한다.

부정당업자 제재 이력이 있는 경우 보증금 납부

- 입찰 보증금은 제재 기간 종료일이 입찰 공고일 기준 최근 2년 이내인 경우 총 제재 기간에 따라 납부한다. 6개월 미만은 10/100 이상, 6개월~1년 미만 15/100 이상, 1년~2년 미만 20/100 이상, 2년 이상인 경우 25/100 이상이다.
- 계약 보증금은 제재 기간 종료일이 계약 체결일 기준 최근 2년 이내인 경우 총 제재 기간에 따라 납부한다. 6개월 미만 15/100 이상, 6개월~1년 미만 20/100 이상, 1년~2년 미만 25/100 이상, 2년 이상의 경우 30/100 이상이다.

2 계약의 종류와 차이점이 어떻게 되나요

총액 계약은 구매 계약 물품 전체에 대해 단가가 아닌 총금액으로 계약을 체결하는 것이며 단가 계약은 일정 기간 지속해서 필요한 물품 등을 단가를 정해 체결하는 구매 계약을 의미한다.

총액 계약

계약 목적물 전체에 대해 총금액을 기준으로 입찰 등을 진행하고 계약을 체결하는 일반적인 계약 방법이다. 경쟁 입찰의 경우 총금액(물품단가×수량)을 기준으로 기초 금액이 발표되고, 가격입찰서 제출 시에도 총금액을 표기해 제출해야 한다. 물품구매 입찰 공고 조회 시 계약방법에 총액 또는 단가 계약 여부가 명시되어 있어 입찰 참가 시 확인할 수 있다.

※ 계약 방법 : 일반(총액), 일반(단가), 제한(총액), 제한(단가) 등으로 명시

단가 계약

일정 기간 지속적이고 반복적으로 구매가 필요하고 수요량이 확정되지 않은 물품에 대해 단가를 정해 계약을 체결하는 방법(수요량은 예정량을 명시)이다.

※ 수요빈도가 많은 품목에 계약 단가 및 예정 수량을 명시해 계약 체결

※ 조달청에서 운영하는 나라장터 종합쇼핑몰 등록 물품은 단가 계약 방식으로 구매 계약을 체결

단가 계약과 제3자 단가 계약의 차이점

제3자 단가 계약은 계약 체결의 목적이 계약기관(조달청)의 수요 목적을 위한 것이 아닌 타 기관(제3자)의 수요 목적을 위해 체결하는 계약으로 단가 계약 방식의 하나다.

단가 계약

일정 기간 지속적이고 반복적으로 구매가 필요하고 수요량이 확정되지 않은 물품에 대해 단가를 정해 계약을 체결하는 방법(수요량은 예정량을 명시)이다.

* 수요빈도가 많은 품목에 대해 계약 단가 및 예정 수량을 명시해 계약 체결

제3자 단가 계약

다수의 공공기관이 공통으로 필요로 하는 물품에 대해 중앙조달기관(조달청)이 계약 상대자와 단가를 정해 물품계약을 체결하고 공공기관(제3자)에서 해당 물품을 계약 단가대로 직접 납품을 요구하도록 하는 계약 방법이다. 물품의 단가를 정해 계약 체결이 이루어지나 계약의 목적이 계약기관의 수요 목적이 아닌 경우 타 기관(제3자)의 수요 목적을 위한 것으로 일반적인 단가 계약과 구분된다. 종합쇼핑몰에 등록된 물품은 제3자 단가 계약 물품이나 이 중에서 일부 물품(레미콘, 아스콘 등)은 타 기관(제3자) 납품요구 시 조달청 검토 단계를 거쳐 납품요구가 확정되어 제3자 단가 계약과 구분해 일반 단가 계약으로 통칭한다.

※ 레미콘은 90분 이내 납품이 되어야 하는 등 납품요구에 대한 일정한 조정이 필요한 품목은 수요기관 납품요구 시 조달청에서 이를 검토

해 납품요구 여부를 최종 확정한다(계약 상대자가 조합이면 배정을 희망하는 조합 원사를 지정해 납품요구 가능).

제3자 단가 계약과 다수 공급자 계약(MAS)의 차이

다수 공급자 계약은 각 수요기관에서 공통으로 사용하는 물자를 수요기관에서 직접 계약 상대자에게 납품요구하는 제3자 단가 계약과 같은 형태의 계약이지만, 품질 성능 효율 등이 동등하거나 유사한 제품을 공급하는 다수의 공급자와 계약을 체결한다는 차이점이 있다.

제3자를 위한 단가 계약(제3자 단가)

조달사업에 관한 법률에 따른 계약의 특례로서 각 수요기관에서 공통으로 필요한 수요물자를 미리 단가 계약을 체결하고, 수요기관이 직접 계약자에게 납품요구 대상 물품(행정 사무자동화 기기, 우수제품 등)을 계약자 규격물품으로 제조 공급하는 계약이다.

다수 공급자 계약

제3자 단가 계약과 같은 형태의 계약이지만 수요기관의 다양한 수요를 맞추기 위해 품질·성능·효율 등이 유사한 수요물자를 수요기관이 선택할 수 있도록 3인 이상을 계약 상대자로 하는 공급 계약이다. 대상 물품은 제3자 단가 계약과 같다. 다수 공급자 계약을 체결하려는 자는 경쟁 입찰 참가자격을 갖추어야 하며, 가격 협상을 통해 낙찰자로 결정된다.

제3자 단가 계약과 다수 공급자 계약 차이점

구 분	제3자 단가 계약	다수 공급자 계약
계약 방법	경쟁 또는 수의	경쟁
계약 수량	구매결의 시 결정된 수량	업체 계약 수량
계약자	단일업체	다수업체(3개 이상)
가격 할인	없음.	• 다량 납품 요구량 초과 시 • 할인 행사 기간의 납품 요구
가격 인하	계약 후 90일 이후	수시로 가능 (중간 기간 경쟁 제품 10% 이하)
2단계 경쟁	없음.	• 1회 구매 예정 금액 일정 금액 (중기간 물품 1억 원, 일반물품 5,000만 원)

3 물품구매에서 반드시 알아야 할 7가지 Tip

Tip 1. 중소기업 간 경쟁제도를 활용하라

중소기업제품 구매를 촉진하기 위해 중소기업자 간 경쟁 제품(203개) 및 추정 가격 고시 금액(2.1억 원) 미만 일반 제품 구매 시 중소기업자로 참가자격을 제한해 구매를 진행하는 계약 제도다. 중소기업자 간 경쟁 제품은 중소기업자가 직접 생산하는 물품을 중소기업자 간 경쟁 제품으로 지정하고, 해당 물품을 직접 생산하는 중소기업자를 대상으로 구매 계약을 진행한다. 3년마다 중소기업청에서 지정하고, 중소기업 및 직접 생산을 확인하기 위해 중소기업청(이하 중기청)에서 중소기업확인서 및 직접생산확인 증명서를 발급하고 있다. 중기청의 위탁을 받아 중소기업중앙회에서 직접생산 확인 및 증명 업무를 대행한다.

추정 가격 고시 금액(2.1억 원) 미만 일반 제품은 중소기업자 간 경쟁 제품 이외의 일반 제품 중 추정 가격이 고시 금액(2.1억 원) 미만인 물품에 대해서는 중소기업자를 대상으로 구매 계약을 진행한다. 추정 가격은 예산에서 부가가치세 등 제세가 제외된 금액이며, 고시 금액은 국가기관 등이 국제 입찰에 의한 기준 금액으로 2년마다 고시한다.

추정 가격 고시 금액 2.1억 원 미만에서 1억 원까지는 중소기업(중기업, 소기업, 소상공인)으로 참가자격을 제한하고, 추정 가격 1억 원 미만에 대해서는 소기업 또는 소상공인으로 참가자격을 제한해 구매 진행한다.

Tip 2. 물품 적격심사는 시험문제다

물품 적격심사는 무엇일까? 입찰자의 계약 이행능력을 심사해 입찰 가격이 적정하고 재무구조 등이 건실한 우량업체를 낙찰자로 선정하기 위한 낙찰자 결정방식으로 중소기업자 간 경쟁 제품에 대해서 실시하는 '중소기업자 간 경쟁 물품에 대한 계약 이행능력심사'와 이외의 일반 제품에 대해 실시하는 '물품구매 적격심사'로 구분된다.

첫 번째로 일반 물품에 대한 적격심사는 중소기업자 간 경쟁 제품에 대한 제한경쟁 입찰 시 적용하며 조달청 중소기업자 간 경쟁 물품에 대한 계약 이행능력심사 세부 기준과 중기청 중소기업자 간 경쟁 제품 중 물품의 구매에 관한 계약 이행능력심사 세부 기준이 있다. 조달청에서 집행하는 중소기업자 간 경쟁 제품 구매 입찰 시 적용하며 기타 공공기관의 자체 입찰 건에 대해서는 중기청 기준을 적용한다. 또한 추정 가격을 기준으로 3개의 평가 기준(10억 원 이상, 10억 원~고시 금액 이상, 고시 금액 미만)이 적용되며 종합평점이 88점 이상이면 낙찰자로 선정된다.

두 번째로 중소기업자 간 경쟁 제품에 대한 계약 이행능력심사란 무엇일까? 중소기업자 간 경쟁 제품에 대한 제한 경쟁 입찰 시 적용하며 조달청 중소기업자 간 경쟁 물품에 대한 계약 이행능력심사 세부 기준과 중기청 중소기업자 간 경쟁 제품 중 물품의 구매에 관한 계약 이행능력심사 세부 기준이 있다. 조달청에서 집행하는 중소기업자 간 경쟁 제품 구매 입찰시 적용하며, 기타 공공기관의 자체 입찰 건에 대해서는 중기청 기준을 적용한다. 추정 가격을 기준으로 3개의 평가 기준(10억 원 이상, 10억 원~고시 금액 이상, 고시 금액 미만)이 적용되며 종합평점이 88점 이상이면 낙찰자로 선정된다.

세 번째로 적격심사 관련 신인도 가점 항목은 무엇이 있는지 살펴보자. 적격심사 신인도 가점은 신규 고용 창출 등 고용 분야, 우수 조달 물품 등 인증 분야, 사회적 기업, 여성기업 등에 대한 가점이 있으며 심사 기준별로 신인도 항목 및 가점 기준이 다르다.

'조달청 물품구매 적격심사 세부 기준' 신인도는 신규 고용 창출 우수기업 1~3점, 청년고용 우수기업 0.75~1.25점, 정규직 사용 우수기업 0.5~2점, 고용 형태 공시제 대상기업, 비정규직을 정규직으로 전환해 고용노동부로부터 지원을 받는 중소 중견기업 1.5점, 자활기업, 마을기업 등 사회적 경제 기업 2점, 혁신형 중소 제조기업 2.5점 등의 신인도가 가점 부여된다. 구체적인 신인도 항목은 심사 세부 기준의 평가 기준별 신인도 평점을 참조하자(지방자치단체 물품 적격심사 세부 기준은 조달청 적격심사 기준과 다소 다르므로 해당 기준 참조).

신인도 평가는 해당 물품 납품 이행능력 평가 점수가 부족한 경우에 이를 보완하기 위한 가점이며, 배점 한도는 추정 가격 10억 원 이상의 경우 +5점에서 −5점, 10억 원 미만의 경우 +3에서 −2점이다. 신규 고용 창출 우수기업 가점(1~3점)이 적용되는 경우에는 최대 +7점까지 인정한다(지방자치단체 물품 적격심사 세부 기준은 조달청 적격심사 기준과 다소 다르므로 해당 기준을 참조).

'조달청 중소기업자 간 경쟁 물품에 대한 계약 이행능력심사 세부 기준' 신인도는 '조달청 물품구매 적격심사 세부 기준' 신인도 평가 기준과 대부분 같다. 세부 평가 기준은 심사 기준을 확인하자(중기청의 계약 이행능력심사 기준의 신인도는 중기청 고시 중소기업자 간 경쟁 물품에 대한 계약 이행능력심사 세부 기준을 확인).

여성기업 및 장애인기업과는 5,000만 원까지 수의 계약을 체결할 수 있으며, 경쟁 입찰의 적격심사 시 신인도 가점 등의 혜택이 있다. 수의 계약은 계약 관련 법령에 따라 추정 가격 5,000만 원 이하의 물품계약 등은 여성기업 및 장애인기업과 직접 수의 계약이 가능하고, 일반 기업은 추정 가격 2,000만 원 이하인 경우에만 수의 계약이 가능하다. 조달청은 추정 가격 5,000만 원 이하 일반 물품구매 계약 추진 시 여성기업 및 장애인기업과 수의 계약을 먼저 추진한다.

※ 중소기업자 간 경쟁 제품(203개)은 조합 추천 수의 계약으로 진행

가점 부여는 조달청 물품구매 적격심사 및 중소기업자 간 경쟁 물품의 계약 이행능력심사 신인도 평가 시 여성기업 0.25~1점, 장애인 기업 1.5점을 가점 부여한다. 여성기업 존속 기간 3년 미만은 0.25점, 3년~5년 미만 0.5점, 5년~10년 미만 0.75점, 10년 이상 1점을 부여하고, 조달청 우수조달 물품 지정 심사 시 여성기업과 장애인기업에 신인도 가점 1점을 부여한다.

나라장터 종합쇼핑몰 이용 공공기관이 여성기업과 장애인기업의 제품을 손쉽게 확인할 수 있도록 별도 전용 몰을 구축하고, 해당 기업 제품임을 안내한다. '사회적 가치실현기업 몰'에 여성기업, 장애인기업 제품의 전용물을 운영하고. 다수 공급자 계약 2단계 경쟁 평가 시 여성기업과 장애인기업에 대해 약자지원 항목으로 가점을 적용해 우대한다.

Tip 3. 낙찰 방법

낙찰 방법별(적격심사 등) 낙찰 하한율이 어떻게 될까? 낙찰 하한율이 적용되는 경우는 추정 가격 5,000만 원 이하 견적서 제출과 적격심사 및 계약 이행능력심사로 진행되는 구매 입찰 건이다. 추정 가격 5,000만 원 이하 견적서 제출의 낙찰 하한율은 88%(일부 용역 등은 상이)이며, 적격심사 낙찰 하한율은 심사 기준별로 다르다.

추정 가격 5,000만 원 이하의 견적 제출 낙찰 하한율의 경우, 소액 구매 입찰로 2인 이상으로부터 견적서(입찰서)를 제출받아 낙찰 하한율 이상 최저가로 써낸 업체를 낙찰자로 결정한다. 국가계약법이 적용되는 경우 예정 가격 대비 88% 이상, 지방 계약법이 적용되는 경우 예정 가격 대비 88% 이상(2,000만 원 이하는 90% 이상)으로 견적서를 제출한 업체 중 최저 가격 제출자와 계약 체결한다. 국가계약법이 적용되는 청소·단순 경비·관리 용역 등의 낙찰 하한율은 90%이다(공고 건별로 낙찰 하한율이 명시되므로 입찰 참여 시 낙찰 하한율 확인 후 진행).

적격심사 낙찰 하한율의 경우, 중소기업자 간 경쟁 제품에 적용되는 계약 이행능력심사 기준의 낙찰 하한율은 조달청과 중기청 심사 기준 모두 87.995%이고, 일반 물품에 대한 적격심사 기준인 조달청 물품구매 적격심사 세부 기준의 낙찰 하한율은 추정 가격 고시 금액(2.1억 원) 미만 84.245%, 고시 금액 이상은 80.495%이다. 지방자치단체 물품 적격심사 세부 기준의 낙찰 하한율(일반 물품)은 추정 가격 고시 금액(2.1억 원) 미만 84.245%, 고시 금액 이상은 80.495%이다.

적격심사 낙찰 하한율은 입찰 가격을 제외한 기타 평가 기준(납품실적, 경영 상태 등)에서 만점을 받는 경우 입찰 가격에서 필요한 최소 점수이므로, 입찰 참가 때 입찰자의 통과 점수 등을 사전에 확인한 후 입찰 참가가 필요하다.

Tip 4. 납품 방법

납품요구서의 분할 납품은 무슨 뜻이고, 어떤 경우에 가능할까? 분할 납품은 1건의 납품요구서에서 나누어 물품 납품이 가능한지 아닌지를 의미하는 것으로 분할 납품이 '가'로 명시되어 있는 경우에만 가능하며,

'불가'로 명시되어 있는 경우에는 불가하다. 납품요구는 단가 계약이 체결되고 종합쇼핑몰에 등록된 물품 등에 대해 수요기관에서 해당 물품을 납품할 것을 계약업체에 요구하는 것이다. 납품요구서의 분할 납품 가능 여부는 납품요구서상에서 확인할 수 있으며, 분할 납품 '가'로 명시되어 있는 경우에 가능하다.

대금 지급의 경우, 분할 납품된 물품에 대해서는 납품요구건 전체의 물품이 납품되지 않았더라도 해당 납품 금액만큼 검사·검수를 통해 대금 지급이 가능하다. 분할 납품 불가일 때 해당 납품요구건 전체의 물품 납품 시 검사·검수를 통해 대금 지급 등이 가능하다. 시스템 장비 등 1식으로 계약되고 전체 물품이 납품되어 성능 확인 등 검사·검수가 가능한 품목 등에 적용된다.

Tip 5. 선급금 지급 요청

나라장터를 통해 계약 체결된 물품의 경우 나라장터 '조달업체 업무' 물품 메뉴의 '대금 청구' → '선금급 청구'에서 신청이 가능하다. 지급 기준 및 금액은 물품 제조 계약의 경우 선금 신청일을 기준으로 잔여 이행 기일이 30일을 초과하는 경우 계약자의 신청에 따라 선금 지급이 가능하다. 30일을 초과하지 않더라도 선금을 지급하지 아니하고는 계약 이행이 곤란하다고 판단되는 경우에는 발주기관의 승인을 통해 선금 지급이 가능하다. 계약 금액의 70% 이내에서 선금을 지급할 수 있으며, 계약 금액에 따라 일정 비율 이하 신청 시 해당 금액은 의무적으로 지급한다. 계약 금액 3억 원 미만의 경우 50%, 계약 금액 3억 원

~10억 원의 경우 40%, 계약 금액 10억 원 이상일 경우 30%이다.

선금사용계획서와 공공기관의 채권 확보를 위한 선금 보증서를 첨부해 선금 지급을 신청하는 경우 공공기관의 검토를 거쳐 최종 지급한다. 물품제조에 따른 자재 확보, 노임 지급 등에 사용할 선금사용계획으로 선금 보증서는 계약 해제 등의 경우 이미 지급된 선금 회수를 위해 공공기관의 채권 확보로 선금에 약정 이자 상당액에 해당하는 금액을 보증서로 제출해야 한다. 약정 이자액은 국가기관의 경우 '한국은행 대출 평균 금리', 지방자치단체의 경우 '지정 금고의 정기예금 이자율'이며, 보증기간은 선금 지급일 이전부터 이행 기간 종료일의 60일 이상이다.

Tip 6. 계약 금액 조정

계약 금액 조정은 물가 변동으로 인한 경우와 규격 및 물량 변경으로 인한 경우 등에 가능하며 일반적으로 계약자의 신청에 따라 발주기관의 검토를 거쳐 최종 확정된다. 물가변동으로 인한 계약 금액 조정은 계약 체결 후 90일 이상 지나고 3% 이상의 물가 변동 등이 있는 경우 계약 금액 조정이 가능하고, 조정 방법은 품목조정률 또는 지수조정률을 적용한다. 계약서에 물가 변동 시 품목조징률 또는 지수조성률 적용 여부를 명시한다(품목조정률은 구성 비목에 대한 등락률을 산정하고, 지수조정률은 한국은행이 공표한 생산자 물가 기본 분류지수 등을 적용한다). 단, 천재지변 또는 원자재의 가격 급등으로 인해 계약 금액 조정이 불가피한 경우 90일 이내에도 조정이 가능하며, 입찰 당시 가격을 산정한 때 적용한 조정 방법과 달리 적용이 가능하다.

계약 상대자는 물가 변동에 따른 증빙자료 등을 제출해 계약 금액 조정을 신청하고, 발주기관에서는 이를 검토해 변동률 등을 산정해 수정 계약을 체결한다. 계약 상대자의 신청이 없더라도 발주기관에서 물가 하락 등 여러 가지 여건 등을 고려해 계약 금액 조정 진행이 가능하다.

규격 및 물량 변경으로 인한 계약 금액 조정은 애초 계약된 물품의 규격 또는 수량이 변경되는 경우 수정 계약을 통해 계약 금액 조정이 가능하며 수량 변경은 원칙적으로 계약 수량의 10% 안 범위에서 가능하다. 규격 변경의 경우 애초 계약의 본질을 해치지 않는 범위에서 가능하며, 물품의 수급 상황 등을 고려해 부득이한 경우 계약자의 동의를 얻어 10% 범위를 초과해 수량 변경이 가능하다. 발주기관 검토 또는 계약 상대자의 신청에 따라 규격 및 물량 변경으로 인한 계약 금액 조정 진행을 한다.

Tip 7. 납품 시 검사·검수

검사란 계약 물품이 계약 규격대로 제조·설치되었는지를 발주기관에서 확인하는 것이며, 검수란 검사에 합격한 계약 물품이 손상 또는 훼손 없이 계약서에 정한 수량대로 납품되었는지를 확인하는 것이다. 계약 상대자는 납품 이행을 완료한 경우 발주기관의 계약 담당 공무원에게 계약 규격대로 적합하게 납품되었는지에 대한 검사 및 검수를 받아야 한다. 검사에 합격한 경우 손상 또는 훼손품이 없고 계약서 또는 납품 서류상의 수량대로 납품되었는지를 발주기관의 계약 담당 공무원에게 확인을 받아야 한다. 납품기한 내에 물품이 납품되고 검사·검수에 합격한 경우 계약 상대자는 발주기관에 대금 지급을 청구하고 발주기관은 5일 이내에 대가를 지급해야 한다(공휴일 및 토요일은 제외).

대금 지급 요청 시 계약 상대자는 국세, 지방세, 관세, 국민연금 체납 사실이 없어야 하며 체납이 있는 경우 이를 상계처리 후 잔액을 지급받을 수 있다.

4

산업별 조달 방법의 차이

1 소프트웨어산업 조달에서 알아야 할 것은 무엇인가요

산업용 소프트웨어(SW)는 제3자 단가 계약을 체결해 나라장터 종합 쇼핑몰에 등록하면 수요기관 요구에 따라 직접 해당 SW를 해당 수요 기관에 납품하고 대금 지급은 조달청에 요청하면 된다. 제3자 단가 계약 체결 절차는 전 협의→서류 제출 및 접수→가격 자료 검토→가격 협의(가격 협상)→개찰→계약 체결→종합쇼핑몰 등록 순이다.

제출 서류는 요청서, 규격서, 물품목록번호 내역, 프로그램등록부, 인증서, 가격 자료 등이며, 상품 유형별 전체 제출 서류 목록 및 양식은 종합쇼핑몰, 쇼핑 도우미, 상용 SW 제3자 단가 계약 제도 안내, 계약 체결 절차, 제출 서류에서 내려받아서 사용하면 된다.

나라장터 등록 필수 요건은 GS 인증, NEP 인증, NET 인증 중 1개 이상에 해당해야 하고, 3건 이상의 거래 실례 또는 유사 시세 증빙이 가능하다. 제조업체 또는 공급업체 등록이 가능(공급업체는 제조업체의 '물품 공급 및 기술지원확약서' 제출)하다.

e-발주시스템을 이용한 SW 사업 제안서 제출 절차와 방법은 어떻게 될까? 조달청 협상에 따른 계약 제안서 평가 세부 기준에 따라 협상계약 기술 평가를 위해서 조달업체는 제안서를 e-발주시스템을 통해 제출해야 한다. e-발주시스템(http://rfp.g2b.go.kr)은 제안 요청, 제안 제출, 제안 평가, 사업 관리, 종합정보 서비스 등을 제공하고 있다.

SW 사업 입찰 공고에 따른 조달업체의 제안서 제출 절차

나라장터(G2B) 로그인 → 입찰 공고 확인 → 제안서 제출(클릭) → e-발주시스템을 통한 제안서 업로드(임시 저장) → 제안서 최종 제출(클릭) → 제출 확인

제안서 제출 방법은 다음과 같다. 제안서 제출자는 사전 준비 단계에서 나라장터(G2B) 인증서를 발급해 로그인 준비를 완료한다. 이때 나라장터(G2B) e-고객센터 자료실 65번을 참조하자(신규 입찰 참가자격 등록 및 전자 입찰 안내). 구체적인 이용 절차는 ① SW 사업 입찰 공고(G2B) 확인→[제안서 제출]→② 제안서(입찰 서류) 업로드 [임시 저장]→③ 제안서 최종 제출→④ 상태 확인 순이다.

제안서 제출에 있어 유의사항은 동영상이 첨부된 제안서(PPT, PPTX)와 압축파일은 문서 보안(DRM)이 변환 불가하므로 제안 설명회에 부득이 동영상 제출 시 계약 담당자에게 별도로 문의해 처리한다. 제안서 파일은 [제안서 임시 저장]→[최종 제출]을 클릭해 제출 상태를 확

인해야 한다. 제출 화면은 시스템 개선에 따라 변동 가능성이 있고, e-발주 시스템(http://rfp.g2b.go.kr) 공지사항을 확인한다.

소프트웨어산업 진흥법 제24조의 2(중소 소프트웨어 사업자의 사업 참여 지원)에 따라 대기업인 소프트웨어사업자는 사업 금액에 따라 참여가 제한지만, 만약 참여가 불가피하다고 과학기술정보통신부(과기부) 장관이 인정해 고시하는 사업에 한해서는 참여할 수 있다. 중소 소프트웨어 사업자의 사업 참여 지원은 중소 사업자의 참여 확대를 위해 대기업이 참여할 수 있는 사업 금액 하한을 고시로 정해 운용한다.

기업 규모별 입찰 참가 범위

구 분		20억 원 미만	20~40억 원 미만	40~80억 원 미만	80억 원 이상
중소기업					
중견기업					
대기업	매출액 8천억 원 미만				
	매출액 8천억 원 이상				

중견기업 중 '중소기업 기본법' 제2조의 중소기업이 '중견기업 성장촉진 및 경쟁력 강화에 관한 특별법' 제2조의 '중견기업'에 해당하는 대기업이 된 경우는 그 사유가 발생한 날로부터 5년이 경과되지 않은 경우에 해당된다. 대기업 지배종속 관계에 있는 중소기업의 경우 중소기업자 간 경쟁 입찰에 참여할 수 없으나, 모기업의 입찰 참여 제한 범위에 따라 가능하다(중소기업제품 구매 촉진 및 판로 지원에 관한 법률 제8조의 2).

대기업 소프트웨어 사업자의 입찰 참여는 국방·외교·치안·전력(電力), 그 밖에 국가안보 등과 관련된 사업으로서 대기업인 소프트웨어사업자의 참여가 불가피하다고 과학기술정보통신부 장관이 인정해 고시하는 사업의 경우 대기업도 참여할 수 있다. 대기업의 공공소프트웨어 사업자 참여 제한 예외 사업은 과기부 고시에서 참고 가능하다.

SW 분리 발주 제도란?

중소 전문 소프트웨어 기업 보호를 위해 일정한 경우 SW구매를 전체 SW사업과 분리해 발주하고, 별도로 평가· 선정·계약 등을 실시하는 것을 의미한다(소프트웨어산업 진흥법 제20조 제2항, 국가계약법시행규칙 제84조 제1항). 분리 발주 적용 대상 사업 및 SW의 범위는 소프트웨어산업 진흥법 제2조 제3호에 따른 SW사업 중 총 사업 규모가 5억 원 이상인 사업으로서 다음 중 어느 하나에 해당하는 SW, 나라장터 종합쇼핑몰에 등록된 SW가 있다. 5,000만 원 이상으로서는 GS, NEP 등 인증·검증·지정 SW다.

- 소프트웨어산업 진흥법 제13조에 따른 소프트웨어 품질 인증 제품(Good Software)
- 국가정보화 기본법 제38조에 따른 정보 보호 시스템(CC) 인증 소프트웨어 제품
- 전자정부법 제56조에 따른 국가정보원 검증 또는 지정 소프트웨어 제품
- 산업기술혁신 촉진법 제16조에 따른 신제품(NEP) 인증 소프트웨어 제품
- 산업기술혁신 촉진법 제15조의 2에 따른 신기술(NET) 인증 소프트웨어 제품

※ 과학기술정보통신부 고시 제2017-7호(분리 발주 대상 소프트웨어) 참조

분리 발주 적용 제외는 '정보시스템 통합이 불가능한 경우' 등 분리해 발주하는 것이 현저히 부적절한 경우 품목별 제외 사유서를 작성해서 명시해 일괄 발주 가능하다. 조달청을 통한 계약의 경우 발주기관은 사전에 제외 사유의 타당성에 대한 조달청 검토 결과를 받아 품목별 제외 사유서를 작성한다(국가계약법시행규칙 제84조 제2항 각호 참조).

2 건설 기술 용역에서 알아야 할 것은 무엇인가요

건설 기술 용역 종류

① 건설 기술 용역(건설기술진흥법 제2조 제3호)은 건설공사에 관한 계획·조사(측량 포함)·설계(건축설계 제외)·설계시설물의 검사·안전점검·정밀 안전진단(유지, 보수, 철거) 관리 및 운용을 한다. 건설사업 관리는 건설공사에 관한 시험, 평가, 자문 및 지도를 하고, 건설 장비의 시험 운전 및 건설 기술에 관한 타당성을 검토해야 한다.

② 기술 용역으로서 엔지니어링 활동(엔지니어링산업진흥법 제2조 제1호)으로 과학기술의 지식을 응용해 사업 및 시설물에 관한 연구, 기획, 타당성 조사, 설계, 분석, 구매, 조달, 시험, 감리를 하고, 시험 운전, 평가, 자문, 지도와 시설물의 검사와 유지 보수에 관한 활동 및 그 활동에

기술 용역 입찰 및 계약 방법

용역 규모 (추정 가격 기준)	국제 입찰 여부		지역 제한 여부	입찰·계약 방법
	국가기관	자치단체		
3.2억 원 이상	국제	국제 (특별, 광역시, 도)	전국 대상	PQ+적격심사
		국내 (기초, 세종, 울산)		
2.1~3.2억 원	국제	국내	전국 대상	PQ+적격심사
2.1억 원 미만	국내	국내	지역 제한	적격심사
0.5억 원 이하	국내	국내	지역 제한	수의 계약 (나라장터)
0.2억 원 이하	국내	국내	지역 제한	수의 계약 (수요기관 추천 가능)

대한 사업 관리가 있다.

③ 기타 : 건축사법 제2조 제3호, 4호에 따른 설계 및 공사 감리, 전력기술 관리법 제2조 제3호, 4호에 따른 설계 및 공사, 정보통신공사업법 제2조 제8호, 9호에 따른 설계 및 감리, 소방시설공사업법 제2조 제1항에 따른 감리, 하자보수, 측량, 수로 조사 및 지적에 관한 법률 제2조 제1호에 따른 측량이 있다.

건축설계 공모 방식의 종류 및 추진 절차

건축설계 공모는 일반, 2단계, 제안 공모로 구분되며, 발주기관에서 해당 사업의 특성 등을 감안해서 적용 방식을 정해서 발주하고 있다.

설계 공모 방식의 종류

구분	적용 대상
일반 공모	-
2단계 공모	1. 당해 사업이 대규모이거나 국가적으로 매우 중요한 경우 2. 일반 설계 공모에 비해 구체적인 설계안을 제출받아 심사할 필요가 있는 경우 3. 소규모업체 또는 새로운 참여를 확대하고자 하는 경우
제안 공모	1. 당해 사업이 소규모인 경우 2. 디자인 우수성보다는 설계자의 대응능력 또는 아이디어를 필요로 하는 경우 3. 충분한 예산과 구체적인 설계지침이 마련되지 않은 경우

고시 금액 이상 건축설계에 적용되는 설계 공모 방식은 일반 공모, 2단계 공모, 제안 공모로 구분된다. 공모안 제출 방법은 나라장터(G2B)에 공고된 공고서의 일정에 따라 대표업체 참가 등록 및 공동수

급협정서를 제출하고, 설계 공모 심사는 공모안 접수 후 각 분야 전문가로 구성된 심사위원회에서 이루어지며, 심사 종료 후 결과는 7일 이내에 나라장터 홈페이지에 공개한다. 심사 결과에 따라 당선작은 조달청과 수의 계약을 체결하고, 기타 입상작은 수요기관에서 설계보상비를 지급한다. 제안 공모 방식은 과제에 대한 제안과 수행 계획을 중심으로 평가하고, 일반 공모보다 제출물 및 공모안 작성에 대한 부담이 적어 중소 설계업체가 쉽게 참여할 수 있다.

건설 기술 용역 입찰 참여 시 적용되는 우대 정책

조달청은 건설 기술 용역 입찰에 참여하려는 기업의 입찰 장벽을 낮추기 위해 참가자격, 적격심사, 사업수행능력 평가 등에서 각종 우대 정책을 시행하고 있다. 지역 건설 기술 용역 육성 정책(참가자격, 적격심사)은 추정 가격이 고시 금액 2.1억 원 미만, 용역은 결과물의 납품지가 소재하는 해당 광역시·도에 소재한 업체로 입찰 참가자격을 제한한다.

※ 시공 단계의 건설사업 관리 용역 등 공사 현장과 밀접한 관련이 있는 경우에는 현장 기준으로 입찰 참가자격을 제한한다. 수요기관이 지방자치단체인 경우 적격심사 시 지역업체 참여도(3점)를 평가해 대규모 용역기업과 지역 중소용역기업 간 활발한 공동 도급을 유도해야 한다.

• 여성기업 우대(적격심사)

여성기업 지원에 관한 법률에 따른 여성기업은 추정 가격이 고시 금액 미만(건축설계는 1억 원 미만) 용역의 적격심사 시 존속 기간에 따라 최대 0.5점의 가점을 부여한다.

• 중소기업 우대정책(사업수행능력 평가)

건설 기술 용역의 사업수행능력 평가(PQ)의 '재정 상태 건실도'에 대해 추정 가격 5억 원 미만인 용역은 기업 신용등급이 BBB 0 이상(5억 원 이상은 A− 이상)일 경우 만점을 획득할 수 있다. 고시 금액 미만 건축설계용역의 사업수행능력 평가 시 '유사용역 수행실적'은 일정규모(당해 용역 추정 가격의 30%) 이상이면 건축물 용도와 관계없이 인정된다.

건설 기술 용역 적격심사 배점 기준과 신규업체 경영 상태 평가 기준

기술 용역 적격심사 배점 기준은 국가계약법 및 지방계약법 적용 여부에 따라 다르게 적용되며, 국가계약법 적용 대상 중 고시 금액 미만 용역에 참여하는 창업 7년 이내 기업에 대해 경영 상태 평가 시 만점을 부여하고 있다.

적격심사 배점·경영 상태 평가 기준

심사 분야	10억 원 이상		10~5억 원		5억 원~고시 금액	
	국가	지방	국가	지방	국가	지방
당해 용역 수행능력	70	65	50	45	30	35
지역 참여도	–	3	–	3	–	3
경영 상태	–	2	–	2	–	2
입찰 가격	30	30	50	50	70	60
합계(점수)	100		100		100	

적격심사 배점 기준은 당해 용역 수행능력이다. 고시 금액 이상은 사업수행능력 평가(PQ)점수를 환산 적용한다. 고시 금액 미만은 경영 상

태, 특별 신인도 평가 점수가 적용된다. 신규업체 경영 상태 심사 기준은 추정 가격이 고시 금액 미만(건축사법에 따른 설계는 1억 원 미만)인 용역의 적격심사 시 경영 상태는 최근 연도 한국은행에서 발행된 〈기업경영 분석〉 자료와 같은 연도의 정기결산서에 따라 평가한다. 다만, 국가계약법이 적용되는 용역에 참여하는 창업 후 7년이 지나지 않은 신규기업은 경영 상태 평가 시 배점 한도(10점)를 부여한다.

3 시설공사에서 알아야 할 것은 무엇인가요

조달청에서 집행하는 시설공사의 종류

조달청에서는 건설산업기본법령에 따른 건설공사(종합·전문공사), 전기공사업법령에 따른 전기공사, 정보통신공사업법령에 따른 정보통신공사, 소방시설사업법령에 따른 소방시설공사, 문화재 수리 등에 관한 법령에 따른 문화재 수리공사, 개별법에서 요구하는 공사로 구분할 수 있다.

- 종합공사 : 종합적인 계획, 관리 및 조정을 하면서 시설물을 시공하는 건설공사(건설산업기본법 제2조 제5호), 토목공사, 건축공사, 토목건축공사, 산업·환경설비공사, 조경공사 등 5개다.
- 전문공사 : 시설물의 일부 또는 전문 분야에 관한 건설공사(건설산업기본법 제2조 제6호), 실내건축공사, 토공사, 기계설비공사, 도장공사, 석공사 등 29개다.

- 전기공사 : 전기설비, 전기계장설비, 전기에 따른 신호 표지 등에 해당하는 설비 등을 설치·유지·보수하는 공사와 이에 따른 부대공사(전기공사업법 제2조 제1호)(정보통신공사) 정보통신설비의 설치와 유지·보수에 관한 공사와 이에 따르는 부대공사(정보통신공사업법 제2조 제2호)이다.
- 소방시설공사 : 설계도서에 따라 소방시설을 신설, 증설, 개설, 이전 및 정비하는 공사(소방시설공사업법 제2조 제1항 제1호)이다.
- 문화재 수리공사 : 문화재보호법 제2조 제2항에 따른 지정문화재, 문화재보호법 제32조에 따른 임시지정 문화재를 보수·복원·정비 및 손상 방지를 위한 공사(문화재수리 등에 관한 법률 제2조 제1호)이다.
- 기타 개별법에서 요구하는 공사 : 환경전문 공사업(수질, 대기, 소음진동 등), 개인 하수처리시설 설계 시공업, 가축분뇨 처리시설 설계·시공업, 석면 해체 제거업 등이다.

공사 입찰 참가자격 사전심사(PQ)제도

입찰 참가자격 사전심사제(PQ : Pre-Qualification)란 입찰에 참여하고자 하는 자에 대해 사전에 경영 상태·시공 경험·기술능력·신인도 등을 종합적으로 평가해 입찰 참가자격을 부여하는 제도다. 모든 공사에 대해서 PQ 실시가 가능하므로 발주기관이 판단해 PQ 실시 여부를 결정하면 되고, 다만 예외적으로 최저가 낙찰제 대상 공사만 의무화되어 있다. 종합심사 낙찰제 대상 공사, 일괄·대안·기술제안 입찰공사, 200억 원 이상 고난도 공사, 교량, 터널, 항만, 지하철, 공항, 쓰레기 소각로, 폐수·하수처리장, 관람집회시설, 전시시설이 해당된다.

입찰 참가 적격자 선정은 경영 상태 부문과 기술적 공사 이행능력 부문에 대한 적격 요건을 모두 충족한 자이며, 경영 상태 부문은 '기준 등급 이상'인 경우, 공사 이행능력 부문은 '종합평점 90점 이상'인 자다. 경영 상태 평가는 신용평가 등급으로 평가하며, 공사 규모별 적격요건을 제시하게 된다.

※ 추정 가격이 1,500억 원 이상인 공사 : 회사채(BBB−), 기업어음(A3−), 기업 신용평가등급(BBB−)

공사 이행능력 평가

평가 항목	배점	평가내용
시공 경험	40~45점	동일 종류의 공사실적, 업종실적 등
기술능력 평가	41~45점	기술자 보유 현황, 신기술 개발, 준공 기한 경과 정도, 기술개발 투자 비율 등
시공능력 평가	6~10점	시공 평가 결과 점수
지역·중소기업 참여도	5점, 4점	지역업체 참여 비율, 중소업체 참여 비율
신인도	+5~−10	시공 성실성, 하도급, 건설제재 처분, 녹색기술, 고용개선 등

시설공사에서 사전 적격심사 제도와 적격심사 제도

300억 원 이상 대형공사의 입찰 참가자격을 부여하는 제도가 입찰 참가자격 사전심사제도(PQ심사) 이고, 300억 원 이하 공사의 낙찰자를 선정하는 제도가 적격심사다. 대상 공사는(PQ심사) 종합심사 낙찰제 대상 공사, 일괄·대안·기술제안 입찰공사, 200억 원 이상 고난도 공사, 교량, 터널, 항만, 지하철, 공항, 쓰레기소각로, 폐수·하수처리장, 관람집회시설, 전시시설이 해당된다. 이 중에서 적격심사 대상은 300억 원 미만 공사다. 적격자 선정은(PQ심사) 경영 상태 부문과 기술적 공사 이행능력 부문에 대한 적격 요건을 모두 충족한 자를 대상으로 한다. 낙찰 하한율 1순위 적격자를 낙찰자로 선정한다.

- 경영 상태 부문 : 기준 등급 이상인 경우
- 공사 이행능력 부문 : 종합평점 90점 이상인 자 → 적격자는 종합심사, 일괄·대안·기술제안공사에서 참여·자격 부여
- 적격심사 : 공사수행능력(시공 경험, 기술능력, 시공 평가 결과, 경영 상태, 신인도), 입찰 가격, 자재 및 인력조달 가격의 적정성, 하도급 관리 계획의 적정성 평가 점수의 합산이 92점 이상인 자(100억 원 미만은 95점 이상)

PQ심사와 적격심사의 평가 항목

구분	PQ심사	적격심사
평가 항목	경영 상태(기준 등급 이상 유무), 시공 경험(40~45점), 기술능력 평가(41~45점), 시공 평가 결과(6~10점), 지역 중소기업 참여도(5점, 4점), 신인도(가·감점)	입찰 가격(30~90점), 시공 경험(5~15점), 기술능력(0~12점), 시공 평가 결과(0~2점), 경영 상태(5~15점), 자재 및 인력조달(0~16점), 하도급관리계획(0~14점), 신인도(가·감점)

종합심사 낙찰제와 종합평가 낙찰제의 차이

추정 가격 300억 원 이상 대형공사의 낙찰자 결정 기준으로 국가계약법 적용기관은 '종합심사 낙찰제'(이하 종심제)를, 지방계약법 적용기관은 '종합평가낙찰제'(이하 종평제)를 적용한다. 평가 단계는 입찰 참가 적격자를 선정(PQ심사, 적격심사)하고, 적격자에 한해 종합심사 또는 종

합평가를 한다. 종심제 입찰 참가자격 심사(PQ심사)는 종합심사, 종평제 적격성 심사는 종합평가한다.

낙찰자 선정은 종심제의 경우 입찰 가격(50점)+공사 수행능력(50점)+계약 신뢰도(감점)를 합산해서 가장 높은 점수를 받은 자를 낙찰자로 선정한다. 종평제의 경우에는 입찰 가격(35~50점)+기술 이행능력(50~65점)+수행능력상 결격 여부(감정)를 합산해서 가장 높은 점수를 받은 자를 낙찰자로 선정한다. 가격 평가는 '종심제/일반'의 경우 입찰 금액, 단가 심사, 하도급계획을 심사하고, '종심제/고난도'의 경우 입찰 금액, 하도급계획, 물량, 시공계획을 심사하고, '종평제'의 경우에는 입찰 금액, 단가를 심사한다. 수행능력 평가는 시공실적, 기술능력, 사회적 신인도 등을 평가하게 된다.

PQ심사와 적격심사의 평가 항목

구분	종심제	종평제
공사 수행	시공실적(15점), 전문성 비중(5~7점), 배치 기술자(10~11점), 시공 평가 점수(15점), 규모별 시공 역량(0~3점), 공동 수급체 구성(2점)	동일 실적 경과(10점), 기술능력(40점), 시공 품질 평가(10점), 하도급 적정성(10점)
사회적 책임 (가점)	건설 인력 고용, 건설 안전, 공정 거래, 지역경제 기여도	건설 인력 고용, 상호 협력, 재해율, 지역업체 참여도

실적 제한 공사의 참가자격 및 적격심사 방법

실적 제한 공사의 입찰 참가자격은 현재 발주하려는 공사와 계약 내용이 실질적으로 같은 것은 물론 이와 유사해 계약목적 달성이 가능하다고 인정되는 과거 1건 공사의 실적에 해당하는 금액 또는 규모(양)로 제한된다. 실적 제한 공사 입찰 참가자격은 추정 가격 30억 원 이상 종합공사, 추정 가격 3억 원 이상 전문공사와 그 밖의 공사 관련 법령에 따른 공사를 대상으로 한다. 다만, 공사실적의 규모 또는 양에 의하는 경우 당해 계약 목적물의 규모 또는 양의 1배 이내로 조달청은 실적 경쟁 입찰 대상의 규모(양) 또는 추정 금액의 1/3 적용을 원칙으로 한다. 입찰 참가자격은 입찰 공고일 기준 최근 10년 이내 준공된 1건의 공사 실적 이상을 보유한 자가 된다(국가계약법시행령 제21조 제1항 및 시행규칙 제24조 제1항, 제25조 제2항).

적격심사 시공실적 평가 방법

- **실적 제한 경쟁 입찰** : 최근 10년간 당해 공사와 같은 종류의 공사실적을 평가 기준 규모로 나누어 백분율로 나타낸 값을 포함하는 등급으로 배점
- **평가 기준 규모** : 당해 시공실적 대상 공사(종)의 단위 구조물에 대한 규모
- **실적 인정 규모** : 입찰 참가자격에서 정한 규모

※ 평가 기준 규모와 실적 인정 규모는 입찰 공고문에 명시

시설공사 적격심사 노하우

추정 가격 300억 원 미만 공사 입찰에서 예정 가격 이하 최저 가격으로 입찰한 자의 순으로 계약 이행능력을 심사해 낙찰자를 결정하는 제도다.

공사 규모별 배점 기준

(금액 기준 : 추정 가격)

심사 분야		300~200억 원 PQ	300~100억 원	100~50억 원	50~10억 원	10~3억 원	3~2억 원	2억 원 미만
당해 공사 수행 능력	시공 경험	12	12	15	15	10	5	–
	기술능력	12	12	–	–	–	–	–
	시공 평가 결과	2	2	–	–	–	–	–
	경영 상태	14	14	15	15	10	5	10
	신인도	(±1.2)	(±1.2)	(±0.9)	–	–	–	–
	수행능력	40	40	30	30	20	10	10
	하도급 관리·계획의 적정성	14	14	10	–	–	–	–
	자재 인력 조달·가격 적정성	16	16	10	–	–	–	–
	소계(점)	30	30	20	–	–	–	–
입찰 가격		**30**	**30**	**50**	**70**	**80**	**90**	**90**
합계		**100**	**100**	**100**	**100**	**100**	**100**	**100**
적격 통과 점수		**92점**		**95점**				

입찰 가격 평가 산식

(금액 기준 : 추정 가격)

공사 규모별 (추정 가격)	평가 산식	낙찰 하한율(%) (난이도 계수 1)
300억 원 미만 ~100억 원 이상	30–[(88/100–입찰 가격/예정 가격)]×100	79.995
100억 원 미만 ~50억 원 이상	50–2×[(88/100–입찰 가격/예정 가격)]×100	85.495
50억 원 미만 ~10억 원 이상	70–4×[(88/100–입찰 가격/예정 가격)]×100	86.745

공사 규모별 (추정 가격)	평가 산식	낙찰 하한율(%) (난이도 계수 1)
10억 원 미만 ~3억 원 이상	80–20×[(88/100–입찰 가격/예정 가격)]×100	87.745
3억 원 미만 ~2억 원 이상	90–20×[(88/100–입찰 가격/예정 가격)]×100	87.745
2억 원 미만	90–20×[(88/100–입찰 가격/예정 가격)]×100	87.745

공사 금액별 낙찰 하한율

추정 가격 300억 원 미만 적격심사 대상 공사 입찰에서 공사 규모별로 적정한 입찰 가격을 보장하기 위해 낙찰 하한율을 적용한다. 수행능력 등 입찰 가격을 제외한 평가 분야에서 만점을 받는 경우 적격심사를 통과할 수 있는 최저 투찰률(예정 가격 대비 입찰 가격)이 산출 기준이 된다. 추정 가격 50억 원 이상 공사의 경우 '자재 및 인력 조달 가격 적정성 평가'에서 난이도 계수 적용에 따라 만점에 부족한 점수만큼 낙찰 하한율이 상승한다.

공사 금액별 입찰 가격 평가 산식

공사 규모별	낙찰 하한율 (10%)	난이도 계수	적격 통과 점수	입찰 가격 평가 산식
300억 원 미만 ~100억 원 이상	79.995	1	92점	30–[(88/100–입찰 가격/예정 가격)] ×100
	80.795	0.95		
	81.595	0.9		
	82.395	0.85		
	83.195	0.8		

공사 규모별	낙찰 하한율 (10%)	난이도 계수	적격 통과 점수	입찰 가격 평가 산식
100억 원 미만~ 50억 원 이상	85.495	1	95점	50-2×[(88/100-입찰 가격/예정 가격)]×100
	85.745	0.95		
	85.995	0.9		
	86.245	0.85		
	86.495	0.8		
50억 원 미만~ 10억 원 이상 (전문, 전기, 통신, 소방 3억 원 이상)	86.745	-	95점	70-4×[(88/100-입찰 가격/예정 가격)]×100
10억 원 미만~ 3억 원 이상	87.745	-	95점	80-20×[(88/100-입찰 가격/예정 가격)]×100
3억 원 미만~ 2억 원 이상 (전기, 통신, 소방 8,000만 원 이상, 전문 1억 원 이상)	87.745	-	95점	90-20×[(88/100-입찰 가격/예정 가격)]×100
2억 원 미만 (전기, 통신, 소방 8,000만 원 미만, 전문 1억 원 미만)	87.745	-	95점	90-20×[(88/100-입찰 가격/예정 가격)]×100

등급별 유자격자 명부

건설업자(토목건축·토목·건축공사업자)를 시공능력 평가액에 따라 7개 등급으로 분류하고, 발주공사(토목·건축공사)도 규모에 따라 7개 등급으로 분류해 발주공사 규모에 해당하는 등급업체에만 입찰 참가자격을 부여하는 제도다. 대·중소업체 간 입찰 기회의 균등 보장 및 업체 능력에 상응하는 공사 수주를 위해 운용한다.

유자격자 명부 등록 대상자는 건설산업기본법에 따른 토건, 토목 또는 건축공사업자로 등록된 자로서 입찰 공고일 현재 시공능력 평가액이 80억 원 이상인 자가 대상이다. 적용 대상 공사는 추정 가격 80억 원 이상의 토목 및 건축공사로서 경쟁 입찰 대상 공사다.

적용 기준은 조달청 등급별 유자격자 명부 등록 및 운용 기준(조달청 공고 제2018-146호, 2018.12.27)에 따른다.

건설 등급별 적용 기준

(단위 : 미만~이상)

등급	시공능력 평가액 (토건, 토목, 건축)	공사 배정 규모(추정 금액 기준)	
		토목공사	건축공사
1	6,000억 원 이상	1,700억 원 이상	1,200억 원 이상
2	6,000~1,200억 원	1,700~950억 원	1,200~950억 원
3	1,200~600억 원	950~550억 원	950~550억 원
4	600~330억 원	550~400억 원	550~400억 원
5	330~200억 원	400~220억 원	400~220억 원
6	200~120억 원	220~140억 원	220~130억 원
7	120~80억 원	140~80억 원	130~80억 원

일괄 입찰, 대안 입찰, 기술제안 입찰의 개념과 차이점

- 일괄 입찰 : 발주기관이 제시하는 공사 일괄 입찰 기본 계획 및 지침에 따라 입찰 시에 그 공사의 설계서 기타 시공에 필요한 도면 및 서류를 작성해 입찰서와 함께 제출하는 입찰이다.
- 대안 입찰 : 원안 입찰(발주기관이 작성한 실시설계서에 대해 입찰서 제출)과 함께 입찰자의 의사에 따라 대안(발주기관이 작성한 설계에 대

체될 수 있는 동등 이상의 기능 및 효과를 가진 신공법·신기술·공사 기간 단축 등이 반영된 설계)이 허용된 공사의 입찰이다.

- 기술제안 입찰 : 행정중심복합도시와 혁신도시 건설 사업을 위해 발주되는 공사 중 상징성·기념성·예술성 등이 필요하거나 어려운 기술이 필요한 시설물공사에 적용하기 위해 도입(2007년 10월)되었다.

▶ 기본설계 기술제안 입찰 : 발주기관이 교부한 기본설계서와 입찰 안내서에 따라 입찰자가 기술제안서를 작성해 입찰서와 함께 제출하는 입찰. 여기서 기술제안서란 입찰자가 발주기관의 설계서 등을 검토해 공사비 절감 방안, 공사 기간 단축 방안, 공사관리 방안 등을 제안하는 문서를 의미

▶ 실시설계 기술제안 입찰 : 발주기관이 내준 실시설계서와 입찰 안내서에 따라 입찰자가 기술제안서를 작성해 입찰서와 함께 제출하는 입찰

일괄, 대안, 기술제안 입찰의 비교

분야별	일괄 입찰	대안 입찰	기본설계 기술제안 입찰	실시설계 기술제안 입찰
설계 주체	• 입찰자가 설계서 작성 제출	• 발주기관이 설계서(원안) 작성 제시 • 입찰자가 대안설계 제시 가능	• 발주기관이 기본설계서 작성 제시 • 입찰자가 기술제안서 작성	• 발주기관이 실시설계서 작성 제시 • 입찰자가 기술제안서 작성
예정 가격 작성	• 적절하지 않음.	• 원안설계를 기준으로 예가 작성	• 작성하지 않음.	• 실시설계를 기준으로 예가 작성
낙찰자 결정 방법	• 설계 적합 최저가 방식 • 입찰 가격 조정 방식 • 설계점수 조정 방식 • 가중치 기준 방식 • 확정 가격 최상 설계 방식	• 설계 적합 최저가 방식 • 입찰 가격 조정 방식 • 설계점수 조정 방식 • 가중치 기준 방식	• 설계 적합 최저가 방식 • 입찰 가격 조정 방식 • 설계점수 조정 방식 • 가중치 기준 방식	• 설계 적합 최저가 방식 • 입찰 가격 조정 방식 • 설계점수 조정 방식 • 가중치 기준 방식

원가계산 제비율이란

공사는 시공에 직접 드는 비용인 직접 공사비와 비목별로 일정 비율을 반영해 산정하는 간접 공사비, 일반 관리비, 이윤 등으로 구성됩니다. '원가계산 제비율'이란 공사원가 계산 시 해당 비목별로 적용하는 법정 고시율 및 조달청 산정 요율을 말한다(국가계약법시행령 제9조, 계약예규 예정 가격 작성 기준). 공사 원가의 체계는 재료비, 노무비, 경비, 일반관리비, 이윤 등으로 구성되어 있다. 조달청 '공사원가 계산 제비율 적용 기준'은 정부시설공사 원가 계산의 합리성 제고 및 적정 공사비가 산정되고, 제비율 적용 비목으로 구분된다. 관련 법령 및 고시에 따른 요율을 적용한다.

- 산재보험료, 고용보험료, 국민건강보험료, 국민연금 보험료, 노인장기요양보험료, 퇴직공제부금비, 산업안전보건관리비, 환경보전비, 건설하도급대금지급 보증서발급 수수료(조달청 산정 비목) 관련 법령 안의 범위에서 조달청이 산정한 요율 적용
- 간접노무비, 기타 경비, 일반 관리비, 이윤, 공사이행 보증서 발급 수수료
- 대한건설협회(건설업 경영분석, 완성공사 원가통계), 한국은행(기업경영분석), 보험개발원(보험요율) 등 관련 자료를 종합적으로 조사·분석해 산정. 매년 3월~4월 조달청 홈페이지에 게시
- 조달청 홈페이지 → 정보 제공 → 업무별 자료 → 시설공사 → 제비율 적용 기준

맞춤형 서비스 제도에서 관급자재 선정 절차

맞춤형 서비스로 진행되는 시설공사의 관급자재 선정은 조달청 시설공사 맞춤형 서비스 관급자재 선정 운영기준(조달청 훈령)에 따라 구분된 자재를 대상으로 심의회를 구성해 심의회 의결에 따라 선정한다. 관급자재는 시설공사에 드는 공사용 자재 중 발주기관이 직접 구매해 공

사 계약을 체결한 시공자에게 공급하는 자재로 중소기업청 고시 품목과 일반 품목으로 구분된다.

- 고시 품목이란 중소기업제품 구매 촉진 및 판로 지원에 관한 법률 제12조에 따라 일정 규모 이상의 공사에서 중소기업청장이 고시한 품목의 추정 가격이 4,000만 원 이상일 경우 의무적으로 관급자재로 분류하는 품목
- 일반 품목이란 고시 품목은 아니지만, 발주기관이 직접 구매하는 것이 유리하다고 판단해 관급자재로 분류하는 품목
- 분리 대상 규모 : 종합공사는 공사 예정 가격이 40억 원 이상인 공사, 전문, 전기, 정보통신, 소방은 공사 예정 가격이 3억 원 이상인 공사

관급자재 선정 심의는 관급자재로 분류된 품목에 대해 조달청 시설공사 맞춤형 서비스 관급자재 선정 운영기준(이하 '운영기준')에 따라 심의회를 구성해 발주 방법과 특정 규격 제품에 대한 업체를 선정하는 업무다.

관급자재 선정 절차

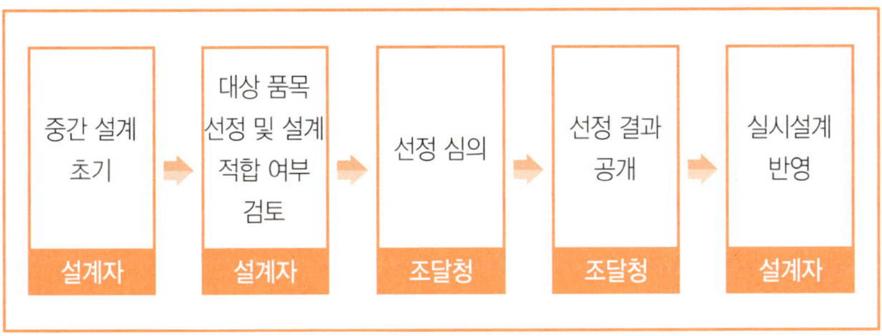

관급자재 선정 방법은 특정규격과 일반규격이 있다.

- 특정규격 : 수요기관에서 우수조달 물품이나 우선구매 대상 기술개발제품을 추천한 경우(또는 추천이 없는 경우), 관할구역 생산 우수

조달 물품이 있는 경우(또는 없는 경우) 등을 구분해 운영 기준에 따라 특정규격으로 선정

- 일반규격 : 특정규격으로 정하지 않아도 될 때는 경쟁 입찰 방법으로 구매하도록 결정

지수조정률에 따른 계약 금액 조정 방법 및 절차

계약 체결일(직전 조정일) 이후 90일 이상을 경과하고 계약 금액 3% 이상 증감 요건이 충족되면 계약예규 '정부 입찰 계약 집행 기준'에 의거 계약 금액을 조정한다. 지수조정률 산출 방법은 비목군 편성, 계수의 산정, 지수의 산정 3가지가 있다.

- 비목군 편성 : 계약 금액 산출 내용을 구성하는 모든 비목을 노무비, 기계 경비 또는 생산자 물가 기본분류지수 등에 따라 계약 담당 공무원이 해당 비목별로(A~Z) 분류
- 계수의 산정 : 각 비목군(A~Z)에 해당하는 산출 명세서상의 금액이 동 명세서상의 재료비, 노무비 및 경비의 합계액에서 각각 차지하는 비율(a~z). 산출명세서상의 금액은 조정기준일 전에 이행 완료되어야 할 부분을 제외한 금액
- 지수의 산정 : 각 비목군의 가격변동 수준을 수치화한 것. 기준 시점의 지수(A0, B0, C0…Z0), 비교시점의 지수(A1, B1, C1…Z1)

지수조정률(K)은 다음 산식에 의해 산출된다.

$$K = \left(a\frac{A1}{A0} + b\frac{B1}{B0} + c\frac{C1}{C0} + d\frac{D1}{D0} + e\frac{E1}{E0} + f\frac{F1}{F0} + g\frac{G1}{G0} + h\frac{H1}{H0} + i\frac{I1}{I0} + i\frac{I1}{I0} \cdots + z\frac{Z1}{Z0}\right) - 1$$

* 단, $z=1-(a+b+c+d+e+f+g+h\ \cdots)$

지수조정률이 산정되면 계약 금액 중 조정기준일 이후에 이행되어야 할 부분의 금액(물가변동 적용 대가)에 지수조정률을 곱해 조정 금액을 산정하고, 선금 지급분을 공제한 후 이를 계약 금액에 가감하면 지수조정률에 따른 계약 금액 조정이 완료된다.

공사비 책정 시 '시장시공가격'이란

'시장시공가격'은 시설공사에 드는 재료비, 노무비, 경비로 구성된 단위당 공사비로서 공사에 차지하는 비중이 높은 품목 등을 대상으로 조달청에서 가격 조사 후 예정 가격 작성 시 활용되는 가격이 된다. 조사 대상 및 방법은 공사비에 차지하는 비중이 높거나 '건설공사 표준품셈'에 따른 공사비와 시중에서 거래되는 가격 간 격차가 크다고 인정되는 품목 등을 조사 대상으로 선정한다. 가격 조사는 전문 가격조사기관의 공표 가격, 견적서, 도급계약서 등을 직접 방문 또는 우편, 통신 등을 통해 이루어지고 있다. 가격 결정 절차 및 검증의 경우 조달청 시장시공가격은 '시설 자재 가격 심의위원회 설치 및 운영규정(훈령 제1772호)'에 따라 시설 자재 가격 심의위원회의 심의를 거처 최종 결정된다.

- 공사 종류별 분과심의위원회 심의(건축, 토목, 기계, 전기 통신, 1차) → 시설 자재 가격 심의위원회 종합심의(2차)
- (위원회 구성)조달청 외 기타 정부기관(2개), 교육청(1개), 대학교(1개), 공공기관(2개), 건설 관련 협회(6개), 연구기관(3개) 등 총 16개 기관이 참여(분과 : 공사종류별 각 7인, 종합심의 : 13인)한 위원회에서 결정된 가격은 홈페이지와 나라장터(www.g2b.go.kr)에 게재하고 피드백 시스템을 통해 가격의 적정성을 검증

여성기업 및 사회적 기업에 대한 혜택

여성기업의 정의는 여성이 소유하고 경영하는 기업(여성기업 지원에 관한 법률 제2조 제1호 및 같은 법 시행령 제2조 제1항)이다. 지원 현황은 시설공사 소액 수의 계약 체결(2016.7.1 시행), '5,000만 원 이하'는 수요기관이 추천하는 지역(여성·장애인) 기업과 수의 계약 체결, '5,000만 원 초과'는 지역(여성·장애인)기업 또는 지역(여성·장애인·중소)기업 대상 견적경쟁을 통해 계약이다. 시설공사 적격심사 시 대표자가 여성인 업체의 시공 비율이 30% 이상이면 경영 상태 취득점수에 10%를 가산한다.

※ 추정 가격 50억 원 미만 토목, 건축공사 및 10억 원 미만 기타공사, 사회적 기업 지원 현황

사회적 기업 지원 현황

사회적 기업의 정의는 취약계층에게 사회서비스 또는 일자리를 제공하거나 지역사회에 공헌함으로써 지역주민의 삶의 질을 높이는 등의

사회적 목적을 추구하면서 재화 및 서비스의 생산·판매 등 영업활동을 하는 기업(사회적 기업 육성법 제2조 제1호)이다. 시설공사 적격심사 시 사회적 기업의 시공 비율이 30% 이상이면 경영 상태 취득점수에 10%를 가산한다.

※ 추정 가격 10억 원 미만 공사 적격심사 시 적용

4 해외 시장 진출을 위한 수출 방법은 어떤 것이 있나요

조달청이 시행 중인 해외조달시장 진출 지원 사업

해외조달시장 진출 지원사업은 ① 해외 전시회 참가, ② 공공조달 수출 컨소시엄 파견, ③ 수출전략기업 육성사업 및 입찰 지원 사업 ④ 구매자 초청 상담회, ⑤ 설명회 개최 및 해외조달시장 정보제공, ⑥ 온라인 홍보가 있다.

해외 전시회는 약 5~7개 기업이 단체로 참가해 한국기업 홍보관을 구성하고 우수조달기업 홍보 및 마케팅을 지원하는 사업이다. 개별전시회는 G-PASS 기업 대상 개별 해외 전시회 참가 경비 중 부스비 임차료 및 운송비 등 경비의 일부 지원을 한다. 공공조달 수출 컨소시엄 파견은 수출 유망국가에 민관협력 파견단을 구성해 현지 수출 상담회를 하는 등 우수조달기업 수출을 지원한다. 수출전략기업 육성사업 및 입찰 지원 사업에서 수출전략기업 육성은 우수조달기업과 해외 현지기업 간 1:1 매칭을 통한 전략적 제휴를 기반으로 해외조달시장 진출을 집중적으로 지원했다. 입찰 지원 사업은 GSA MAS 등록, 미연방 및 UN조달 제안서 작성 등 전문 수행사를 통한 해외 입찰 참여를 지원한다. 바이어 초청 국내 상담회는 매년 코리아 나라장터 엑스포(KOPPEX, Korea Public Procurement Expo) 바이어 초청 상담회와 글로벌 공공조달 상담회 등 2회 개최되며 해외구매자와의 1 : 1 상담회를 통해 우리 기업의 수출확대 기회를 부여한다. 설명회 개최 및 해외조달시장 정보제공은 해외 주요 국가의 조달시장 설명회를 상시 개설해 국가별 조달시장의 특성과 동향을 파악할 교육기회 제공한다. 온라인 홍보는 해외조달기관 관계자, 해외구매자 등을 대상으로 매월 G-PASS 기업 홍보 웹진 발행 글로벌코리아마켓(www.globalkoreamarket.go.kr)을 통해 상시 홍보 및 관심 구매자 정보를 제공한다.

G-PASS 기업은 무엇이고 어떻게 지정받을 수 있나요

G-PASS 기업이란 조달청이 해외조달시장 진출을 전략적으로 지원하기 위해 해외조달시장 진출 가능성이 큰 중소·중견기업 및 새싹기업을 '해외조달시장 진출 유망기업(G-PASS 기업)'으로 선정하는 제도다. 신청자격은 국가종합전자조달시스템(www.g2b.go.kr)에 경쟁 입찰 참가자격을 등록한 자로서 ① 최근 3년 이내 수요기관에 납품실적이 있는 중소기업 또는 중견기업, ② 새싹기업, 공공조달문화상품으로 선정을 받은 기업, 어느 하나에 해당해야 한다.

신청 절차는 연중 상시(분기 1회 지정 예정)이며, 필수 제출 서류는 지정신청서 및 신청기업 기초자료, 나라장터에서 출력한 최근 3년 내 수요기관 납품 실적 증명, 신용평가등급확인서, 중소기업청장이 확인한 중소기업 소상공인 확인서나 중견기업 확인서다. 선택사항으로는 해외

조달시장 진출 실적·노력 관련 증빙자료, 최근 3년간 수출실적 증빙자료, 국내외 인증 증빙자료, 국제 산업재산권 증빙자료, 해외 신용평가 등급 확인서 등이다.

심사 절차

신청 자격 등 검토	→	현장 실태 조사	→	**1차 심사** 해외 조달시장 진출 노력, 수출실적, 시장 진출 역량 등 평가	→	**2차 심사** G-PASS 기업으로서의 적합성 평가 (조달청계약심의협의회)

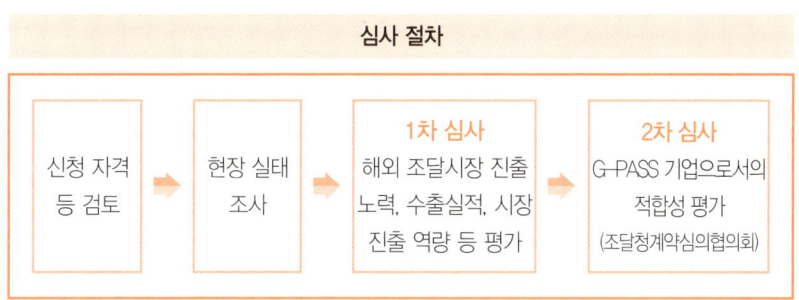

해외 전시회 참가기업 모집과 해외 바이어 초청 상담회

해외바이어 초청 상담회는 나라장터 엑스포에 글로벌 공공조달 상담회 등을 활용하면 좋다. 해외 전시회 참가기업 모집 내용은 다음과 같다.

- **사업 개요** : 해외시장 판로개척 및 수출확대를 위해 해외 유망 및 전문품목 국제 전시회에 G-PASS 기업의 한국관 참가를 지원
- **모집 계획** : 2018년은 인도네시아, 싱가포르, 미국, 두바이 해외 전시회 등 4회 참가 예정
- **신청 자격** : 해외조달시장 진출 유망기업(G-PASS 기업)
- **신청 방법** : 참여전시회별 모집공고를 참고해 신청. 모집 공고는 해외조달 정보센터(http://www.pps.go.kr/ gpass/) → '사업 신청' → '해외 전시회'에서 확인
- **선정 기준** : 수출실적, 전시관 물품 적합도, 해외조달시장 진출계획 등을 포함한 심사서상 기준에 따라 결정
- **지원 내용** : 선정된 기업에 1개 부스(9sqm) 임차료의 70%, 전시 물품 편도 운송비의 70%(100만 원 한도)를 지원

수출전략기업 육성사업과 입찰 지원 사업

수출전략기업 육성사업은 해외 마케팅 전문기업을 사업 수행자로 선정해 수출역량이 높은 우수 조달기업의 성공적인 해외 진출을 지원한다. 신청 자격은 G-PASS 지정기업 또는 새싹기업이 대상이다. 해외 마케팅 활동에 필요한 사업 수행 비용을 지원한다. 국고 지원(70%)+기업 부담(30%)이고, 기업당 최대 3,000만 원 한도 내에서 가능하다.

심사 절차

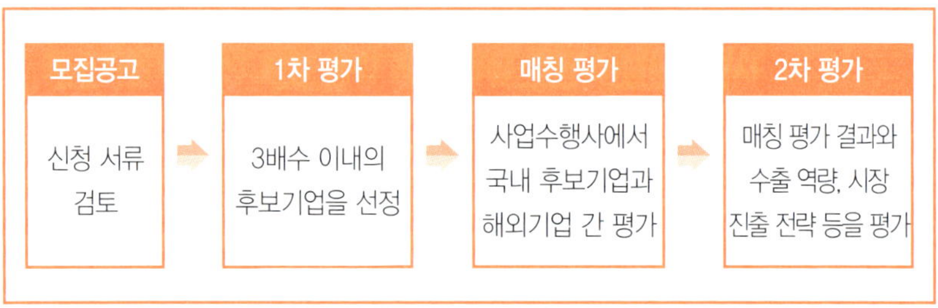

해외 공공조달 입찰 지원 사업은 해외 입찰 전문기업을 사업수행자로 선정해 국내기업의 미국 다수공급자계약(GSA MAS) 등록과 미연방 및 UN 조달제안서 작성을 지원한다. 신청자격은 G-PASS 지정기업 또는 새싹기업이고, 지원내용은 해외공공조달 입찰활동에 필요한 사업 수행 대금지원이다. 선정 절차는 ① 공개 모집 → ② 내·외부 위원 평가 시행(15개 기업 선정) → ③ 선정된 기업에 사업 참가 안내의 절차로 이루어진다. 국고 지원(60%)+기업 부담(40%)이고, 기업당 990만 원(등록 대행), 270만 원(제안서) 한도 내에서 가능하다.

해외조달시장 정보

해외조달시장 진출에 필요한 정보를 제공하고 무역실무 역량 강화를 지원하기 위해 연중 설명회 및 교육을 실시하고 있으며, 해외조달시장 동향 및 입찰 정보, G-PASS 기업의 상품 홍보, 구매자와의 구매 상담 등을 온라인으로 제공하기 위해 해외조달시장진출 지원시스템을 운영한다. 해외조달시장진출 지원시스템은 국내기업을 지원하기 위한 해외조달 정보센터와 해외사용자를 위해 영문으로 구성된 글로벌코리아마켓으로 구성된다. 글로벌 마케팅 창구 제공은 G-PASS 기업이 해외조달 정보센터에 기업과 물품 정보를 등록하면 글로벌 코리아마켓으로 자동으로 연동되어 해외사용자에게 자사 제품을 홍보할 수 있다. 해외수요기관 및 해외구매자를 대상으로 매월 G-PASS 기업 홍보 웹진을 글로벌코리아마켓을 통해 발송 중이다.

5 벤처기업은 무엇을 할 수 있나요

벤처나라에 상품을 등록하기 위한 신청자격, 절차, 혜택

조달청은 기술 및 품질이 뛰어난 창업 벤처기업의 공공판로를 지원하기 위해 벤처창업혁신조달 상품으로 지정해 전용 상품 몰 벤처나라에 상품 등록 후 홍보 및 판매를 지원하고 있다. 창업기업(7년 이내) 또는 벤처기업에서 생산하는 물품 및 서비스가 대상이다. 절차는 다음과 같다.

분기별 벤처창업혁신조달상품 모집 공고 확인 → 추천기관 추천(광역자치단체 등) → 홈페이지 온라인신청 접수 → 신청서 검토 및 보완 → 1차 기술 품질평가 → 2차 조달 적합성 심사(조달품목의 적합성, 지정제외대상 등 구매업무심의회 검토) → 벤처창업혁신조달상품 지정 → 상품 등록 후 지정증서 및 마크 수여

지정 혜택은 벤처나라 홈페이지 상품 등록 후 전국 수요기관에 제품 판매, 벤처나라 상품 등록 시 벤처창업혁신조달상품 지정증서, 인증마크 부여, 공공조달 등록, 목록화, 입찰, 계약 등 조달제도 관련 교육 제공(연 4회 조달교육원), 조달 진출 및 등록 전 과정을 조달청 전담직원이 전문상담 지원, 각종 전시회, 기획전, 설명회, 언론 기획 홍보 등 판촉 활동 지원한다.

벤처창업혁신조달상품으로 지정받기 위한 상세 절차

분기별 벤처창업혁신조달상품 모집공고를 확인해야 한다. 벤처나라 홈페이지 공지사항에서 매 분기 벤처창업 신 조달상품 모집공고 확인 후 신청 및 심사일정을 확인한다. 매년 1월, 4월, 7월, 10월 공고한다. 추천기관 추천(분기별 모집공고와 함께 추천일정 진행)은 추천기관별 별도 모집 기준에 정한 바에 따라 접수처에 추천기관이 요구하는 신청 서류를 기한 내에 제출해야 한다. 벤처나라 홈페이지 온라인신청 접수는 모든 서류를 파일화해 벤처나라 홈페이지 온라인신청 시 첨부파일 등록을 한다. 미비한 서류에 대해 개별보완 요청할 수 있다. 신뢰서약서, 지정신청서, 상품설명서, 사업자등록증, 기술품질 증빙자료 등이다.

1차 기술품질 평가로 제출한 서류를 바탕으로 업체 및 상품에 관한 기술 및 품질을 심사하고, 2차 조달 적합심사는 구매업무 심의회를 통한 조달품목의 적합성, 지정 대상 및 지정제외 대상 등을 심사한다. 벤처창업혁신조달상품 최종 지정은 구매업무 심의회를 통과한 상품에 대한 최종 지정 발표(홈페이지 공지사항)를 한다. 벤처나라 상품 등록 후 지정증서 및 마크 수여는 입찰 참가자격 등록부터 벤처나라 상품 등록까지 조달청 전담직원의 상담 및 협조를 통해 진행하고, 지정 증서 및 마크를 수여한다.

벤처창업혁신 조달상품 지정받을 시 혜택

견적 요청 또는 바로 주문에 따른 주문서 작성을 통한 판로 지원은 벤처나라에 상품 등록 후 나라장터를 이용하는 수요기관에 손쉽게 전자거래를 통해 상품 공급된다. 지정된 벤처창업혁신조달상품은 업체 제시 견적가격으로 벤처나라 시스템을 통해 수요기관에 공급하고, 벤처나라를 통한 직접 전자거래 방식은 견적 요청과 바로 주문으로 견적 요청을 통해 가격협상이 가능하다. 1인 견적 수의 계약 방식으로 부가세 미포함 2,000만 원(여성·장애인기업은 5,000만 원)이하 거래 가능하다. 1인 견적 수의 계약 방식 가능 금액 초과 거래 건은 수의 계약(국가지방 계약법상 수의 계약 사유 충족 시) 또는 입찰 경쟁을 통해 공급 가능하다.

교육, 전문상담을 통한 조달시장 진출 지원은 공공조달 등록, 목록화, 입찰, 계약 등 조달제도 관련 체계적인 교육 프로그램을 진행(분기별 벤처창업혁신조달상품 지정 후 조달교육원 교육 프로그램 제공, 연 4회)한다. 입찰 참가자격 등록, 물품 목록화, 벤처나라 상품 등록 등 상품 거래에 필요한 전 과정을 조달청 전담직원이 실시간 지원한다.

홍보를 통한 판로 지원은 벤처나라 상품 등록 시 벤처창업혁신조달상품 지정증서, 인증마크를 부여해 상품 대외 홍보에 활용한다. 각종 전시회, 설명회, 언론 기획 홍보 등 판촉 활동을 지원하고, 나라장터 엑스포 전시회에 벤처나라 새싹기업관을 설치한다. 광역자치단체 등 관계기관과의 업무협약 및 언론 보도를 통한 벤처나라 홍보, 벤처나라 등록상품 할인기획전 등 각종 기획전을 통해 상품을 홍보한다.

70%

PART 2

국방조달,
어떻게 진출하는가?

1

국방조달 참여를 위한 사전 준비

1 업체 등록은 어떻게 하나요

국방조달 참여 절차

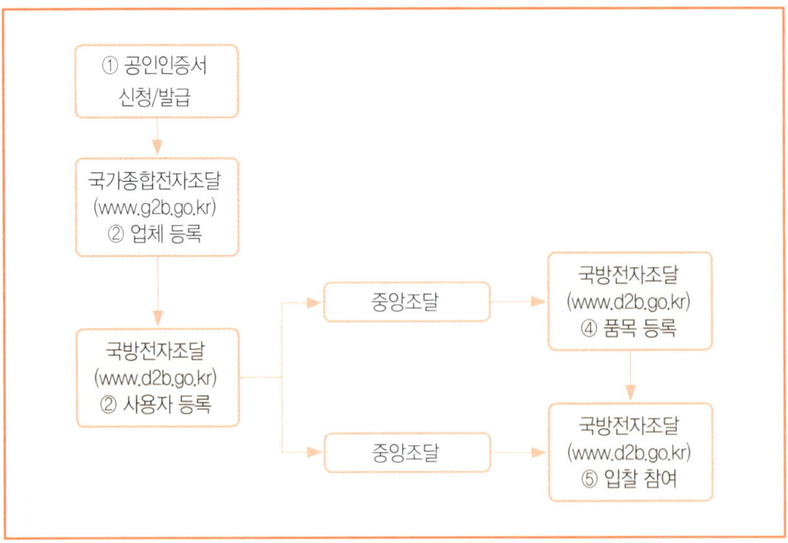

국방전자조달 입찰 참여 및 기타 업무를 처리하고자 하는 모든 업체는 사전에 다음과 같은 사항을 반드시 준비한다.

- 공인인증기관에서 공인인증서 신청·발급 및 지문보안토큰 구매
- 국가종합전자조달(나라장터)에 업체 등록
- 입찰 참가자격 등록
- 지문 등록
- 공인인증서 등록 및 지문보안토큰으로 복사
- 국방전자조달에 사용자 등록
- 방위사업청에서 집행하는 중앙조달은 품목 등록 후 입찰 참여 가능

① 공인인증서 신청·발급, 지문보안토큰 구매

공인인증서 신청·발급은 국방전자조달 입찰 참여를 위해서는 공인인증기관에서 발급하는 공인인증서가 필요하다.

공인인증기관명	인터넷 사이트 주소	연락처
한국정보인증	www.signgate.com	1577-8787
한국전자인증	www.crosscert.com	1566-0566
㈜한국무역 정보통신	www.tradesign.net	1566-2119
㈜코스콤 공인인증센터	www.signkorea.com	1577-7337

※ 조달업체의 인증서 발급은 공인인증기관에 관계없이 모두 유료로 운영되고 있으며, 이와 관련해서는 인증기관에 직접 문의한다.

| 공인인증서 발급 시 제출 서류 |

- 공인인증서비스 신청서 1부(인감 날인 또는 대표자 자필 서명)
- 사업자등록증 사본 1부
- 신원확인이 가능한 대표자 신분증 앞뒤 사본 1부(원본 지참)
- 대리인 신청 시는 신청서에 반드시 인감증명서상의 인감 날인
- 위임장 및 법인(개인) 인감증명서 원본 1부 추가
- 대표자가 2인 이상으로 공동대표면 신청서에 대표자 모두의 인감을 날인 후 인감증명서 원본 및 신분증 사본 1부씩 제출하고, 각자 대표면 법인 등기부 등본 원본 1부 추가

② 지문보안토큰 구매

국방전자조달에서 진행되는 모든 입찰은 지문인식을 통해 입찰자 신원을 확인 후 진행되므로, 국방조달에 참여하기 위해서는 반드시 지문보안토큰을 구매해야 한다. 공인인증서 대여에 따른 부정 대리 입찰 및 담합 등을 차단하기 위해 비대면 온라인 전자 입찰에서 생체정보를 이용해 입찰자 신원을 확인 후 등록된 대표자와 입찰 대리인만 입찰서 제출이 가능하도록 한 것이 도입 배경이다.

지문보안토큰 구매 안내

공인인증기관에서 인증서를 신청·발급할 때 미리 지문보안토큰까지 동시에 구매(대금 결제)하기 바라며, 구매 후 지문보안토큰 수령증을 출력해 보관하고, 국가종합전자조달(나라장터)에 업체 등록 과정에서 입찰 참가자격 등록 요청이 승인 완료된 이후 조달청에 직접 방문해 지문 등록 시에 제출해야 한다.

1 **지문보안토큰 구매**

• 가까운 조달청에 수령증 제출하고 지문보안토큰 수령 및 지문 등록

2 **지문보안토큰에 지문 등록**

• 조달청 민원실 또는 고객지원센터 방문
• 입찰 참가자격 등록증에 입찰자로 등록된 대표자 또는 입찰대리인 신원확인 (주민증, 지문보안토큰 지참)

3 **지문보안토큰에 인증서 복사**

• 공인인증서 복사 메뉴 클릭
• 나라장터에 등록된 사업자 범용인증서를 지문보안토큰에 복사

4 **지문인식 전자 입찰 참여**

• 지문보안토큰에 복사된 사업자범용인증서를 통한 로그인 진행 후 입찰에 참여

③ 업체 등록

공공기관과 계약을 체결하고자 하는 사업자는 국가종합전자조달(나라장터, www.g2b.go.kr)에 업체 등록한다. 나라장터에서 업체 등록이 승인된 다음 날 국방전자조달로 업체 정보가 전송되므로 국방조달 참여 시 사전에 업체 등록 및 승인을 받아야 한다(입찰 참가 등록 마감일 3일 전까지 권장).

| 업체 등록 절차 |

• 입찰 참가자격 등록 신청(업체가 조달청으로 전자송신) ⇒ 입찰 참가자격 등록 승인(조달청 고객지원센터) ⇒ 지문 등록(업체가 조달청 고객지원센터 직접 방문) ⇒ 공인인증서 등록(업체가 직접 등록) ⇒ 공인인증서를 지문보안토큰으로 복사(업체가 직접 복사)

④ 입찰 참가자격 등록

| 접근 경로 |

- 나라장터(www.g2b.go.kr) 홈페이지 화면 오른쪽 위 ⇒ 신규 이용자 등록 ⇒ 조달업체 이용자 ⇒ 조달업체 이용자 등록 ⇒ 입찰 참가자격 등록 신청

메뉴에서 해당 신청항목을 입력한 후 [송신] 버튼 클릭

입찰참가자격 등록신청서 　 온라인 매뉴얼

1. 사용자 설명서입니다. 읽어보신 후 나라장터 등록업무를 진행하시기 바랍니다. ⇒ 사용자등록설명서(조달업체)
2. 조달업체 사용자는 입찰참가자격 등록신청서를 작성하기 전에 공인인증기관에서 발급 받은 인증서가 있어야 합니다.
3. 항목은 필수항목이나, 공급물품, 제조물품, 공사용역기타 업종에 대해서는 업체쪽 해당사항에 대해서만 입력하시면 됩니다. 반드시 하나 이상의 항목은 작성되어야만 송신가능합니다.
4. 전화번호, 팩스번호, 종업원수, 홈페이지, 대표대표자여부, 공급물품 [자기정보확인관리/등록증출력] 메뉴에서 수정이 가능하며 조달청의 승인을 받지 않아도 됩니다.
5. 전화번호, 팩스번호, 종업원수, 홈페이지, 대표대표자여부, 공급물품을 제외한 업체정보는 [입찰참가자격변경신청] 메뉴에서 변경신청하고 조달청 승인을 받아야 합니다.
6. 입찰참가자격등록 관련 입찰무효사유 안내 : 국가계약법시행규칙(제44조제6호), 지방계약법시행규칙(제42조5호) 및 국가종합전자조달시스템입찰참가등록규정(제16조2항)에 상호 또는 법인의 명칭, 대표자의 성명(대표자가 수인인 경우는 모두를 포함)이 변경되었을 경우 변경등록하지 않고 입찰에 참가하면 당해 입찰은 무효 사유가 되므로 등록시 반드시 법인등기부 등본 등 원부와 일치하는지 확인 바랍니다.
7. 시행문 제출서류에 필요한 서식 다운로드
   - 사용인감 등록시 ⇒ 사용인감등록신청서
8. 영문상호명은 한글 입력이 허용 되지만, 되도록이면 영문으로 입력바랍니다.

[임시저장내용불러오기]

사업자등록번호	임시저장내용 검색

문서번호		* 작성일자	2012/12/27
* 영문상호명		* 개업년월일	
* 우편번호		* 입찰참가 지역코드	국외소재
* 주소			
* 전화번호	- -	팩스번호	- -
* 종업원수	명	홈페이지	
기업구분	없음	* 국적	대한민국

[대표자정보] 클릭하면 정보를 숨길 수 있습니다.

※ 지문인식 비대상 전자입찰에 참여할 경우 대표자의 신원확인 가능한 개인인증서가 추가로 필요합니다.

* 대표자성명		* 주민등록번호	- 실명인증
* E-mail		* 대표대표자여부	Yes No
* 휴대전화번호	- -		
외국인대표여부			

※ 내역 입력후 반드시 행추가 버튼을 눌러주세요. 초기화 행추가

번호	대표자성명	주민등록번호	E-mail	대표대표자여부	핸드폰번호

[공급물품] 클릭하면 정보를 숨길 수 있습니다.

* 세부품명		* 세부품명번호	[목록품목조회]
* 대표물품여부	Yes No		

※ 내역 입력후 반드시 행추가 버튼을 눌러주세요. 초기화 행추가

No.	세부품명	세부품명번호	대표물품여부

[공장정보] (제조업체만 기재) ⊟ 클릭하면 정보를 숨길 수 있습니다.

* 공장명		전화번호	- -
* 우편번호		팩스번호	- -
* 주소			
* 공장임대여부	◉ 자가 또는 직접생산증명서류 ○ 임대	공장임대기간	~

※ 내역 입력후 반드시 행추가 버튼을 눌러주세요. [초기화] [행추가]

No.	공장명	우편번호	주소		전화번호
	팩스번호	임대여부	임대시작일자	임대종료일자	

[제조물품] (제조물품을 증명할 수 있는 서류제출 필요) ⊟ 클릭하면 정보를 숨길 수 있습니다.

※ 중소기업중앙회 공공구매 종합정보망의 직접생산증명확인정보가 변경될 때마다 나라장터에 전송되며, 유효기간이 만료되면 전송된 정보로 자동 갱신됩니다. (1일정도 시차발생)

※ 또한, 물품에 해당하는 중소기업간 경쟁제품이 다수인 경우에는 유효기간이 짧은 것으로 갱신됩니다.

※ 자동 갱신되지 않았을 경우 입찰참여 전에 반드시 변경신청하여 승인받으시기 바랍니다.

※ 반드시 중소기업자간 경쟁제품 여부 확인 바람

※ 중기간경쟁제품은 중소기업자에 한해서 직접생산확인증명서를 발급받은 후 신청해야 하므로 중기간경쟁제품에 해당되는지를 먼저 확인해 주시기 바랍니다.

* 세부품명		* 세부품명번호	[목록품목조회]
중소기업자간 경쟁물품(입찰)의 경우 중소기업중앙회 발행 직접생산증명서 제출			[중기간경쟁제품]
* 제조물품 갱신등록신청 여부		○ 유효기간 갱신 ◉ 등록(N)	
* 제조증명서류	○ 직접생산증명서류 ○ 공장등록증 ○ 건축물관리대장(직접생산확인신청서) ○ 생산(제조)인가.허가.등록증		
* 대표물품여부	○ Yes ◉ No		

[입찰대리인] ⊟ 클릭하면 정보를 숨길 수 있습니다.

※ 지문인식 비대상 전자입찰에 참여할 경우 입찰대리인의 신원확인 가능한 개인인증서가 추가로 필요합니다.

※ 입찰대리인의 자격확인 제출서류 2종(①+②) : ① 등록업체 재직증명서와 ② 4대 보험가입증명서중 하나 또는 ② 법인 등기임원인 경우, 법인등기부 등본

부서		직책명	
* 성명		* 주민등록번호	- [실명인증]
전화번호	- -	팩스번호	- -
* E-mail		* 휴대전화번호	- -
* 입찰대리인확인여부	◉ Yes ○ No		
* 입찰대리인자격구분	○ 4대보험 ○ 소득세납부 ○ 등기임원		
외국인여부	☐		

※ 내역 입력후 반드시 행추가 버튼을 눌러주세요. [초기화] [행추가]

No.	부서	직책명	성명	주민등록번호	전화번호	
	E-mail		팩스번호	휴대전화번호	확인여부	자격구분

[접수관련 정보]

* 등록기관		업무구분	☐ 외자
* 등록결과를 통보받고자 하는 E-mail 주소			
* 등록결과를 통보받고자 하는 휴대전화 번호	- - ☐ ※ SMS수신여부		

※ 행정정보 공동이용 사전동의서

본인은 이 건 사무의 처리와 관련하여 전자정부법 제21조 제1항 또는 제22조의2 제1항에 따라 행정정보의 공동이용을 통하여 이용기관의 민원담당자가 전자적으로 귀하의 정보를 확인하는 것에 동의합니다.

만약 전자적 확인에 대하여 본인이 동의하지 아니하는 경우에는 입찰참가에 필요한 서류를 제출 하여야 합니다.

☐ ※ 동의함

※ 청렴계약 이행서약서

제2조(입찰참가업체의 청렴계약 이행서약서 제출)

① 입찰에 참여하는 모든 업체는 발주기관과 입찰참여업체가 상호신뢰를 바탕으로 입찰, 낙찰, 계약체결 또는 계약이행과정(준공 이후도 포함)에서의 담합 등 불공정행위나 관계공무원에게 금품·향응 등 부당한 이익을 제공하지 않고, 이를 위반 시 입찰참가자격 제한, 계약해제 등을 감수하겠다는 "청렴계약 이행서약서" (붙임 2) 를 업체대표가 서명하여 입찰등록 시 제출하고 (전자입찰의 경우 국가종합전자조달시스템 (www.g2b.go.kr)에서 제공하는 서식 및 절차에 따름), 낙찰자로 결정되어 계약체결 시 계약상대자는 청렴계약이행 서약내용을 그대로 조달청 청렴계약이행 특수조건으로 약정하는데 동의하고 준수하여야 한다.

② 입찰등록 시 "청렴계약 이행서약서" 제출을 거부하거나 제출하지 아니한 자는 입찰에 참가할 수 없다. 또한, 전자입찰의 경우에도 국가종합전자조달시스템 (www.g2b.go.kr)에서 제공하는 절차에 동의 또는 확인하지 않는 경우에는 해당입찰에 참가할 수 없다.

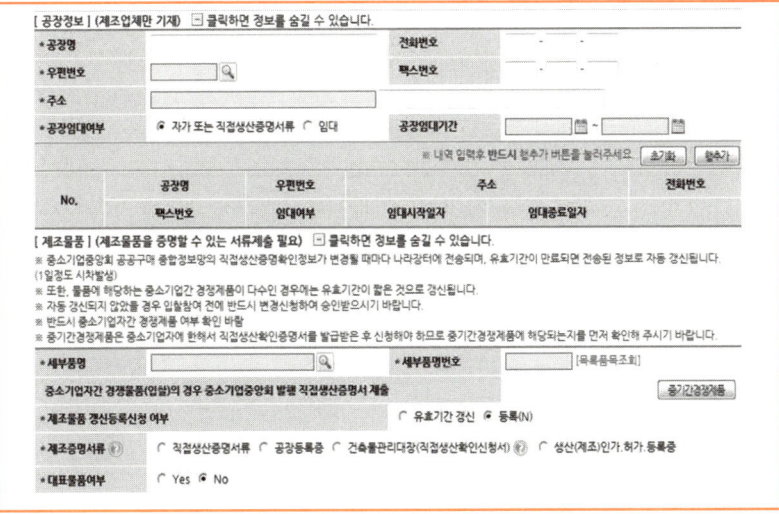

☐ ※ 동의함

항목 설명

- 대표자 정보 : 조달업체의 대표자
- 공급 물품 : 조달업체에서 공급할 수 있는 물품
- 공장 정보 : 제조 물품을 생산하는 공장 정보
- 제조 물품 : 조달업체에서 제조 및 생산하는 물품
- 공사·용역·기타업종 : 조달업체가 보유하고 있는 공사·용역·면허
- 입찰 대리인 : 입찰에 참여하는 대리인
- 접수 관련 정보
  - 등록기관 : 해당 신청서의 승인 및 반환하는 기관
  - e-mail : 신청서의 처리 결과를 회신받을 e-mail 연락처

작성 요령

- '*'으로 표시된 부분은 필수입력 항목이다.
- 문서번호는 조달업체에서 관리하는 문서번호를 입력한다. 문서번호를 관리하지 않을 시에는 입력하지 않아도 된다.
- [찾기] 버튼이 있는 항목들은 직접 손으로 입력하지 말고 반드시 이를 이용해 입력한다.
- 대표자 정보는 1인 이상을 입력해야 한다.
- 공급 물품, 제조 물품, 공사·용역·기타 업종 중 하나 이상을 입력해야 하고, 여러 개 동시 입력도 가능하다.
- 공장 정보 입력 시 제조 물품을 1개 이상 입력해야 한다.
- 제조 물품 등록 신청 시에는 공공구매 종합정보망(www.smpp.go.kr)의 정보 조회 ⇒ 제품목록정보 ⇒ 중기간 경쟁 제품에서 중

소기업자간 경쟁 제품 여부를 반드시 조회 후 신청해야 한다.

- 대표자 정보, 공장 정보 등은 해당 항목을 입력 후 반드시 [추가] 버튼을 클릭해야 한다.
- 접수 관련 정보의 등록기관은 해당 업체가 등기우편을 보내거나 직접 방문해 서류를 처리할 기관이니 가까운 조달청 지청을 선택한다.
- 접수 관련 정보의 e-mail은 승인(또는 반려) 결과를 통보하는 연락처이므로 신청자의 e-mail을 정확하게 입력해야 한다.
- [송신] 버튼을 클릭하면 공인인증서 창이 팝업되고, 인증서 선택 후 비밀번호를 입력하면 등록 신청서가 접수된다.

입찰 참가자격 등록 송신 이후 절차

- [시행문 출력]을 클릭해 출력한다. 조달업체 이용자 등록 ⇒ 등록 신청확인 및 시행문을 출력한다.

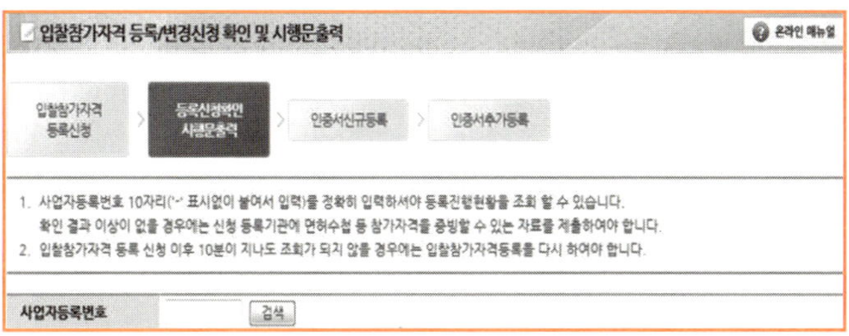

- 등록 신청 관련 제출 서류(시행문 내용 참조)를 해당 조달청(고객지원센터)으로 등기우편 송달 또는 직접 방문해서 제출한다.
- 입찰 참가자격 등록 승인을 확인한다. 등록 신청한 담당 조달청(고객지원센터)에서 신규 업체의 신청 내용 및 제출서를 확인 후 이상이 없으면 즉시 승인한다.

• 승인 여부 확인 메뉴 : 등록 신청확인 및 시행문 출력지문 등록

국방조달 전자 입찰 참여 시 지문인식으로 입찰자 신원을 확인하므로 조달청을 직접 방문해 사전에 지문을 등록해야 한다. 지문보안토큰은 공인인증서 신청 시 동시 구매하는 것이 편리하다.

지문 등록 절차

• 입찰 참가자격 등록 승인 확인 후 담당 조달청의 고객지원센터를 방문해 지문보안토큰 수령 및 지문을 등록한다.
  – 방문 시 반드시 지문보안토큰 수령증 및 신분증 지참
  – 입찰 참가자격 등록 시 등록한 대표자·입찰 대리인만 지문 등록 가능
  – 지문 정보 등록 후 등록된 지문 정보의 정상 인식 여부 반드시 확인(전자 입찰 참여 시 지문 인증 오류가 있을 수 있으므로 반드시 확인)

인증서 등록 및 지문보안토큰에 복사

• 인증서 등록 접근 경로

나라장터(www.g2b.go.kr) 홈페이지 화면 오른쪽 위 ⇒ 인증서 등록 ⇒ 조달업체 이용자 ⇒ 인증서 관리 ⇒ 인증서 신규 등록

• 처리 화면

조달업체 확인 : 사업자등록번호를 입력하고, [검색] 버튼 클릭

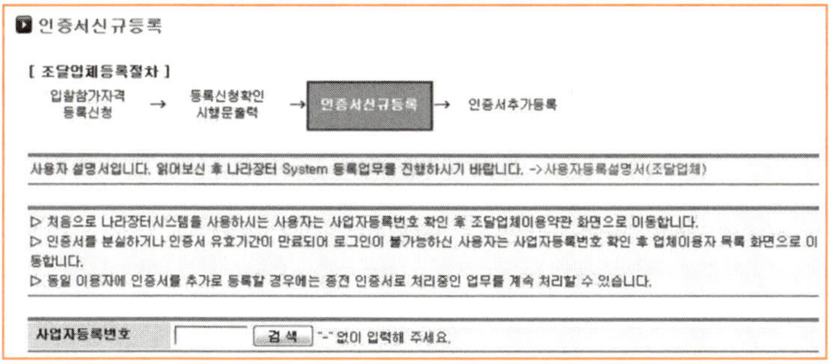

조달업체 이용약관을 반드시 읽고, [동의함] 버튼을 클릭한다. 다음은 인증서 정보 등록의 방법이다.

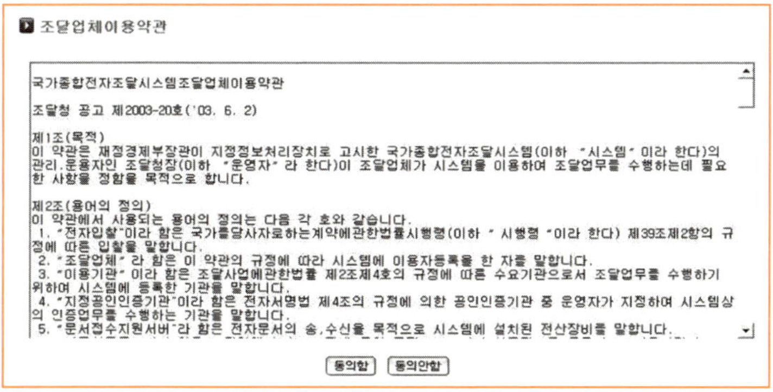

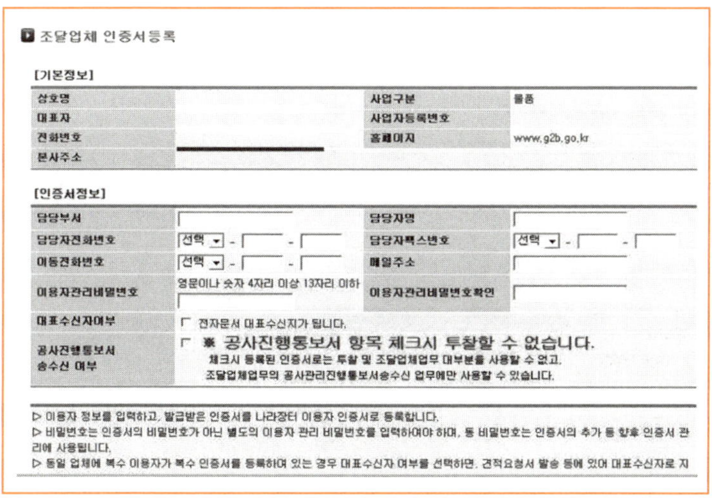

기본 정보 확인 후 인증서 정보란에 사용자 정보를 입력한다. 공공기관에서 업체로 보내는 전자문서 대표 수신자를 입력한다. [등록] 버튼을 클릭하면 인증서 선택 창 팝업인증서 선택 및 암호 입력 후 [확인] 버튼을 클릭하면 업체 등록이 완료된다.

지문보안토큰에 인증서 복사

1단계 : 지문보안토큰 구동프로그램 설치

나라장터 홈페이지 화면 오른쪽 위 [e-고객센터] 버튼 클릭

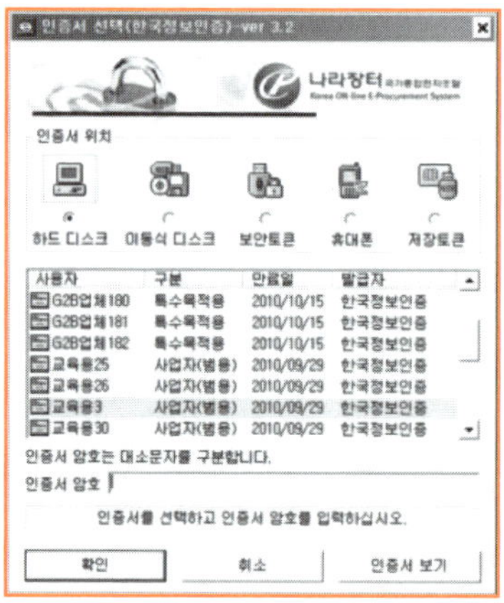

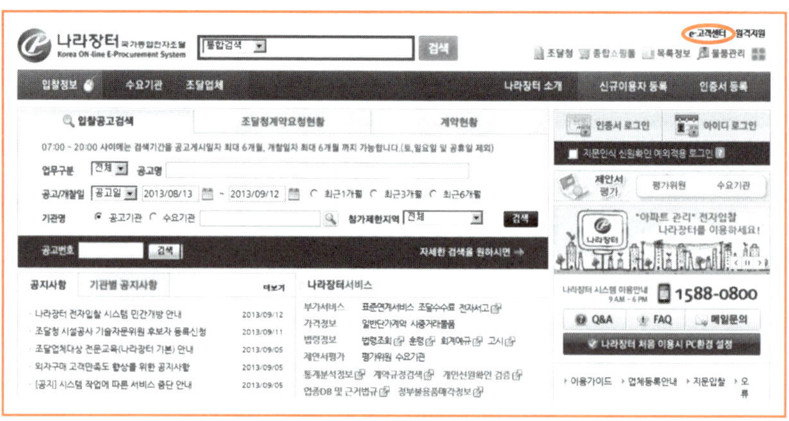

- e-고객센터 ➡ 지문보안 전자 입찰 ➡ 구동프로그램설치 클릭
- 지문보안토큰 제조사별로 해당 프로그램을 내려받아서 설치

구동프로그램 설치 후 지문보안토큰을 PC USB 포트에 연결하고, 지문보안토큰 장치 프로그램을 설치

2단계 : 지문보안토큰에 공인인증서(법인용)를 복사

e-고객센터 ➡ 지문보안 전자 입찰 ➡ 인증서 복사 클릭

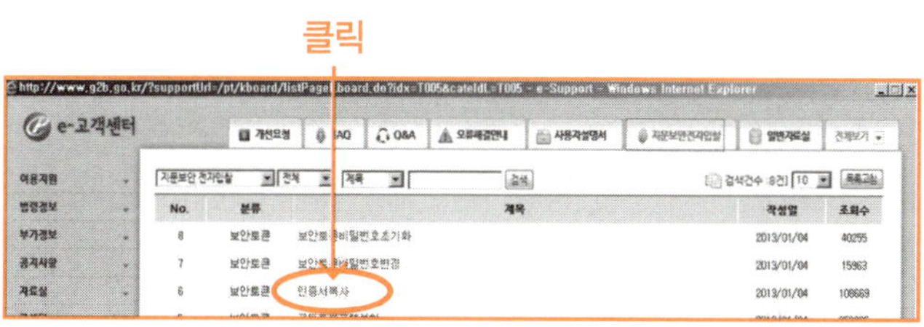

링크된 공인인증기관 중 인증서를 발급받은 기관을 선택해 클릭

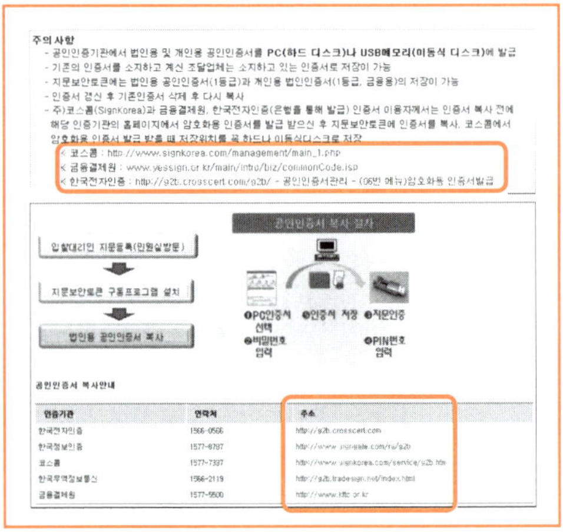

- 지문보안토큰에는 법인용 공인인증서(1등급)를 복사
- 법인용 공인인증서의 경우 전자서명용 공인인증서와 암호화용 공인인증서가 존재해야 인증서 복사가 가능(만일 암호화용 공인인증서가 없는 경우 주의사항에 링크된 공인인증기관의 암호화용 인증서 발급 페이지를 이용해 암호화용 인증서 발급)

예시 한국전자인증, [인증서 복사하기] 클릭해 인증서 복사

3단계 : 나라장터 보안 모듈 설치 및 지문인식 전자 입찰 테스트

- 나라장터 홈페이지 화면 오른쪽 위 나라장터 처음 이용 시 PC 환경 [설정] 버튼 클릭해 모듈 설치
- 지문보안토큰 이용해 나라장터 로그인
- 지문 모의 입찰을 통해 지문인식 전자 입찰 가능 여부 테스트

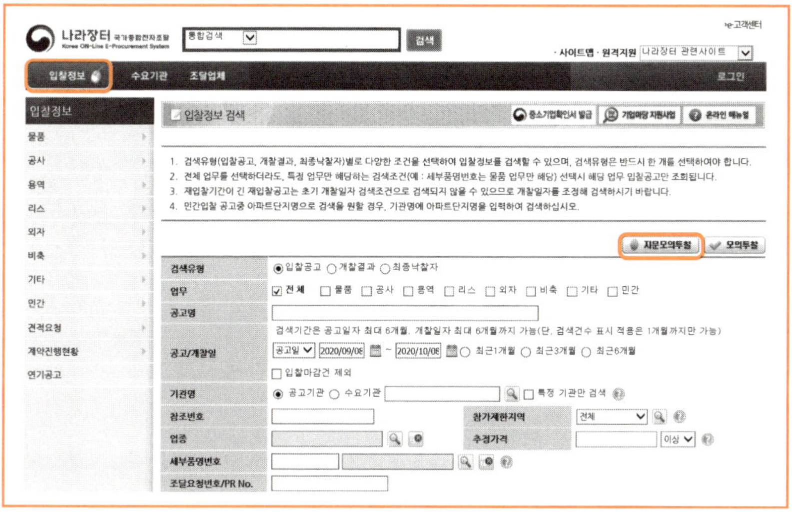

입찰 참가자격 등록 사항 변경 · 추가

나라장터(www.g2b.go.kr) 홈페이지 로그인 ⇒ 나의 나라장터 ⇒ 업체정보관리 ⇒ 입찰 참가자격 변경·제조 물품갱신 등록 신청

• 처리 화면

[제조물품] (제조물품을 증명할 수 있는 서류제출 필요)

※ 한국표준산업분류와 물품분류번호 연계자료는 제조등록시 참고자료로 편의목적으로 제공되고 있습니다.
본 자료는 검토과정에서 수정될 수도 있음을 알려드립니다.

※ 내역 입력후 **반드시** 추가 또는 수정버튼을 눌러주세요. [초기화] [추 가]

• 물품분류명	[물품찾기]	• 물품분류번호	
형식승인번호		형식승인기관	
형식승인일		• 대표물품여부	○ Yes ◉ No
• 제조여부			[제조물품확인서 및 납품실적증명서]
• 제조증명서류	◉ 직접생산증명서류 ○ 공장등록증 ○ 건축물관리대장(직접생산확인신청서) ○ 생산(제조)인가.허가.등록증		

• 제조증명서류가 공장등록증, 건축물관리대장일때 공장임대여부가 자가인 경우 유효기간을 '1111111 ~ 1111111' 입력하시기 바랍니다.

• 유효기간	~	• 납품실적증명서	○ Yes ○ No 제출시체크(공장등록증)
공장의업종(분류코드)	[물품찾기]	• 공장등록증 내에 등재되어 있는 해당물품에 대한 분류코드 입니다.	
• 발급기관명		• 증서명	
건축물관리대장(직접생산확인신청서)	[조달청 직접생산확인 안내문]	[품명별 직접생산확인 기준표 목록]	[품명별 직접생산확인 기준표]
• 공장형태	○ 자가 ○ 임대	• 생산시설	
• 생산인력		• 생산공정	
기타			

NO				
	물품분류명	물품분류번호	형식승인번호	형식승인기관
	형식승인일	대표물품여부	제조증명서류	유효기간
	공장의업종(분류코드)		발급기관명	증서명
	공장형태	생산시설		생산인력
	생산공정		기타	납품실적증명서

[공사 · 용역 · 기타업종]

• 기타업종은 물품제조, 판매, 유통 등에 대한 업종임

※ 내역 입력후 **반드시** 추가 또는 수정버튼을 눌러주세요. [초기화] [추 가]

• 업종명	[업종명찾기]	• 업종코드	
• 등록번호		• 등록일	
시공능력평가액	₩	평가액기준년도	예)2002
• 대표업종여부	○ Yes ◉ No		
• 유효기간만료일자	[만료일자 찾기] • 업종 유효기간이 있을 경우 인·허가(등)증상의 유효기간을 반드시 입력하십시오.		

NO	업종명	업종코드	등록번호	등록일	시공능력평가액	평가액기준년도	대표업종여부	유효기간만료일자

[입찰대리인]

※ 전자입찰에 참여할 경우 대리인의 신원확인 가능한 개인인증서가 추가로 필요합니다.

※ 입찰대리인의 자격확인 제출서류 : 재직증명서와 4대 보험가입증명서 중 하나 또는 법인등기부 등본(임원).

※ 내역 입력후 **반드시** 추가 또는 수정버튼을 눌러주세요. [초기화] [추 가]

부서		직책명	
• 성명		• 주민등록번호	- [실명인증]
전화번호	- -	팩스번호	- -
• E-mail		• 휴대폰번호	- -
• 입찰대리인확인여부	◉ Yes ○ No ※ 내용입력후 확인여부를 선택해 주세요.		
• 입찰대리인자격구분	○ 4대보험 ○ 소득세납부 ○ 등기임원		
외국인여부	☐ 입찰대리인이 외국인일 경우만 체크하세요. 주민등록번호는 자동 채번되고, 실명인증은 하실필요없습니다.		

NO					
	부서	직책명	성명	주민등록번호	전화번호
	E-mail		팩스번호	휴대폰번호	확인여부 / 자격구분

[접수관련 정보] ※ 등록기관 선택시 콜센타는 접수청으로 등록하실수 없습니다.(제출서류가 없을경우 콜센타로 자동 변경됩니다.)

• 등록기관	[접수청찾기]	업무구분	☐ 외자 ※ 조달청외자업체만 체크
• 등록결과를 통보받고자 하는 E-mail 주소			
• 등록결과를 통보받고자 하는 휴대폰 번호	- - ☐ ※ SMS수신여부		

※ 행정정보 공동이용 사전동의서
본인은 이 건 사무의 처리와 관련하여 전자정부법 제21조 제1항 또는 제22조의2 제1항에 따라 행정정보의 공동이용을 통하여
이용기관의 민원담당자가 전자적으로 귀하의 정보를 확인하는 것에 동의합니다.
만약 전자적 확인에 대하여 본인이 동의하지 아니하는 경우에는 입찰참가에 필요한 서류를 제출 하여야 합니다. ☐ ※ 동의함

[송 신] [시행문출력]

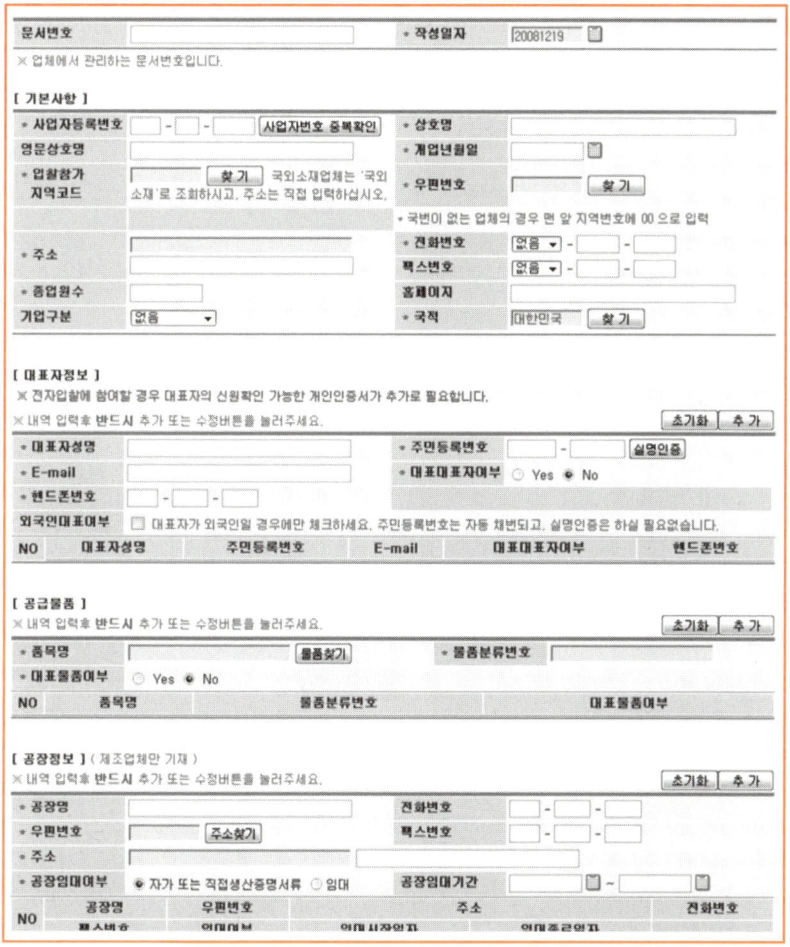

작성 요령

- 전화번호, 팩스 번호, 종업원 수, 홈페이지, 대표대표자 여부, 공급 물품은 [자기 정보 확인 관리/등록증 출력] 메뉴에서 수정할 수 있으며, 조달청의 승인을 받지 않아도 된다.
- 전화번호, 팩스 번호, 종업원 수, 홈페이지, 대표대표자 여부, 공급 물품을 제외한 업체정보는 [입찰 참가자격 변경 신청] 메뉴에

서 변경 신청하고, 시행문 출력 후 증빙서류와 함께 조달청에 방문 또는 우편으로 송부해 변경 승인을 받아야 한다.

– 그 외 작성 요령은 입찰 참가자격 등록 신청서와 동일하다.

인증서 추가 · 삭제

나라장터(www.g2b.go.kr) 홈페이지 로그인 ⇒ 나의 나라장터 ⇒ 인증서 관리 ⇒ 인증서 추가 등록

• 처리 화면

조달업체 확인 : 사업자등록번호를 입력하고, [검색] 버튼 클릭

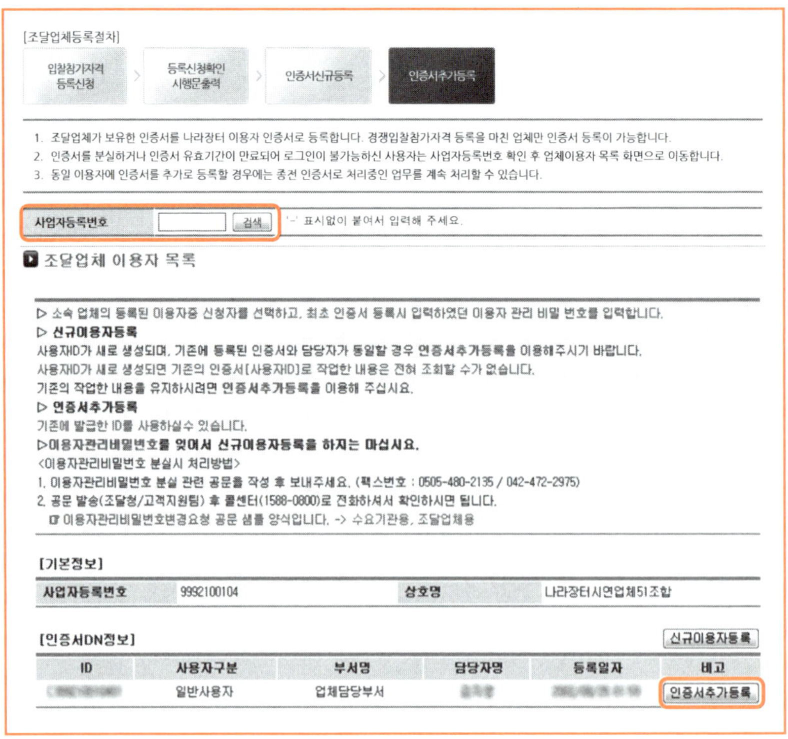

- [신규 이용자 등록] 버튼을 클릭하면 인증서 신규 등록 절차가 진행되며, 이때 사용자 ID가 새로 생성되기 때문에 기존의 인증서로 작업한 문서는 조회할 수 없다. 따라서 기존의 작업 내용을 유지하려면 반드시 [인증서 추가 등록] 버튼을 이용
- 이용자 관리 비밀번호 입력 : 인증서 신규 등록 시 인증서 정보에 입력했던 이용자 관리 비밀번호를 입력 후 [확인] 버튼을 클릭하면 인증서 추가·삭제 화면이 표시

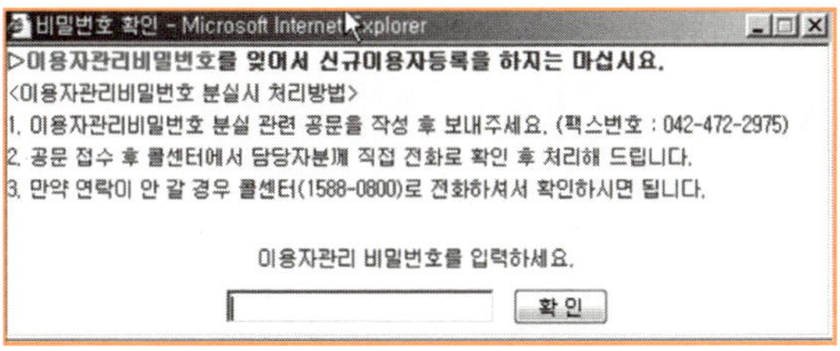

- 이용자 관리 비밀번호를 잊어버리면 신규 이용자 등록을 하지 말고, 안내된 '이용자 관리 비밀번호 분실 시 처리방법'에 따라 처리

인증서 추가 · 삭제

- 인증서 추가 시 [추가 등록] 버튼을 클릭하면 인증서 선택 창이 팝업되며, 이때 추가할 인증서 선택 및 암호 입력 후 [확인] 버튼을 클릭하면 인증서 추가
- 인증서 삭제 시 해당 인증서 선택 후 [삭제] 버튼 클릭

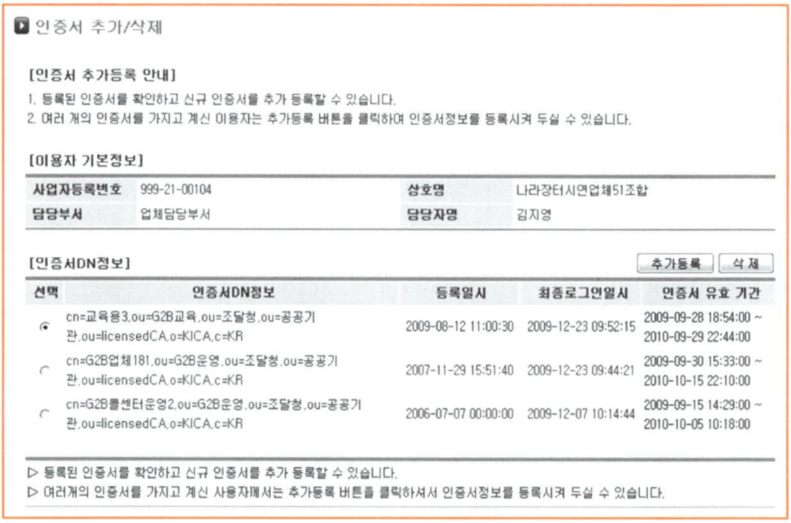
인증서 추가/삭제

[인증서 추가등록 안내]

1. 등록된 인증서를 확인하고 신규 인증서를 추가 등록할 수 있습니다.
2. 여러 개의 인증서를 가지고 계신 이용자는 추가등록 버튼을 클릭하여 인증서정보를 등록시켜 두실 수 있습니다.

[이용자 기본정보]

사업자등록번호	999-21-00104	상호명	나라장터시연업체51조합
담당부서	업체담당부서	담당자명	김지영

[인증서DN정보] 추가등록 삭제

선택	인증서DN정보	등록일시	최종로그인일시	인증서 유효 기간
●	cn=교육용3,ou=G2B교육,ou=조달청,ou=공공기관,ou=licensedCA,o=KICA,c=KR	2009-08-12 11:00:30	2009-12-23 09:52:15	2009-09-28 18:54:00 ~ 2010-09-29 22:44:00
○	cn=G2B업체181,ou=G2B운영,ou=조달청,ou=공공기관,ou=licensedCA,o=KICA,c=KR	2007-11-29 15:51:40	2009-12-23 09:44:21	2009-09-30 15:33:00 ~ 2010-10-15 22:10:00
○	cn=G2B콜센터운영2,ou=G2B운영,ou=조달청,ou=공공기관,ou=licensedCA,o=KICA,c=KR	2006-07-07 00:00:00	2009-12-07 10:14:44	2009-09-15 14:29:00 ~ 2010-10-05 10:18:00

▷ 등록된 인증서를 확인하고 신규 인증서를 추가 등록할 수 있습니다.
▷ 여러개의 인증서를 가지고 계신 사용자께서는 추가등록 버튼을 클릭하셔서 인증서정보를 등록시켜 두실 수 있습니다.

사용자 등록

국방조달의 전자 입찰에 참여 및 기타 업무를 처리하고자 하는 업체는 국가종합전자조달(나라장터, www.g2b.go.kr)에 업체 등록을 승인받은 다음 국방전자조달(www.d2b.go.kr)에서 사용자 등록을 해야 한다.

※ 나라장터에서 업체 등록을 승인받은 후 1일이 지나야 국방전자조달에서 사용자 등록을 할 수 있다.

국방전자조달(www.d2b.go.kr) 홈페이지 화면 오른쪽 위 로그인 메뉴 [사용자 등록] 버튼

• 처리 화면

사업자등록번호를 입력 후 [확인] 버튼 클릭

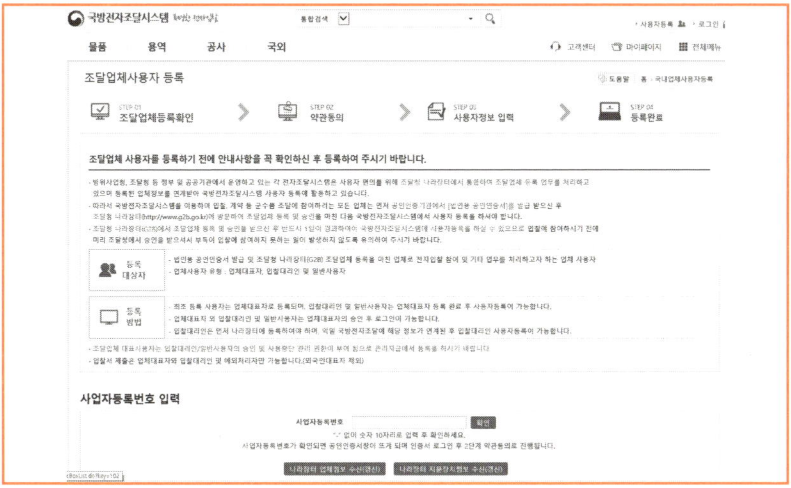

인증서 선택 및 암호 입력 후 [확인] 버튼 클릭

조달업체 사용자 유형 선택

- 업체대표자 등록 시 [업체대표자 등록]을 선택
- 업체대표자 외 등록 시 [입찰 대리인/일반 사용자 등록]을 선택

※ 조달업체별 최초 등록자는 대표자가 되며, 입찰 대리인과 일반 사용자 등록은 선택되지 않는다.

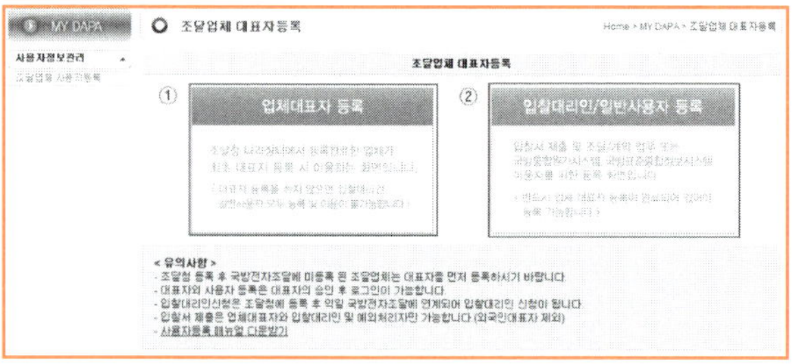
MY DAPA
조달업체 대표자등록
Home > MY DAPA > 조달업체 대표자등록
사용자정보관리
조달업체 대표자등록
①
업체대표자 등록
②
입찰대리인/일반사용자 등록
< 유의사항 >
- 조달청 등록 후 국방전자조달에 미등록 된 조달업체는 대표자를 먼저 등록하시기 바랍니다.
- 대표자외 사용자 등록은 대표자의 승인 후 로그인이 가능합니다.
- 입찰대리인신청은 조달청에 등록 후 익일 국방전자조달에 연계되어 입찰대리인 신청이 됩니다.
- 입찰서 제출은 업체대표자와 입찰대리인 및 예외처리자만 가능합니다.(외국인대표자 제외)
- 사용자등록 매뉴얼 다운받기

업체 이용약관 동의

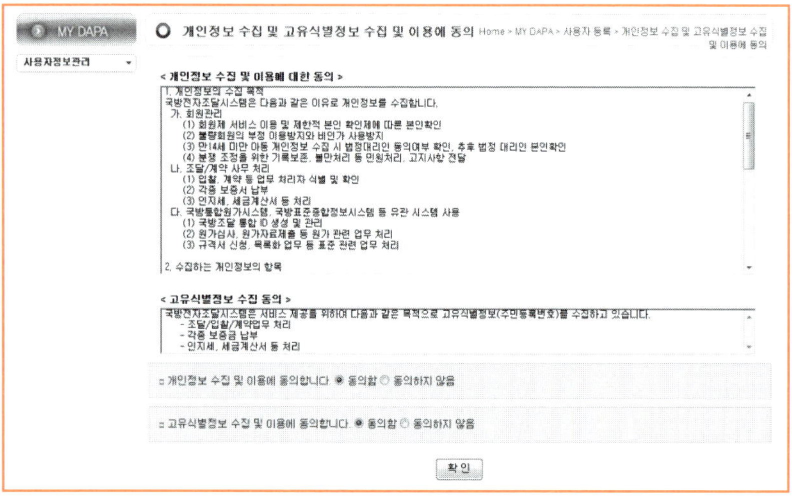
MY DAPA
개인정보 수집 및 고유식별정보 수집 및 이용에 동의
Home > MY DAPA > 사용자 등록 > 개인정보 수집 및 고유식별정보 수집 및 이용에 동의
사용자정보관리
< 개인정보 수집 및 이용에 대한 동의 >
1. 개인정보의 수집 목적
국방전자조달시스템은 다음과 같은 이유로 개인정보를 수집합니다.
가. 회원관리
(1) 회원제 서비스 이용 및 제한적 본인 확인제에 따른 본인확인
(2) 불량회원의 부정 이용방지와 비인가 사용방지
(3) 만14세 미만 아동 개인정보 수집 시 법정대리인 동의여부 확인, 추후 법정 대리인 본인확인
(4) 분쟁 조정을 위한 기록보존, 불만처리 등 민원처리, 고지사항 전달
나. 조달/계약 사무 처리
(1) 입찰, 계약 등 업무 처리자 식별 및 확인
(2) 각종 보증서 납부
(3) 인지세, 세금계산서 등 처리
다. 국방통합원가시스템, 국방표준종합정보시스템 등 유관 시스템 사용
(1) 국방조달 통합 ID 생성 및 관리
(2) 원가심사, 원가자료제출 등 원가 관련 업무 처리
(3) 규격서 신청, 목록화 업무 등 표준 관련 업무 처리
2. 수집하는 개인정보의 항목
< 고유식별정보 수집 동의 >
국방전자조달시스템은 서비스 제공을 위하여 다음과 같은 목적으로 고유식별정보(주민등록번호)를 수집하고 있습니다.
- 조달/입찰/계약업무 처리
- 각종 보증금 납부
- 인지세, 세금계산서 등 처리
개인정보 수집 및 이용에 동의합니다. 동의함 동의하지 않음
고유식별정보 수집 및 이용에 동의합니다. 동의함 동의하지 않음
확 인

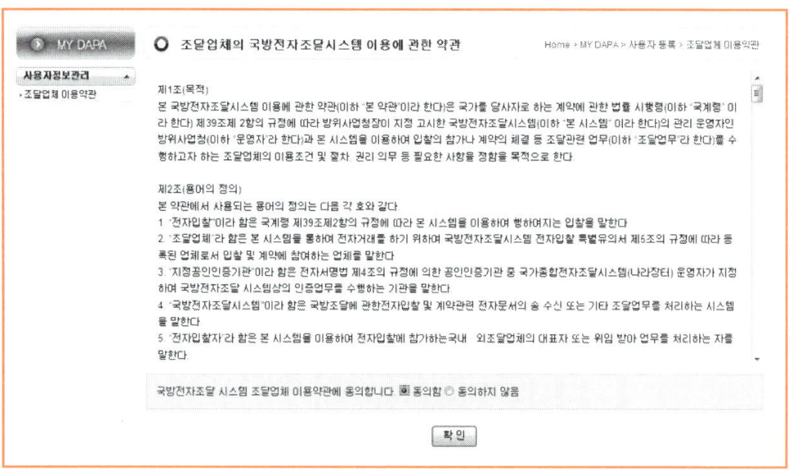
MY DAPA
조달업체의 국방전자조달시스템 이용에 관한 약관
Home > MY DAPA > 사용자 등록 > 조달업체 이용약관
사용자정보관리
조달업체 이용약관
제1조(목적)
본 국방전자조달시스템 이용에 관한 약관(이하 "본 약관"이라 한다)은 국가를 당사자로 하는 계약에 관한 법률 시행령(이하 "국계령" 이라 한다) 제39조제 2항의 규정에 따라 방위사업청장이 지정 고시한 국방전자조달시스템(이하 "본 시스템" 이라 한다)의 관리 운영자인 방위사업청(이하 "운영자"라 한다)과 본 시스템을 이용하여 입찰의 참가나 계약의 체결 등 조달관련 업무(이하 "조달업무"라 한다)를 수행하고자 하는 조달업체의 이용조건 및 절차, 권리 의무 등 필요한 사항을 정함을 목적으로 한다.
제2조(용어의 정의)
본 약관에서 사용되는 용어의 정의는 다음 각 호와 같다.
1. "전자입찰"이라 함은 국계령 제39조제2항의 규정에 따라 본 시스템을 이용하여 행하여지는 입찰을 말한다.
2. "조달업체"라 함은 본 시스템을 통하여 전자거래를 하기 위하여 국방전자조달시스템 전자입찰 특별유의서 제5조의 규정에 따라 등록된 업체로서 입찰 및 계약에 참여하는 업체를 말한다.
3. "지정공인인증기관"이라 함은 전자서명법 제4조의 규정에 의한 공인인증기관 중 국가종합전자조달시스템(나라장터) 운영자가 지정하여 국방전자조달 시스템상의 인증업무를 수행하는 기관을 말한다.
4. "국방전자조달시스템"이라 함은 국방조달에 관한전자입찰 및 계약관련 전자문서의 송 수신 또는 기타 조달업무를 처리하는 시스템을 말한다.
5. "전자입찰자"라 함은 본 시스템을 이용하여 전자입찰에 참가하는국내 · 외조달업체의 대표자 또는 위임 받아 업무를 처리하는 자를 말한다.
국방전자조달 시스템 조달업체 이용약관에 동의합니다. 동의함 동의하지 않음
확 인

청렴서약서(방산업체 및 연구기관 등) 및 청렴계약 이행 서약서 동의

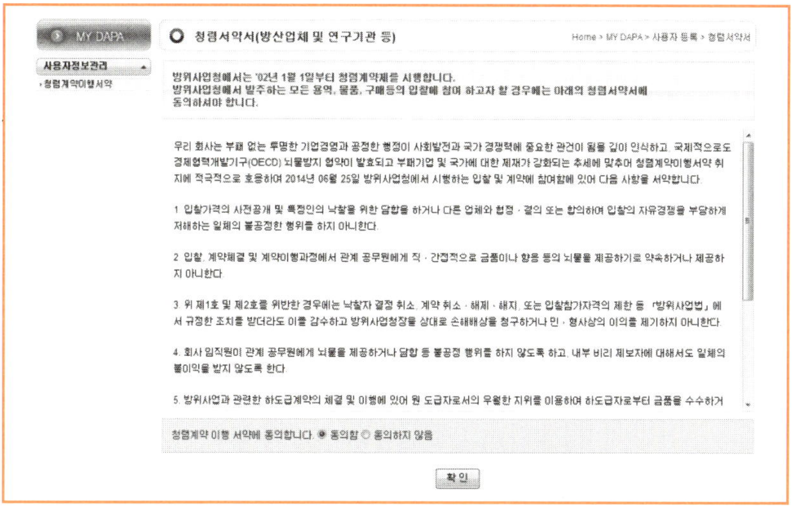

MY DAPA

사용자정보관리

· 청렴계약이행서약

청렴서약서(방산업체 및 연구기관 등)

Home > MY DAPA > 사용자 등록 > 청렴서약서

방위사업청에서는 '02년 1월 1일부터 청렴계약제를 시행합니다.
방위사업청에서 발주하는 모든 용역, 물품, 구매등의 입찰에 참여 하고자 할 경우에는 아래의 청렴서약서에 동의하셔야 합니다.

우리 회사는 부패 없는 투명한 기업경영과 공정한 행정이 사회발전과 국가 경쟁력에 중요한 관건이 됨을 깊이 인식하고, 국제적으로도 경제협력개발기구(OECD) 뇌물방지 협약이 발효되고 부패기업 및 국가에 대한 제재가 강화되는 추세에 맞추어 청렴계약이행서약 취지에 적극적으로 호응하여 2014년 06월 25일 방위사업청에서 시행하는 입찰 및 계약에 참여함에 있어 다음 사항을 서약합니다.

1 입찰가격의 사전공개 및 특정인의 낙찰을 위한 담합을 하거나 다른 업체와 협정 · 결의 또는 합의하여 입찰의 자유경쟁을 부당하게 저해하는 일체의 불공정한 행위를 하지 아니한다.

2 입찰, 계약체결 및 계약이행과정에서 관계 공무원에게 직 · 간접적으로 금품이나 향응 등의 뇌물을 제공하기로 약속하거나 제공하지 아니한다.

3. 위 제1호 및 제2호를 위반한 경우에는 낙찰자 결정 취소, 계약 취소 · 해제 · 해지, 또는 입찰참가자격의 제한 등 「방위사업법」에서 규정한 조치를 받더라도 이를 감수하고 방위사업청장을 상대로 손해배상을 청구하거나 민 · 형사상의 이의를 제기하지 아니한다.

4. 회사 임직원이 관계 공무원에게 뇌물을 제공하거나 담합 등 불공정 행위를 하지 않도록 하고, 내부 비리 제보자에 대해서도 일체의 불이익을 받지 않도록 한다.

5. 방위사업과 관련한 하도급계약의 체결 및 이행에 있어 원 도급자로서의 우월한 지위를 이용하여 하도급자로부터 금품을 수수하거

청렴계약 이행 서약에 동의합니다. ◉ 동의함 ○ 동의하지 않음

확인

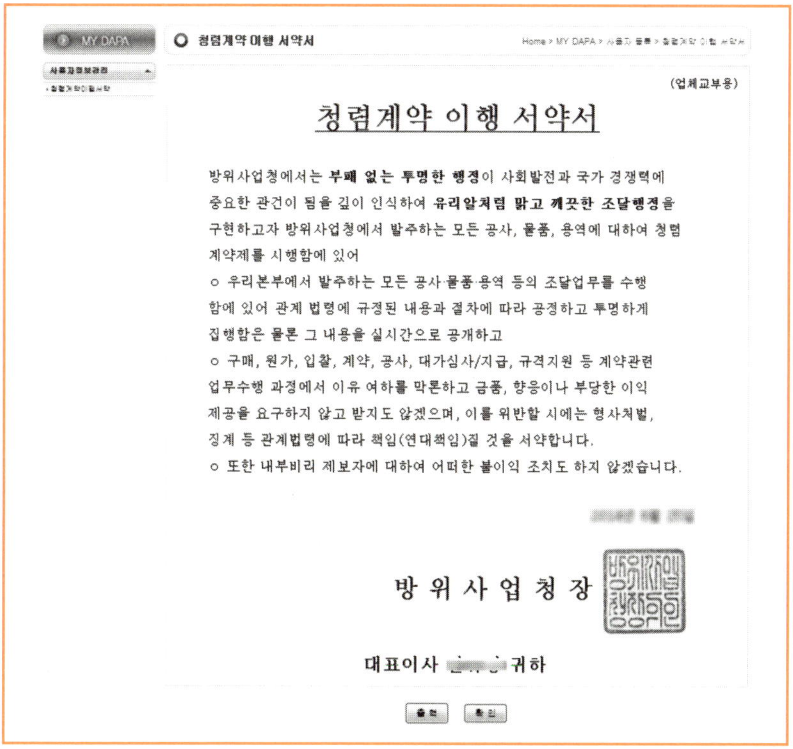

MY DAPA

사용자정보관리

· 청렴계약이행서약

청렴계약 이행 서약서

Home > MY DAPA > 사용자 등록 > 청렴계약 이행 서약서

(업체교부용)

청렴계약 이행 서약서

방위사업청에서는 **부패 없는 투명한 행정**이 사회발전과 국가 경쟁력에 중요한 관건이 됨을 깊이 인식하여 **유리알처럼 맑고 깨끗한 조달행정**을 구현하고자 방위사업청에서 발주하는 모든 공사, 물품, 용역에 대하여 청렴계약제를 시행함에 있어

ㅇ 우리본부에서 발주하는 모든 공사·물품·용역 등의 조달업무를 수행함에 있어 관계 법령에 규정된 내용과 절차에 따라 공정하고 투명하게 집행함은 물론 그 내용을 실시간으로 공개하고

ㅇ 구매, 원가, 입찰, 계약, 공사, 대가심사/지급, 규격지원 등 계약관련 업무수행 과정에서 이유 여하를 막론하고 금품, 향응이나 부당한 이익 제공을 요구하지 않고 받지도 않겠으며, 이를 위반할 시에는 형사처벌, 징계 등 관계법령에 따라 책임(연대책임)질 것을 서약합니다.

ㅇ 또한 내부비리 제보자에 대하여 어떠한 불이익 조치도 하지 않겠습니다.

[illegible]

방 위 사 업 청 장

대표이사 [illegible] 귀하

출력 확인

사용자 정보 등록(업체 대표자)

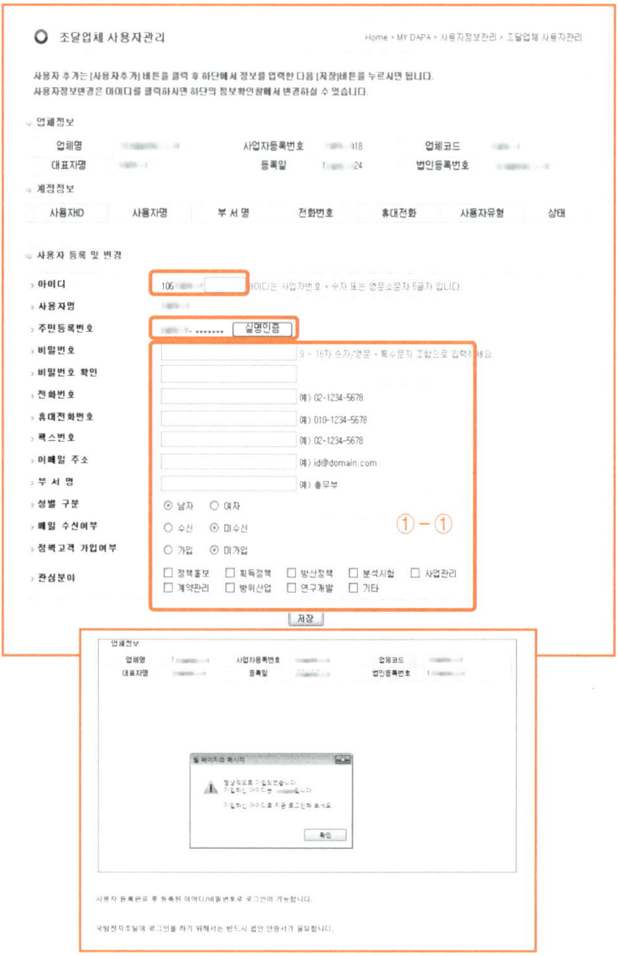

① 아이디를 입력 후 [아이디 확인] 버튼을 클릭해 아이디 검증

② 주민등록번호 입력 후 [실명 인증] 버튼을 클릭해 실명 인증

③ 비밀번호 및 개인정보 등을 입력

④ [저장] 버튼을 클릭하면 사용자 등록이 완료되어 국방전자조달 이용 가능(단, 대표자가 아닌 경우 대표자의 '승인' 절차 필요)

⑤ 국방전자조달에 로그인된 화면

※ 업체별 최초 등록자는 대표자가 되며 대표자 정보는 조달청에서 연계되어 화면에 출력된다.

사용자 정보 등록(입찰 대리인·일반 사용자)

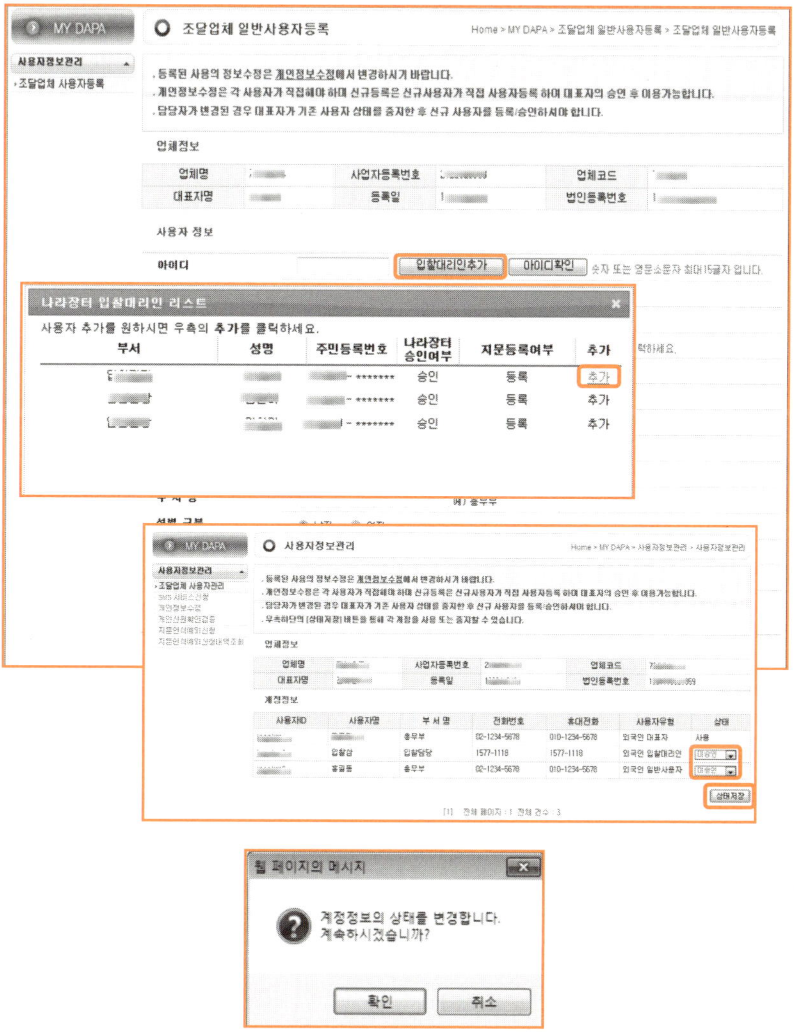

① 조달청에 입찰 대리인으로 등록된 사용자이면 [입찰 대리인 추가] 버튼을 선택해 등록할 사용자 [추가] 버튼 선택(①-①과 같이 알림창이 호출)

② 아이디를 입력 후 [아이디 확인] 버튼을 클릭해 아이디 검증

③ 주민등록번호 입력 후 [실명 인증] 버튼을 클릭해 실명 인증

④ 비밀번호 및 개인정보 등을 입력

⑤ [저장] 버튼을 클릭하면 사용자 등록이 완료되며, 대표자의 승인 후 로그인 가능

품목 등록

국방조달의 전자 입찰에 참여하고자 하는 업체는 품목 등재 후 입찰이 가능하다.

| 접근 경로 |

국방전자조달(www.d2b.go.kr) 홈페이지 로그인 ⇒ 화면 왼쪽 다음의 조달 서비스 ⇒ 업체정보 관리 ⇒ 국내업체 관리

• 처리 화면

국내업체 관리 화면에서 [추가 정보 등록] 버튼 클릭

등록 품목 명세 탭에서 등록된 품목 정보 확인 및 [추가] 버튼 클릭

팝업된 품목 검색창에서 품목을 검색 후 [확인] 버튼 클릭

추가 등록된 품목 정보 확인 후 [저장] 버튼 클릭

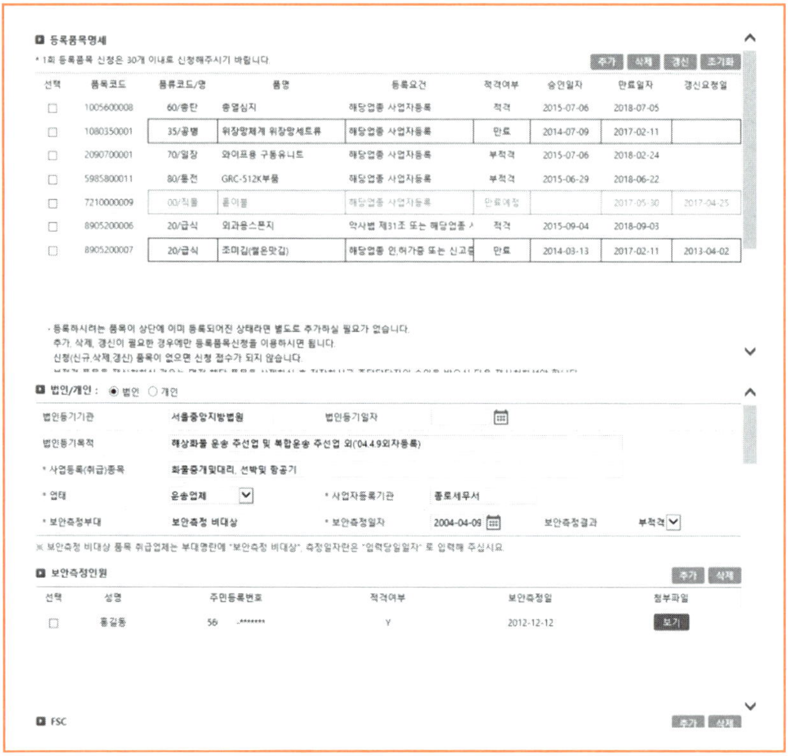

| 품목 등록 신청 후 제출 서류 |

- 제조 품목 : 공장등록증명서 1부(발행일 3개월 이내일 것). 단, 식품, 의약품, 환경제품, 소방용품, 고압가스기, 석유류 제품 등 정부 인가·허가·면허·등록·신고 등이 필요한 경우 당해 인허가 등 관련 자료 제출('원본대조필' 기재 및 인감 날인 후 FAX로 제출)
- 판매 품목 : 사업자등록증명원 1부(발행일 3개월 이내일 것)

※ 품목 등록 입력 후 방위사업청 고객지원센터의 국내조달원 품목 등록 담당 공무원이 승인해줘야 수정값이 반영

2 어떤 것이 계획되어 있는지 알 수 있나요

조달집행계획 조회는 국방조달기관에서 발주 예정인 조달집행계획의 세부 정보 및 진행단계(조달판단 중, 원가 계산 중, 공고 준비, 공고 중, 계약 완료 등)를 사전에 조회해 원활한 입찰 참여 준비에 도움을 준다.

연간조달계획(중앙조달) 조회

국방전자조달 홈페이지 좌측 중앙 [조달 정보 공개/개방] 배너 또는 전자민원 창구의 조달 정보 공개/개방 ⇒ 조달 계획/판단 정보 ⇒ 연간 조달계획(중앙조달)

• 조회 화면

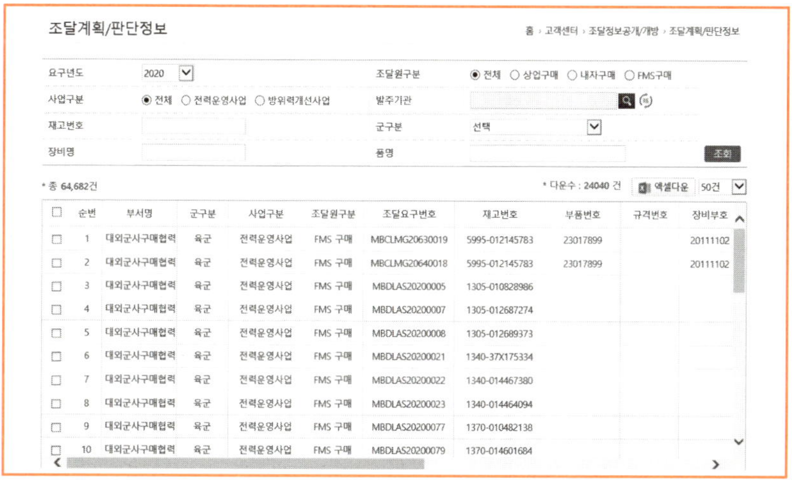
조달계획/판단정보

홈 › 고객센터 › 조달정보공개/개방 › 조달계획/판단정보

요구년도	2020	조달원구분	◉ 전체 ○ 상업구매 ○ 내자구매 ○ FMS구매
사업구분	◉ 전체 ○ 전력운영사업 ○ 방위력개선사업	발주기관	
재고번호		군구분	선택
장비명		품명	

조회

* 총 64,682건 * 다운수 : 24040 건 엑셀다운 50건

순번	부서명	군구분	사업구분	조달원구분	조달요구번호	재고번호	부품번호	규격번호	장비부호
1	대외군사구매협력	육군	전력운영사업	FMS 구매	MBCLMG20630019	5995-012145783	23017899		20111102
2	대외군사구매협력	육군	전력운영사업	FMS 구매	MBCLMG20640018	5995-012145783	23017899		20111102
3	대외군사구매협력	육군	전력운영사업	FMS 구매	MBDLAS20200005	1305-010828986			
4	대외군사구매협력	육군	전력운영사업	FMS 구매	MBDLAS20200007	1305-012687274			
5	대외군사구매협력	육군	전력운영사업	FMS 구매	MBDLAS20200008	1305-012689373			
6	대외군사구매협력	육군	전력운영사업	FMS 구매	MBDLAS20200021	1340-37X175334			
7	대외군사구매협력	육군	전력운영사업	FMS 구매	MBDLAS20200022	1340-014467380			
8	대외군사구매협력	육군	전력운영사업	FMS 구매	MBDLAS20200023	1340-014464094			
9	대외군사구매협력	육군	전력운영사업	FMS 구매	MBDLAS20200077	1370-010482138			
10	대외군사구매협력	육군	전력운영사업	FMS 구매	MBDLAS20200079	1370-014601684			

– 부서명, 군 구분, 사업 구분(전력운영사업/방위력개선사업), 조달원 구분(상업 구매/내자 구매/FMS 구매), 조달 요구 번호, 재고 번호, 부품 번호, 장비 부호, 장비명, 품명, 납기, 단위, 수량 등 확인 가능

조달판단 및 집행계획 조회

국방전자조달 홈페이지 좌측 중앙 [조달 정보 공개/개방] 배너 또는 전자민원 창구의 조달 정보 공개/개방 ⇒ 조달계획/판단 정보 ⇒ 조달판단 및 집행계획

• 조회 화면

조달판단및집행계획

홈 › 고객센터 › 조달정보공개/개방 › 조달계획/판단정보 › 조달판단및집행계획

- 해당 조달판단 및 집행계획을 클릭하면 판단명세서를 조회할 수 있습니다.
- 엑셀다운로드는 화면에서 선택한 데이터만 다운로드 됩니다.
- 본 화면은 조달정보 공개/개방을 위한 참고화면으로 입찰 업무는 업무용 화면을 이용하시기 바랍니다.

조달구분 ◉ 물품 ○ 용역 ○ 공사 ○ 국외　발주기관

발주예정월 2020-10 ~ 2020-11 ○ 최근 1개월 ○ 최근 3개월 ○ 최근 6개월

진행상태 선택　판단번호　대표품명　조회

* 총 85건　* 다운수 : 1395 건　엑셀다운　50건

순번	발주예정월	판단번호 (공사번호)	대표품명 (공사건명)	발주기관	예산금액	집행유형 (공사구분)	계약방법
1	2020-11	3715	20-30mm G/K 창정비	기반전력사업전력운온	22,640,000,000	제조	일반경쟁
2	2020-11	1A519	20~22년 KF-16 RAM COATING 및 외부전면도	기반전력사업전력운온	3,255,095,350	제조	일반경쟁
3	2020-11	0230	230mm급 다련장 수리부속(구매)	기반전력사업전력운온	2,350,428,201	구매	일반경쟁
4	2020-11	0230A	230mm급다련장 발사대 훈련장비 수리부속(구	기반전력사업전력운온	161,429,100	구매	제한경쟁
5	2020-11	1635	K9 자주포 패널 외주정비	기반전력사업전력운온	617,071,536	제조	일반경쟁
6	2020-11	P0052	고정익 기체정비	기반전력사업전력운온		제조	수의계약
7	2020-11	4997A	디스플레이 유닛	기반전력사업전력운온	42,000,000	구매	수의계약
8	2020-11	4887	레이돔조립체	기반전력사업전력운온	65,600,000	구매	제한경쟁
9	2020-11	4888	분배시스템,전기장치용	기반전력사업전력운온	28,000,000	구매	수의계약
10	2020-11	4825	송풍기 튜브 축방향형	기반전력사업전력운온	10,660,000	제조	수의계약

– 발주 예정 월, 판단 번호, 대표 품명, 발주기관, 예산 금액, 집행 유형(제조/구매/용역), 계약 방법(일반 경쟁/제한 경쟁/수의 계약/협상에 따른 계약 등), 입찰 방법(총액제/단가제), 진행 상태(조달판단 중, 원가 계산 중, 공고 준비, 공고 중, 계약 완료 등), 담당자명, 연락처 등 확인 가능

기타 전자 입찰 관련 정보 조회

국방전자조달 홈페이지 좌측 중앙 [조달 정보 공개/개방] 배너 또는 전자민원 창구의 조달 정보 공개/개방

• 조회 화면

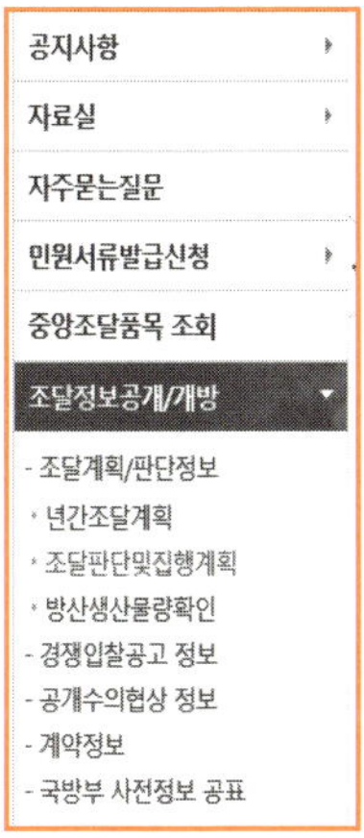

방산생산물량 확인(방산업체가 방산 수의 계약 대상 해당 품목에 대한 연간 집행계획 조회), 경쟁 입찰 공고 정보, 공개 수의 협상 정보 , 계약 정보, 국방 규격 정보 공개 등 확인 가능

[국내조달]의 하위 메뉴에서도 다음과 같은 정보 조회가 가능

- **조달계획** : 발주 예정 월/대표 품명/발주기관/예산 금액/진행 상태 등
- **경쟁 입찰**
  - 입찰 공고 : 공고일/공고 번호/입찰 건명/입찰서 제출 마감 일시/개찰 일시 등
  - 입찰 결과 : 공고 번호/입찰 건명/개찰 일시/입찰 결과(낙찰 업체/입찰 금액) 등
- **공개 수의 협상**
  - 공개협상 계획 : 견적서 제출 마감 일시/개찰 일시/협상 건명/예산 금액 등
  - 공개협상 결과 : 협상 건명/예산 금액/결과(낙찰 순위/견적 금액) 등
- **계약 정보** : 계약 일자/계약 번호/계약 건명/계약업체 등

입찰 공고 맞춤 안내 서비스 신청

국방전자조달시스템에 입찰 공고가 게시될 때 사용자 핸드폰 SMS로 안내함으로써 조달업체 사용자가 편리하게 이용할 수 있도록 하는 서비스다. 조달계획품목 공고 알림 서비스는 조달계획이 공개된 품목이 입찰 공고되었을 때 신청자에게 SMS 통보해 입찰에 참여할 수 있도록 안내한다.

• 처리 화면

[공고 게시 알림 신청] 버튼 클릭

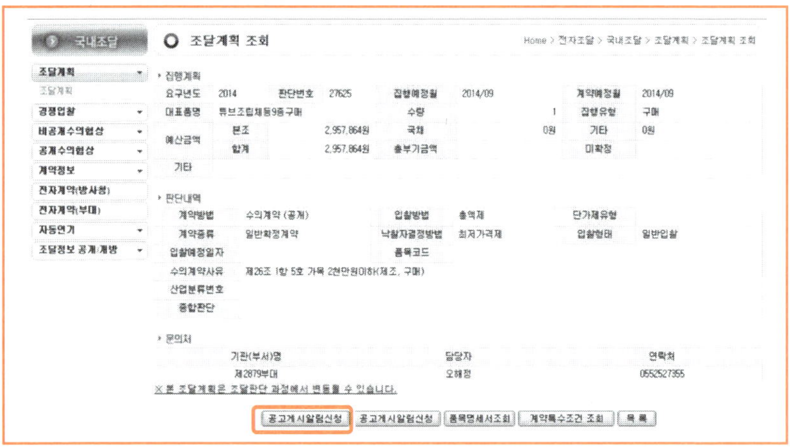

수신 핸드폰번호 확인 및 '입찰 단계별 문자 서비스 안내 수신 동의'에 동의 후 [신청] 버튼 클릭

※ 수신 핸드폰번호의 변경은 '사용자 관리 ⇒ SMS 서비스 신청' 또는 '개인정보'에서 수정 가능하다.

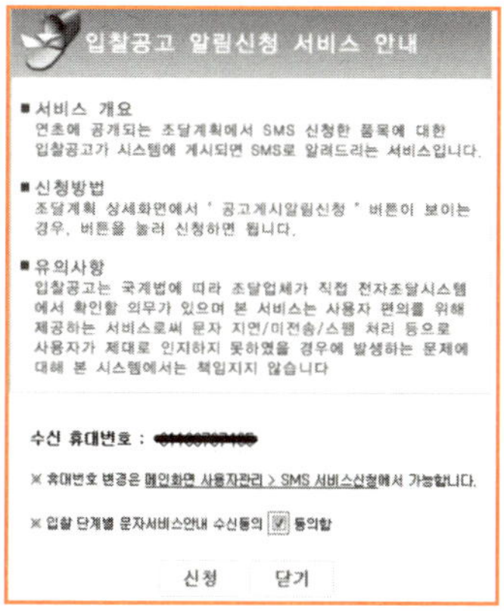

입찰공고 알림신청 서비스 안내

■ 서비스 개요
연초에 공개되는 조달계획에서 SMS 신청한 품목에 대한 입찰공고가 시스템에 게시되면 SMS로 알려드리는 서비스입니다.

■ 신청방법
조달계획 상세화면에서 ' 공고게시알림신청 ' 버튼이 보이는 경우, 버튼을 눌러 신청하면 됩니다.

■ 유의사항
입찰공고는 국계법에 따라 조달업체가 직접 전자조달시스템에서 확인할 의무가 있으며 본 서비스는 사용자 편의를 위해 제공하는 서비스로써 문자 지연/미전송/스팸 처리 등으로 사용자가 제대로 인지하지 못하였을 경우에 발생하는 문제에 대해 본 시스템에서는 책임지지 않습니다

수신 휴대번호 : [redacted]

※ 휴대번호 변경은 메인화면 사용자관리 > SMS 서비스신청에서 가능합니다.

※ 입찰 단계별 문자서비스안내 수신동의 ☑ 동의함

신청 닫기

업체별 등록품목 공고 알림 서비스

조달업체가 품목 등록 완료한 품목이 입찰 공고되었을 때 신청자에게 SMS로 통보해서 입찰에 참여할 수 있도록 안내한다.

국방전자조달(www.d2b.go.kr) 로그인 ⇒ MY DAPA ⇒ 사용자 정보관리 ⇒ SMS 서비스 신청

• 처리 화면

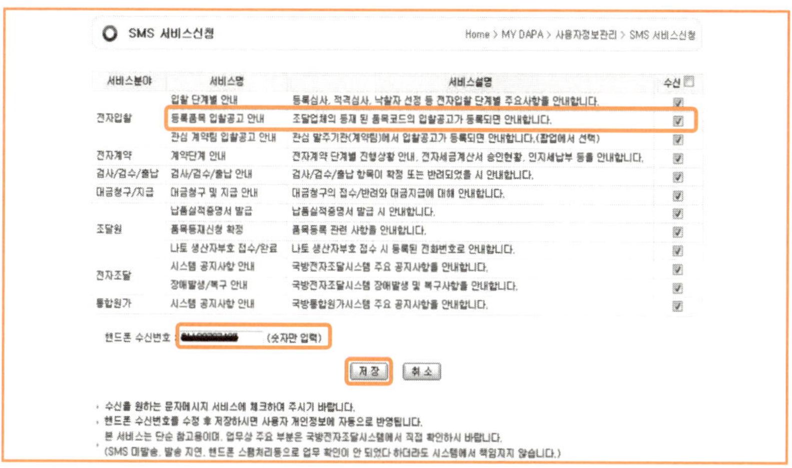

SMS 서비스신청

Home > MY DAPA > 사용자정보관리 > SMS 서비스신청

서비스분야	서비스명	서비스설명	수신 ☐
	입찰 단계별 안내	등록심사, 적격심사, 낙찰자 선정 등 전자입찰 단계별 주요사항을 안내합니다.	☑
전자입찰	등록품목 입찰공고 안내	조달업체의 등재 된 품목코드의 입찰공고가 등록되면 안내합니다.	☑
	관심 계약팀 입찰공고 안내	관심 발주기관(계약팀)에서 입찰공고가 등록되면 안내합니다.(팝업에서 선택)	☑
전자계약	계약단계 안내	전자계약 단계별 진행상황 안내, 전자세금계산서 승인현황, 인지세납부 등을 안내합니다.	☑
검사/검수/출납	검사/검수/출납 안내	검사/검수/출납 항목이 확정 또는 반려되었을 시 안내합니다.	☑
대금청구/지급	대금청구 및 지급 안내	대금청구의 접수/반려와 대금지급에 대해 안내합니다.	☑
	납품실적증명서 발급	납품실적증명서 발급 시 안내합니다.	☑
조달원	품목등재신청 확정	품목등록 관련 사항을 안내합니다.	☑
	나토 생산자부호 접수/완료	나토 생산자부호 접수 시 등록된 전화번호로 안내합니다.	☑
전자조달	시스템 공지사항 안내	국방전자조달시스템 주요 공지사항을 안내합니다.	☑
	장애발생/복구 안내	국방전자조달시스템 장애발생 및 복구사항을 안내합니다.	☑
통합원가	시스템 공지사항 안내	국방통합원가시스템 주요 공지사항을 안내합니다.	☑

핸드폰 수신번호 : [redacted] (숫자만 입력)

저장 취소

- 수신을 원하는 문자메시지 서비스에 체크하여 주시기 바랍니다.
- 핸드폰 수신번호를 수정 후 저장하시면 사용자 개인정보에 자동으로 반영됩니다.
- 본 서비스는 단순 참고용이며, 업무상 주요 부분은 국방전자조달시스템에서 직접 확인하시 바랍니다.
(SMS 미발송, 발송 지연, 핸드폰 스팸처리등으로 업무 확인이 안 되었다 하더라도 시스템에서 책임지지 않습니다.)

'등록품목 입찰 공고 안내'의 [수신]을 선택 및 핸드폰 수신번호 확인 후 [저장] 버튼 클릭

관심팀 계약 입찰 공고 알림 서비스

관심 있는 발주기관을 설정하면 해당 발주기관이 입찰 공고를 등록했을 때 신청자에게 SMS로 통보해서 입찰에 참여할 수 있도록 안내한다.

국방전자조달(www.d2b.go.kr) 로그인 ⇒ MY DAPA ⇒ 사용자 정보관리 ⇒ SMS 서비스 신청

• 처리 화면

'관심 계약팀 입찰 공고 안내'의 [수신]을 선택한 후 알림창에서 관심 계약팀을 선택하고, 수신 핸드폰번호 확인 후 [저장] 버튼 클릭

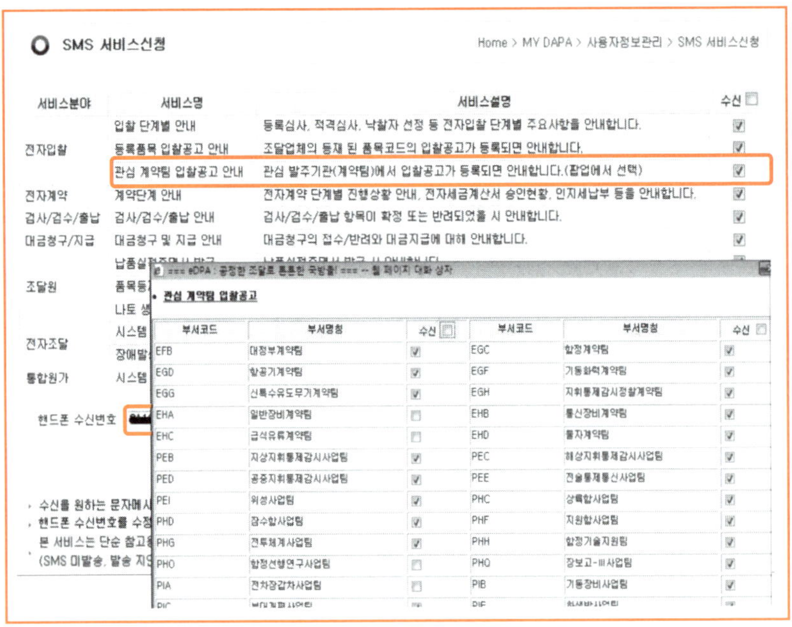

2

입찰 방법에 따른 참여 방법

1 경쟁 입찰 참여는 어떻게 하나요

경쟁 입찰 절차

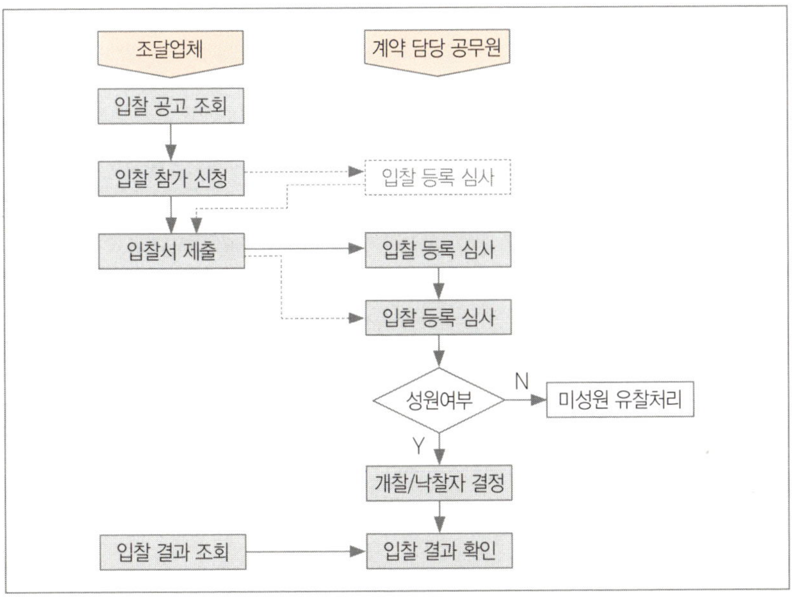

입찰 건의 특성에 따라 입찰 등록 심사 시점이 다르다.

① 입찰서 제출 마감일시 이후 심사 시 : 입찰 참가 신청 ⇒ 입찰서 제출 ⇒ 입찰 등록 심사 ⇒ '등록 확정'된 업체를 대상으로 입찰 시행

② 입찰서 제출 마감일시 이전 심사 시 : 입찰 참가 신청 ⇒ 입찰 등록 심사 ⇒ '등록 확정'된 업체만 입찰서 제출 가능 ⇒ 입찰 시행

입찰 공고 조회

국방전자조달(www.d2b.go.kr) ⇒ 국내조달 ⇒ 경쟁 입찰 ⇒ 입찰 공고

• 처리 화면

개찰 일자, 발주기관, 입찰 건명 등을 선택해 입찰 공고 목록을 조회. 입찰에 관심 있는 입찰 건명을 클릭해 공고의 세부 내용을 조회.

공개협상계획 조회

홈 › 물품 › 공개수의협상 › 공개협상계획 조회

[공개협상건명] **전자순찰시계 등 5품목 구매(20-234)**

일반정보 | 품목명세서 | 공고문안

요구년도	2020	공고번호-차수	HCR0047- 1	통합참조번호	2020HCR41481
발주기관	공군제15특수임무비행단			집행유형	구매
판단번호	41481	계약방법	수의계약	예산금액 추정가격	57,781,000 원 52,528,181 원
계약상대자결정방법	최저가격제	입찰방법	총액제	기초예가적용여부	적용
견적서제출마감일시	2020-10-19 10:00	공개협상장소	국방전자조달시스템	협상형태	전자협상
개찰일시	2020-10-19 10:30				
기초예비가격	57,541,000.00 원 (금 오천칠백오십사만일천원정)				
하한(%)	-2.0	상한(%)	0.0	낙찰하한율(%)	88.000

제한지역

지역1	지역2	지역3	지역4	지역5
경기도 [41000]				

첨부서류

순번	첨부서류명	첨부파일명
1	공고문안	공개수의공고문(20-234).hwp
2	특수조건	물품구매계약특수조건.hwp
3	기타첨부1	물품내역서(20-234).cell
4	기타첨부2	구매요구서(20-234).hwp

– 공고 문안, 계약 특수 조건, 기초 예비 가격 등 조회 가능

– [품목 명세서 조회] 버튼을 클릭하면 품목별 세부 내용 열람 및 엑셀 파일로 다운로드 가능

공개협상계획 조회

홈 › 물품 › 공개수의협상 › 공개협상계획 조회

[공개협상건명] **전자순찰시계 등 5품목 구매(20-234)**

일반정보 | 품목명세서 | 공고문안

품목명세서 엑셀다운

순번 품보형태	조달요구번호 군급-재고번호 품명	규격번호 부품번호 참조번호	규격종류 적용장비 예산구분	단위 납지 납기	수량 단가 금액
1 단순품질보증형(I형)	MD202040110A001 7110-37W000485 전자순찰시계			EA - 2020-11-04	9 352,000.00 3,168,000
2 단순품질보증형(I형)	MD202040110A002 5895-37W034585 정맥인식기			EA - 2020-11-04	15 495,000.00 7,425,000
3 단순품질보증형(I형)	MD202040110A003 7025-37W008687 와이드 커브드 모니터			EA - 2020-11-04	45 570,000.00 25,650,000
4 단순품질보증형(I형)	MD202040110A004 5836-37X040189 안면인식시스템			EA - 2020-11-04	3 1,846,000.00 5,538,000
5 단순품질보증형(I형)	MD202040110A005 5836-37X040189 CCTV 영상개선장비			EA - 2020-11-04	4 4,000,000.00 16,000,000

목록

입찰 참가 신청서 작성/제출

국방전자조달(www.d2b.go.kr) 로그인 ⇒ 국내조달 ⇒ 경쟁 입찰 ⇒
입찰 공고/참가신청서작성

- 처리 화면

입찰 공고 선택 후 [입찰 참가 신청서 작성] 버튼 클릭

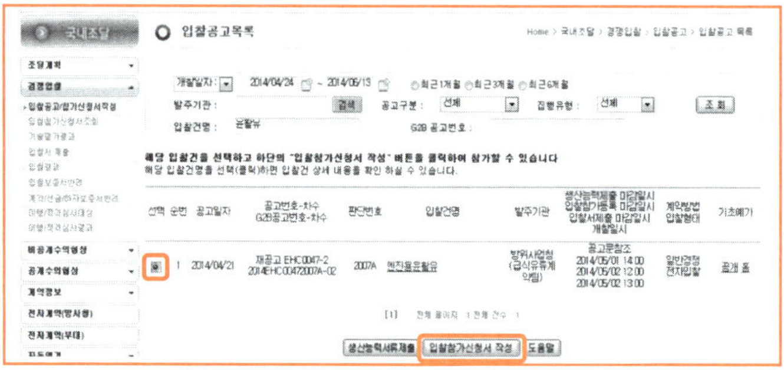

서약서 동의

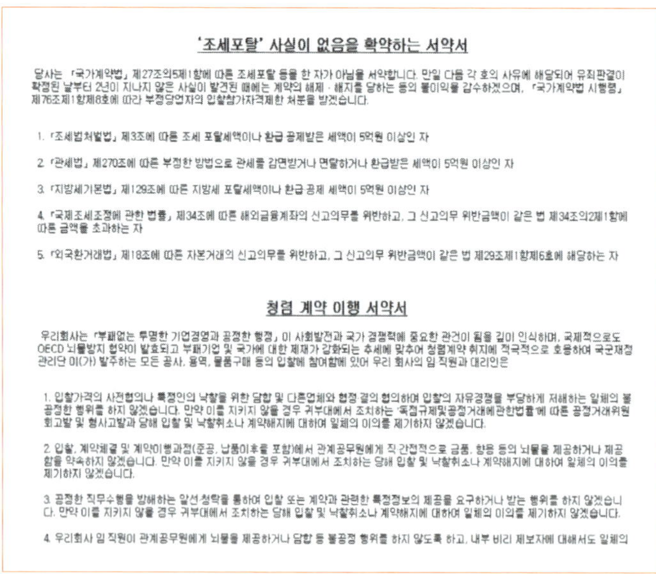

'조세포탈' 사실이 없음을 확약하는 서약서

당사는 「국가계약법」 제27조의5제1항에 따른 조세포탈 등을 한 자가 아님을 서약합니다. 만일 다음 각 호의 사유에 해당되어 유죄판결이 확정된 날부터 2년이 지나지 않은 사실이 발견된 때에는 계약의 해제 · 해지를 당하는 등의 불이익을 감수하겠으며, 「국가계약법 시행령」 제76조제1항제8호에 따라 부정당업자의 입찰참가자격제한 처분을 받겠습니다.

1. 「조세범처벌법」 제3조에 따른 조세 포탈세액이나 환급 공제받은 세액이 5억원 이상인 자
2. 「관세법」 제270조에 따른 부정한 방법으로 관세를 감면받거나 면탈하거나 환급받은 세액이 5억원 이상인 자
3. 「지방세기본법」 제129조에 따른 지방세 포탈세액이나 환급 공제 세액이 5억원 이상인 자
4. 「국제조세조정에 관한 법률」 제34조에 따른 해외금융계좌의 신고의무를 위반하고, 그 신고의무 위반금액이 같은 법 제34조의2제1항에 따른 금액을 초과하는 자
5. 「외국환거래법」 제18조에 따른 자본거래의 신고의무를 위반하고, 그 신고의무 위반금액이 같은 법 제29조제1항제6호에 해당하는 자

청렴 계약 이행 서약서

우리회사는 「부패없는 투명한 기업경영과 공정한 행정」이 사회발전과 국가 경쟁력에 중요한 관건이 됨을 깊이 인식하며, 국제적으로도 OECD 뇌물방지 협약이 발효되고 부패기업 및 국가에 대한 제재가 강화되는 추세에 맞추어 청렴계약 취지에 적극적으로 호응하여 국군재정관리단 이(가) 발주하는 모든 공사, 용역, 물품구매 등의 입찰에 참여함에 있어 우리 회사의 임 직원과 대리인은

1. 입찰가격의 사전협의나 특정인의 낙찰을 위한 담합 및 다른업체와 협정·결의 협의하여 입찰의 자유경쟁을 부당하게 저해하는 일체의 불공정한 행위를 하지 않겠습니다. 만약 이를 지키지 않을 경우 귀부대에서 조치하는 '독점규제및공정거래에관한법률'에 따른 공정거래위원회고발 및 형사고발과 당해 입찰 및 낙찰취소나 계약해지에 대하여 일체의 이의를 제기하지 않겠습니다.
2. 입찰, 계약체결 및 계약이행과정(준공, 납품이후를 포함)에서 관계공무원에게 직·간접적으로 금품, 향응 등의 뇌물을 제공하거나 제공함을 약속하지 않겠습니다. 만약 이를 지키지 않을 경우 귀부대에서 조치하는 당해 입찰 및 낙찰취소나 계약해지에 대하여 일체의 이의를 제기하지 않겠습니다.
3. 공정한 직무수행을 방해하는 알선·청탁을 통하여 입찰 또는 계약과 관련한 특정정보의 제공을 요구하거나 받는 행위를 하지 않겠습니다. 만약 이를 지키지 않을 경우 귀부대에서 조치하는 당해 입찰 및 낙찰취소나 계약해지에 대하여 일체의 이의를 제기하지 않겠습니다.
4. 우리회사 임 직원이 관계공무원에게 뇌물을 제공하거나 담합 등 불공정 행위를 하지 않도록 하고, 내부 비리 제보자에 대해서도 일체의

입찰 참가신청서 내용 작성 후 [신청] 버튼 클릭

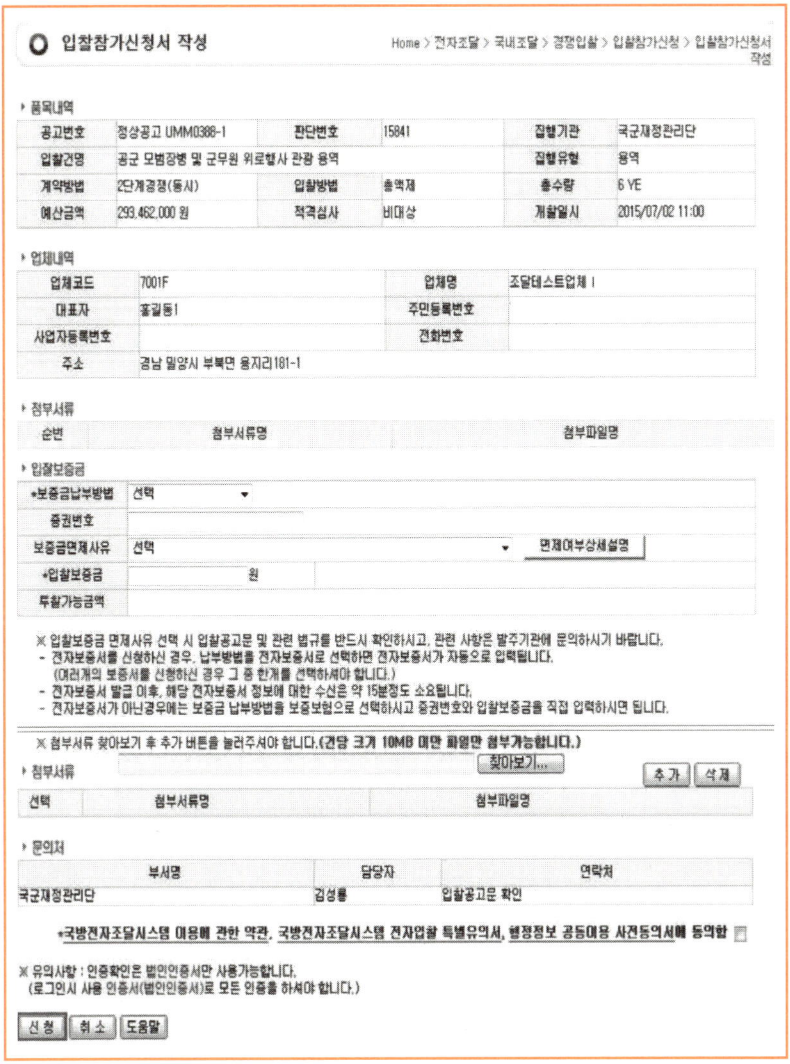

입찰참가신청서 작성

Home > 전자조달 > 국내조달 > 경쟁입찰 > 입찰참가신청 > 입찰참가신청서 작성

▸ 품목내역

공고번호	정상공고 UMM0388-1	판단번호	15841	집행기관	국군재정관리단
입찰건명	공군 모범장병 및 군무원 위로행사 관광 용역			집행유형	용역
계약방법	2단계경쟁(동시)	입찰방법	총액제	총수량	6 YE
예산금액	293,462,000 원	적격심사	비대상	개찰일시	2015/07/02 11:00

▸ 업체내역

업체코드	7001F	업체명	조달테스트업체 1
대표자	홍길동1	주민등록번호	
사업자등록번호		전화번호	
주소	경남 밀양시 부북면 용지리181-1		

▸ 첨부서류

순번	첨부서류명	첨부파일명

▸ 입찰보증금

•보증금납부방법	선택
증권번호	
보증금면제사유	선택 [면제여부상세설명]
•입찰보증금	원
투찰가능금액	

※ 입찰보증금 면제사유 선택 시 입찰공고문 및 관련 법규를 반드시 확인하시고, 관련 사항은 발주기관에 문의하시기 바랍니다.
- 전자보증서를 신청하신 경우, 납부방법을 전자보증서로 선택하면 전자보증서가 자동으로 입력됩니다.
(여러개의 보증서를 신청하신 경우 그 중 한개를 선택하셔야 합니다.)
- 전자보증서 발급 이후, 해당 전자보증서 정보에 대한 수신은 약 15분정도 소요됩니다.
- 전자보증서가 아닌경우에는 보증금 납부방법을 보증보험으로 선택하시고 증권번호와 입찰보증금을 직접 입력하시면 됩니다.

※ 첨부서류 찾아보기 후 추가 버튼을 눌러주셔야 합니다.**(건당 크기 10MB 미만 파일만 첨부가능합니다.)**

▸ 첨부서류 [찾아보기...] [추 가] [삭 제]

선택	첨부서류명	첨부파일명

▸ 문의처

부서명	담당자	연락처
국군재정관리단	김성룡	입찰공고문 확인

•국방전자조달시스템 이용에 관한 약관, 국방전자조달시스템 전자입찰 특별유의서, 행정정보 공동이용 사전동의서에 동의함 ☐

※ 유의사항 : 인증확인은 법인인증서만 사용가능합니다.
(로그인시 사용 인증서(법인인증서)로 모든 인증을 하셔야 합니다.)

[신 청] [취 소] [도움말]

• 입찰 보증금 작성 요령

– 입찰 보증금 납부 방법 선택 : 전자보증서, 보증보험, 방진회 등

입찰 보증금액은 반드시 입찰예정금액의 5% 이상을 기재(단가제의 경우에는 '수량×투찰 단가'의 5% 이상)

※ 차후 입찰서 작성 메뉴에서 입찰 금액 입력 시 입찰 보증금의 20배까지만 가능. '보증금 면제'를 선택한 업체도 입찰 보증금을 입력해야 하며, 보증금 면제 사유 선택 및 입찰 보증금 지급 확약서에 동의해야 한다.

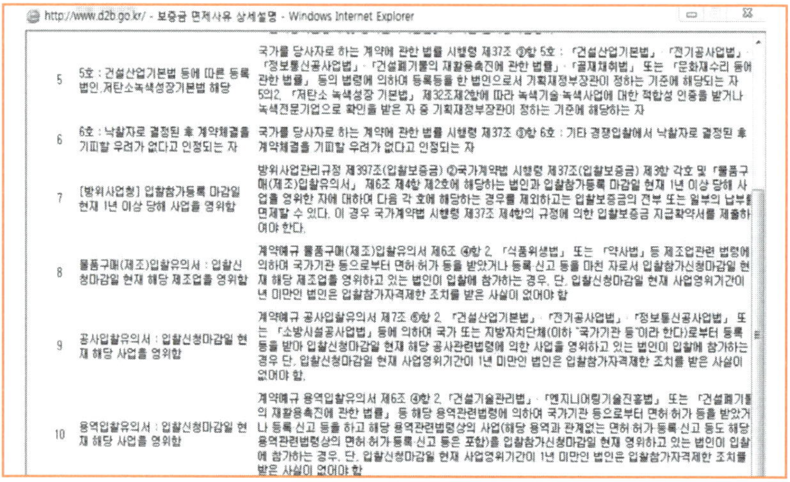

http://www.d2b.go.kr/ - 보증금 면제사유 상세설명 - Windows Internet Explorer

5	5호 : 건설산업기본법 등에 따른 등록 법인, 저탄소녹색성장기본법 해당	국가를 당사자로 하는 계약에 관한 법률 시행령 제37조 ③항 5호 : 「건설산업기본법」·「전기공사업법」·「정보통신공사업법」·「건설폐기물의 재활용촉진에 관한 법률」·「골재채취법」 또는 「문화재수리 등에 관한 법률」 등의 법령에 의하여 등록등을 한 법인으로서 기획재정부장관이 정하는 기준에 해당되는 자 5의2. 「저탄소 녹색성장 기본법」 제32조제2항에 따라 녹색기술·녹색사업에 대한 적합성 인증을 받거나 녹색전문기업으로 확인을 받은 자 중 기획재정부장관이 정하는 기준에 해당하는 자
6	6호 : 낙찰자로 결정된 후 계약체결을 기피할 우려가 없다고 인정되는 자	국가를 당사자로 하는 계약에 관한 법률 시행령 제37조 ③항 6호 : 기타 경쟁입찰에서 낙찰자로 결정된 후 계약체결을 기피할 우려가 없다고 인정되는 자
7	[방위사업청] 입찰참가등록 마감일 현재 1년 이상 당해 사업을 영위함	방위사업관리규정 제397조(입찰보증금) ②국가계약법 시행령 제37조(입찰보증금) 제3항 각호 및 「물품구매(제조)입찰유의서」 제6조 제4항 제2호에 해당하는 법인과 입찰참가등록 마감일 현재 1년 이상 당해 사업을 영위한 자에 대하여 다음 각 호에 해당하는 경우를 제외하고는 입찰보증금의 전부 또는 일부의 납부를 면제할 수 있다. 이 경우 국가계약법 시행령 제37조 제4항의 규정에 의한 입찰보증금 지급확약서를 제출하여야 한다.
8	물품구매(제조)입찰유의서 : 입찰신청마감일 현재 해당 제조업을 영위함	계약예규 물품구매(제조)입찰유의서 제6조 ④항 2. 「식품위생법」 또는 「약사법」 등 제조업관련 법령에 의하여 국가기관 등으로부터 면허·허가 등을 받았거나 등록·신고 등을 마친 자로서 입찰참가신청마감일 현재 해당 제조업을 영위하고 있는 법인이 입찰에 참가하는 경우. 단, 입찰신청마감일 현재 사업영위기간이 1년 미만인 법인은 입찰참가자격제한 조치를 받은 사실이 없어야 함
9	공사입찰유의서 : 입찰신청마감일 현재 해당 사업을 영위함	계약예규 공사입찰유의서 제7조 ⑥항 2. 「건설산업기본법」·「전기공사업법」·「정보통신공사업법」 또는 「소방시설공사업법」 등에 의하여 국가 또는 지방자치단체(이하 "국가기관 등"이라 한다)로부터 등록 등을 받아 입찰신청마감일 현재 해당 공사관련법령에 의한 사업을 영위하고 있는 법인이 입찰에 참가하는 경우 단, 입찰신청마감일 현재 사업영위기간이 1년 미만인 법인은 입찰참가자격제한 조치를 받은 사실이 없어야 함.
10	용역입찰유의서 : 입찰신청마감일 현재 해당 사업을 영위함	계약예규 용역입찰유의서 제6조 ④항 2. 「건설기술관리법」·「엔지니어링기술진흥법」 또는 「건설폐기물의 재활용촉진에 관한 법률」 등 해당 용역관련법령에 의하여 국가기관 등으로부터 면허·허가 등을 받았거나 등록·신고 등을 하고 해당 용역관련법령상의 사업(해당 용역과 관계없는 면허·허가·등록·신고 등도 해당 용역관련법령상의 면허·허가·등록·신고 등은 포함)을 입찰참가신청마감일 현재 영위하고 있는 법인이 입찰에 참가하는 경우. 단, 입찰신청마감일 현재 사업영위기간이 1년 미만인 법인은 입찰참가자격제한 조치를 받은 사실이 없어야 함

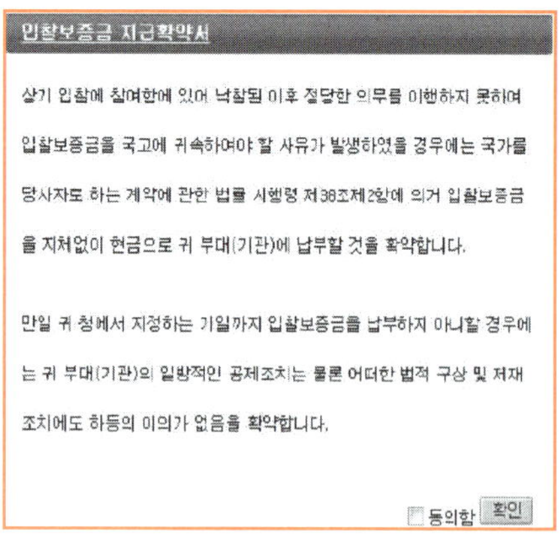

입찰보증금 지급확약서

상기 입찰에 참여함에 있어 낙찰된 이후 정당한 의무를 이행하지 못하여 입찰보증금을 국고에 귀속하여야 할 사유가 발생하였을 경우에는 국가를 당사자로 하는 계약에 관한 법률 시행령 제38조제2항에 의거 입찰보증금을 지체없이 현금으로 귀 부대(기관)에 납부할 것을 확약합니다.

만일 귀 청에서 지정하는 기일까지 입찰보증금을 납부하지 아니할 경우에는 귀 부대(기관)의 일방적인 공제조치는 물론 어떠한 법적 구상 및 제재 조치에도 하등의 이의가 없음을 확약합니다.

동의함 확인

전자보증서 제출 방법

- 입찰 참가신청서 제출 이전에 입찰 공고목록에 명시된 'G2B 공고번호'를 보증회사로 통보해 입찰자 명의의 전자보증서 발급 청약
- 보증회사는 전자보증서를 전산망으로 전송하며, 약 15분 후 국방전자조달 서버에 도착
- 업체가 보증금 납부 방법으로 전자보증서를 선택한 경우 [전자 보증서 사용 시 체크필] 버튼을 클릭해 도착 여부를 확인한 후 선택하면 증권번호와 입찰 보증 금액이 입찰 참가신청서 작성 화면에 자동으로 표시. 만약, 일정 시간 경과 후에도 미도착 시 해당 보증회사에 문의

입찰서 작성/제출

전자조달 > 내자 > 경쟁입찰 > 입찰서 제출 > 입찰서 조

입찰서조회

▸ 품목내역

공고번호	정상공고 MST0074-1	판단번호	M0712	집행기관	국방부(테스트기관)
입찰건명	부대내자조달 모의 테스트			집행유형	기타
계약방법	일반경쟁	입찰방법	총액제	총수량	1 식
예산금액	80,000,000 원	적격심사	비대상	입찰일시	2007/01/26 14:00
기초예비가격	70,000,000원	사정율(%)	-3.0 ~ 3.0	업체입찰보증금	1차 입찰가격의 5/100원

▸ 업체내역

업체코드	7002F	업체명	조달테스트업체2
대표자	정연식	주민등록번호	701222-2222222
사업자등록번호	106-83-03370	전화번호	02-3707-4296
주소	용산구 갈월동 34~38		

▸ 투찰내역

차수	입찰금액	
1	71,000,000원	칠천일백만원

국방전자조달(www.d2b.go.kr) 로그인 ⇒ 국내조달 ⇒ 경쟁 입찰⇒ 입찰서 제출

• 처리 화면

해당 공고 선택 후 [입찰서 작성] 버튼을 클릭(입찰서 제출 마감 일시 이전 등록 심사 시에는 진행 상태가 '등록 확정'으로 처리된 공고건만 조회)

입찰서 목록

Home > 국내조달 > 경쟁입찰 > 입찰서 제출 > 입찰서 목록

개찰일자 : 2014/06/03 ~ 2015/07/22 집행기관 : 검색

품목명 : 진행상태 : 전체 조 회

※ 입찰참가신청서 등록확정 받은 입찰건만 조회 됩니다. 조회 되지 않으면 입찰참가신청서조회에서 해당건의 진행상태를 확인하십시오

※ 입찰서작성 마감시간은 최종작성 후 서버로 자료를 전송한 시간(국방전자조달시스템기준)을 마감시간으로 합니다.

선택	공고번호	판단번호	항목번호	입찰건명	집행기관	계약방법	입찰방법	입찰서제출 마감일시	개찰일시	진행상태	입찰참가업체수
◎	재공고 MST0005-3	05364	***	테스트 입찰입니다.	국방부(테스트기관)	일반경쟁	총액제	2014/10/25 10:30	2014/10/25 14:00	제출	비공개

[1] 전체 페이지 1 전체 건수 1

입찰서작성 입찰서조회 입찰포기 도움말

입찰서 작성 후 [제출] 버튼 클릭

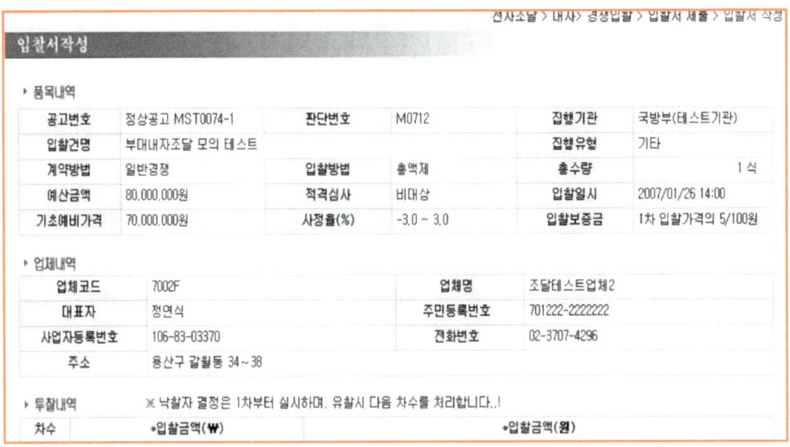

전자조달 > 내자 > 경쟁입찰 > 입찰서 제출 > 입찰서 작성

입찰서작성

▸ 품목내역

공고번호	정상공고 MST0074-1	판단번호	M0712	집행기관	국방부(테스트기관)
입찰건명	부대내자조달 모의 테스트			집행유형	기타
계약방법	일반경쟁	입찰방법	총액제	총수량	1 식
예산금액	80,000,000원	적격심사	비대상	입찰일시	2007/01/26 14:00
기초예비가격	70,000,000원	사정율(%)	-3.0 ~ 3.0	입찰보증금	1차 입찰가격의 5/100원

▸ 업체내역

업체코드	7002F	업체명	조달테스트업체2
대표자	정연식	주민등록번호	701222-2222222
사업자등록번호	106-83-03370	전화번호	02-3707-4296
주소	용산구 갈월동 34~38		

▸ 투찰내역 ※ 낙찰자 결정은 1차부터 실시하며, 유찰시 다음 차수를 처리합니다..!

차수	*입찰금액(₩)	*입찰금액(원)

입찰서 제출 마감 일시까지 작성해 제출해야 하며, 한 번 제출된 입찰서는 수정 불가능

입찰서 조회/취소

국방전자조달(www.d2b.go.kr) 로그인 ⇒ 국내조달 ⇒ 경쟁 입찰 ⇒ 입찰서 제출

- 처리 화면

– 입찰서 목록에서 해당 공고 선택 후 [입찰서 조회] 버튼 클릭

– 제출한 입찰서를 조회할 수 있으며, 필요하면 입찰 취소 가능

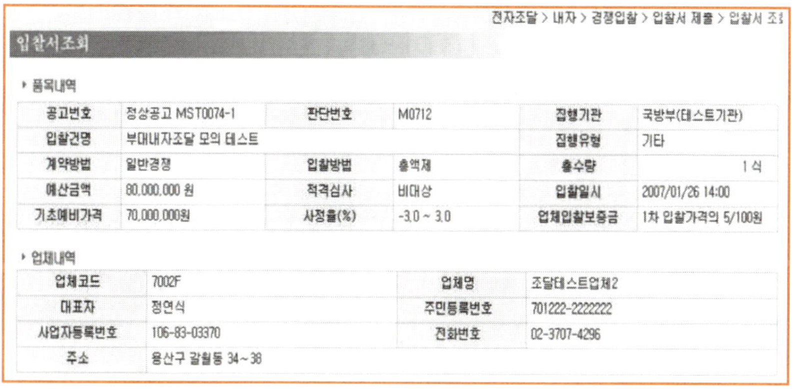
전자조달 > 내자 > 경쟁입찰 > 입찰서 제출 > 입찰서 조회

입찰서조회

▸ 품목내역

공고번호	정상공고 MST0074-1	판단번호	M0712	집행기관	국방부(테스트기관)
입찰건명	부대내자조달 모의 테스트			집행유형	기타
계약방법	일반경쟁	입찰방법	총액제	총수량	1 식
예산금액	80,000,000 원	적격심사	비대상	입찰일시	2007/01/26 14:00
기초예비가격	70,000,000원	사정율(%)	-3.0 ~ 3.0	업체입찰보증금	1차 입찰가격의 5/100원

▸ 업체내역

업체코드	7002F	업체명	조달테스트업체2
대표자	정연식	주민등록번호	701222-2222222
사업자등록번호	106-83-03370	전화번호	02-3707-4296
주소	용산구 갈월동 34~38		

※ 입찰 취소 후에는 같은 공고에 대해 재입찰할 수 없다.

입찰 결과 조회

국방전자조달(www.d2b.go.kr) 로그인 ⇒ 국내조달 ⇒ 경쟁 입찰 ⇒ 입찰서 제출

• 처리 화면

개찰 완료된 공고건의 입찰 결과를 확인

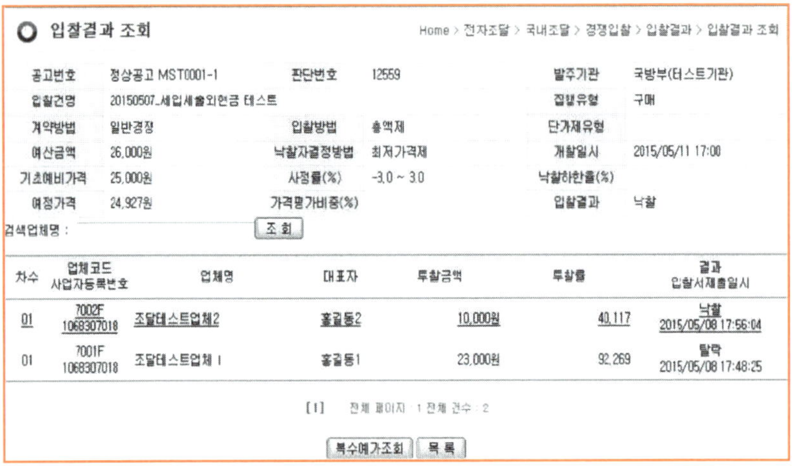

입찰결과 조회

Home > 전자조달 > 국내조달 > 경쟁입찰 > 입찰결과 > 입찰결과 조회

공고번호	정상공고 MST0001-1	판단번호	12559	발주기관	국방부(터스트기관)
입찰건명	20150507_세입세출외현금 테스트			집행유형	구매
계약방법	일반경쟁	입찰방법	총액제	단가제유형	
예산금액	26,000원	낙찰자결정방법	최저가격제	개찰일시	2015/05/11 17:00
기초예비가격	25,000원	사정률(%)	-3.0 ~ 3.0	낙찰하한율(%)	
예정가격	24,927원	가격평가비중(%)		입찰결과	낙찰

검색업체명 : 조 회

차수	업체코드 사업자등록번호	업체명	대표자	투찰금액	투찰률	결과 입찰서제출일시
01	7002F 1068307018	조달테스트업체2	홍길동2	10,000원	40.117	낙찰 2015/05/08 17:56:04
01	7001F 1068307018	조달테스트업체1	홍길동1	23,000원	92.269	탈락 2015/05/08 17:48:25

[1] 전체 페이지 : 1 전체 건수 : 2

복수예가조회 목 록

2 공개 수의 협상 참여는 어떻게 하나요

공개 수의 협상 절차

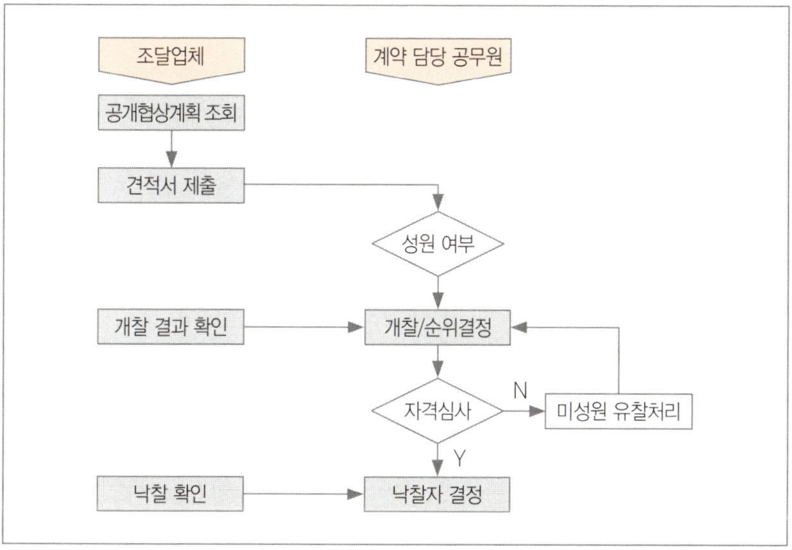

공개협상계획 조회

국방전자조달(www.d2b.go.kr) 로그인 ⇒ 국내조달 ⇒ 공개 수의 협상 ⇒ 공개협상계획

• 처리 화면

– 견적서 제출 마감일, 발주기관, 공개협상 건명 등을 선택해 공개협상계획 목록 조회

– 협상에 관심 있는 공개협상 건명을 클릭해 공고의 세부 내용 조회, 공고 문안, 품목명세서, 계약 특수조건 등 조회가 가능

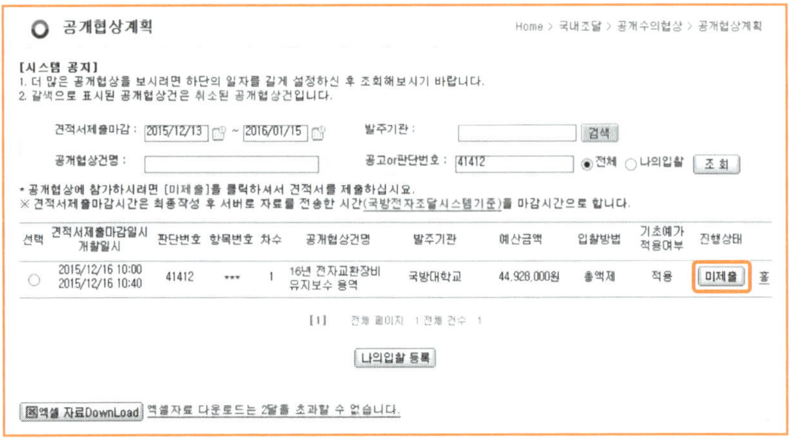

견적서 제출

• 처리 화면

– 공개협상계획 목록에서 참여하고자 하는 공개협상 건의 진행 상태의 [미제출] 버튼 클릭

– 서약서 동의

견적서 작성 후 [제출] 버튼 클릭

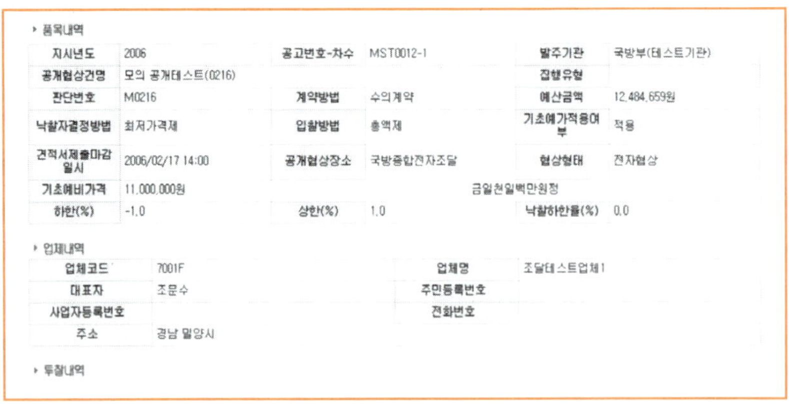

- 견적 금액 입력
- 생산능력확인 서류 등 계약 담당 공무원이 요구하는 서류가 있을 시 첨부 서류를 추가해 등록
- 기초 예비 가격 적용 건이면 복수 예비 가격 2개 선택해 추첨

※ 입찰서 제출 마감 일시까지 작성해 제출해야 하며, 한 번 제출된 견적서는 수정할 수 없다.

견적서조회/취소

• 처리 화면

공개협상계획 목록에서 견적서를 제출한 공개협상 건의 진행 상태의 [견적서 조회] 버튼 클릭 제출한 견적서를 조회할 수 있으며, 필요하면 견적서 취소도 가능, 견적서 취소 시 사유를 입력 후 [확인] 버튼 클릭

▸ 품목내역

지시년도	2006	공고번호-차수	MST0012-1	발주기관	국방부(테스트기관)
공개입찰건명	모의 공개테스트(0216)			입찰형태	
판단번호	M0216	계약방법	수의계약	예산금액	12,484,659원
낙찰자결정방법	최저가격제	입찰방법	총액제	기초예가적용여부	적용
견적서제출마감일시	2006/02/17 14:00	공개협상장소	국방종합전자조달	집행유형	전자협상
기초예비가격	11,000,000원	금일천일백만원정			
하한(%)	-1.0	상한(%)	1.0	낙찰하한률(%)	0.0

▸ 업체내역

업체코드	7001F	업체명	조달테스트업체1
대표자	조문수	주민등록번호	
사업자등록번호		전화번호	
주소	경남 밀양시		

▸ 투찰내역

견적금액	10,000,000원	금일천만원정

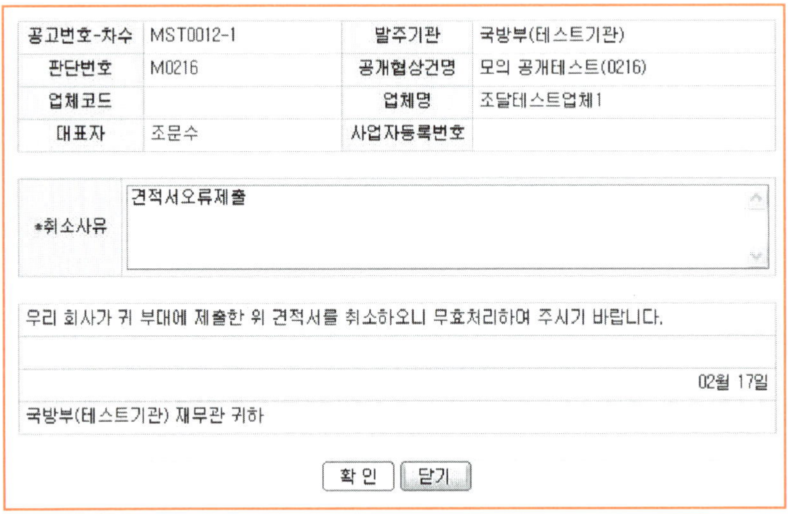

공고번호-차수	MST0012-1	발주기관	국방부(테스트기관)
판단번호	M0216	공개협상건명	모의 공개테스트(0216)
업체코드		업체명	조달테스트업체1
대표자	조문수	사업자등록번호	

*취소사유	견적서오류제출

우리 회사가 귀 부대에 제출한 위 견적서를 취소하오니 무효처리하여 주시기 바랍니다.

02월 17일

국방부(테스트기관) 재무관 귀하

확 인 닫기

공개협상계획 목록에서 해당 건의 진행 상태가 '견적서 취소'로 변경

※ 견적서 취소 후에는 같은 공고에 대해 재입찰할 수 없다.

공개협상 결과 조회

국방전자조달(www.d2b.go.kr) 로그인 ⇒ 국내조달 ⇒ 공개 수의 협상 ⇒ 공개협상 결과

• 처리 화면

개찰 완료된 공고 건의 공개 수의 협상 결과 확인

공개협상결과 Home > 국내조달 > 공개수의계약 > 공개협상결과

협상완료일자 : 2015/05/23 ~ 2015/06/23 공고or판단번호 :
공개협상건명 : 협상결과 : 전체 ◉ 전체 ○ 나의입찰 조 회

공개협상일시	판단번호	항목번호	차수	공개협상건명	발주기관	예산금액	입찰방법	결과
2015/06/22 15:00	4996	***	1	공기압축기	함정계약팀	23,764,164	총액제	유찰
2015/06/22 14:30	18371	***	1	2/4분기 전산용품 구매	제2632부대	42,386,000	총액제	낙찰
2015/06/22 14:30	18250	***	1	7번 읽기 공부법 등 108종 도서구매	제9873부대	26,993,500	총액제	순위확정
2015/06/22 14:30	18413	***	1	CAPACITOR구매	제9873부대	19,830,300	총액제	순위확정
2015/06/22 14:30	18414	***	1	다용도 테이프 등 122종 구매	제9873부대	2,301,950	총액제	낙찰
2015/06/22 14:30	18252	***	1	잉크 12색 세트 등 77종 구매	제9873부대	4,682,200	총액제	낙찰
2015/06/22 14:00	5140	***	1	15년 도화선	유도무기계약팀	36,611,860	총액제	유찰
2015/06/22 14:00	8350A	***	1	공기탱크(하이드로 백)	일반장비계약팀	36,574,752	총액제	낙찰
2015/06/22 14:00	5700	***	1	전원공급기(KPP-2953/U)	통신장비계약팀	6,848,984	총액제	유찰
2015/06/22 13:00	8759	***	2	프레스 제품류	일반장비계약팀	2,643,107	총액제	유찰

공개협상 건명을 클릭해 협상 결과의 세부 내용 확인

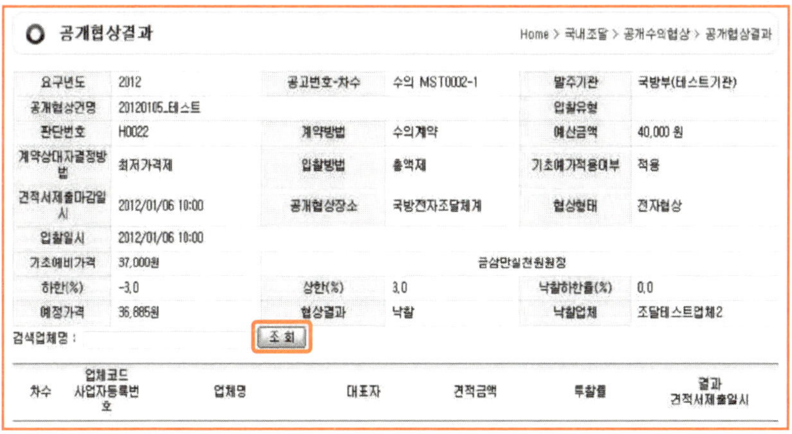

공개협상결과 Home > 국내조달 > 공개수의협상 > 공개협상결과

요구년도	2012	공고번호-차수	수의 MST0002-1	발주기관	국방부(테스트기관)
공개협상건명	20120105_테스트			입찰유형	
판단번호	H0022	계약방법	수의계약	예산금액	40,000 원
계약상대자결정방법	최저가격제	입찰방법	총액제	기초예가적용여부	적용
견적서제출마감일시	2012/01/06 10:00	공개협상장소	국방전자조달체계	협상형태	전자협상
입찰일시	2012/01/06 10:00				
기초예비가격	37,000원		금삼만칠천원원정		
하한(%)	-3.0	상한(%)	3.0	낙찰하한률(%)	0.0
예정가격	36,885원	협상결과	낙찰	낙찰업체	조달테스트업체2

검색업체명 : 조 회

차수	업체코드 사업자등록번호	업체명	대표자	견적금액	투찰률	결과 견적서제출일시

3 비공개 수의 협상 참여는 어떻게 하나요

비공개 수의 협상 절차

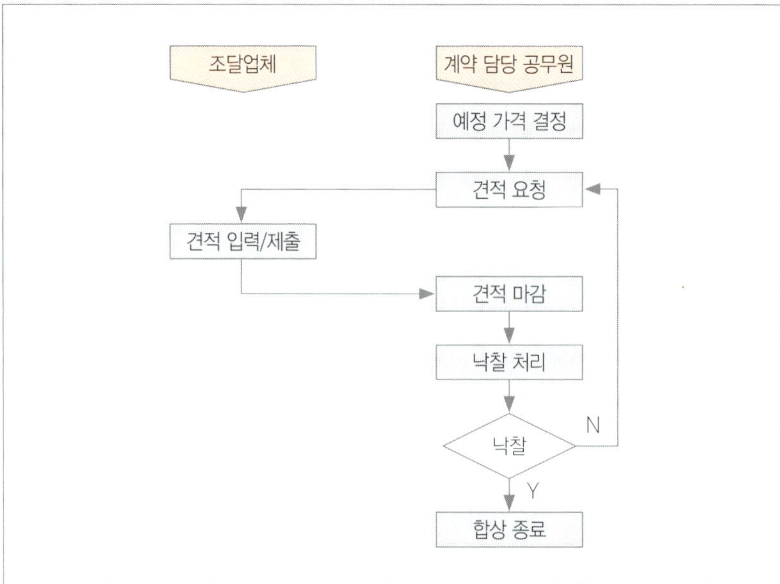

※ 비공개 수의 협상 : 국가계약법시행령 제26조(수의 계약에 의할 수 있는 경우)에 따라 방산물자, 특허품, 연구개발품, 소액물품 등과 같이 수의 계약을 추진하는 협상 건과 경쟁 입찰을 한 결과 유찰되어 수의 계약을 추진하는 협상 건 등을 말한다.

비공개협상계획 조회 및 협상장 입실

국방전자조달(www.d2b.go.kr) 로그인 ⇒ 국내조달 ⇒ 비공개 수의 협상⇒ 협상 시행

• 처리 화면

계획된 비공개협상 목록 조회

- 협상할 협상 건을 선택하고 [협상 실시] 버튼 클릭

※ 협상 시행 전 반드시 SUN-JAE(채팅프로그램)를 PC에 저장 후 설치해야 한다.

복수 예비 가격 2개 선택 후 [제출] 버튼을 클릭하면 협상 방으로 입실

- 다수업체가 참여하는 다자간 비공개협상의 경우 같은 가격 견적서 제출 시 낙찰자 결정을 위해 '같은 가격 낙찰선 추첨'을 선택

비공개협상 시행

• 처리 화면

발주기관의 협상관이 견적을 요청해오면 [견적 입력] 버튼을 클릭

- 발주기관의 협상관이 견적을 요청해오면 대화 내용 창에 해당 메시지가 표시되며, [견적 입력] 버튼이 활성화된다.

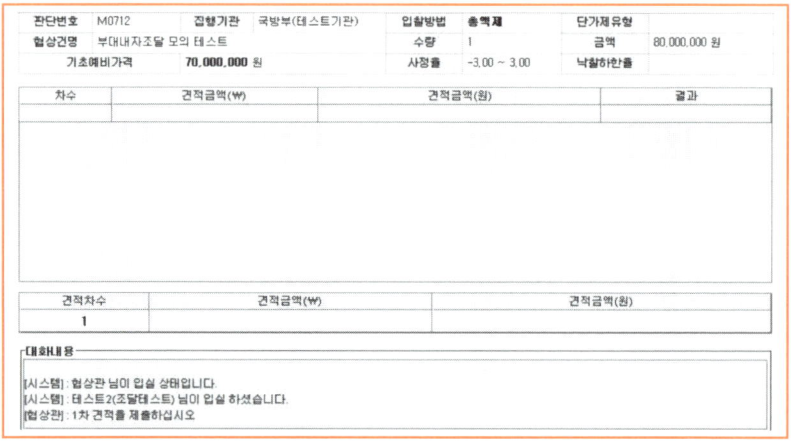

견적 금액 입력 후 [확인] 버튼 클릭

입력한 견적 금액 확인을 위해 재입력 후 [확인] 버튼 클릭

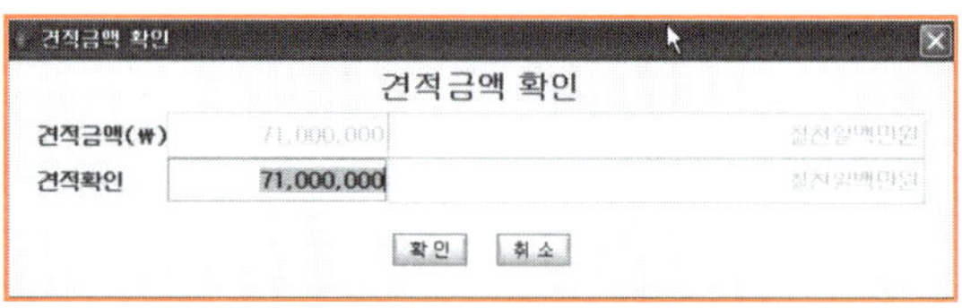

업체가 제출한 견적 금액이 예정 가격 이하가 되어 낙찰될 때까지 '견적 요청-견적 입력' 과정을 반복, 낙찰 시 [나가기] 버튼을 클릭해 협상을 종료

판단번호	M0712	집행기관	국방부(테스트기관)	입찰방법	총액제	단가제유형	
협상건명	부대내자조달 모의 테스트			수량	1	금액	80,000,000 원
기초예비가격		70,000,000 원		사정율	-3.00 ~ 3.00	낙찰하한율	

차수	견적금액(₩)	견적금액(원)	결과
1	71,000,000	칠천일백만원	예가초과
2	70,000,000	칠천만원	낙찰

견적차수	견적금액(₩)	견적금액(원)
2	70,000,000	칠천만 원

대화내용

[협상관] : 1차 견적이 마감되었습니다.

4 국방 규격 확인이 가능한가요

국방 규격 자료 열람·신청 절차

국방 규격은 군수품의 조달을 위해 필요한 제품 및 용역에 대한 성능·재료·형상·치수 등 기술적인 요구사항과 요구 필요조건의 일치성 여부를 판단하기 위한 절차·방법을 서술한 사항으로 규격서, 도면, 품질보증 요구서(QAR), 소프트웨어 기술문서 등을 포함한다.

계약업체는 계약 목적물을 납품 시 규격서, 도면·품질보증요구서 등 기술 자료의 요구사항과 일치함을 입증해야 하며, 납품 후에도 일정 기간 보증 책임이 부여되므로 국방조달 참여 시 사전에 국방 규격을 반드시 열람·확인해 계약 이행 가능 여부를 주의 깊게 판단한 후 입찰·협상에 참여한다.

원문 서비스 제공 기준

구분	공개 자료	비공개 자료	신청 · 확인
입찰 · 낙찰업체	제공	열람	국방표준종합정보시스템
계약 · 사전품보 업체		제공	

- 공개 자료 : 국방표준종합정보시스템에서 즉시 열람 및 다운로드
- 비공개 자료 : 국방표준종합정보시스템에서 규격 자료 요청 후 규격 담당 공무원이 승인 시 열람 또는 다운로드 가능

국방표준종합정보시스템 회원가입

• 처리 화면

국방표준종합정보시스템(http://kdsis.dapa.go.kr) 접속

공개 자료 열람

국방표준종합정보시스템(http://kdsis.dapa.go.kr) 홈페이지 좌측 중앙 [국방 규격 정보 공개] 배너 또는 국방전자조달(www.d2b.go.kr) 홈페이지 좌측 중앙

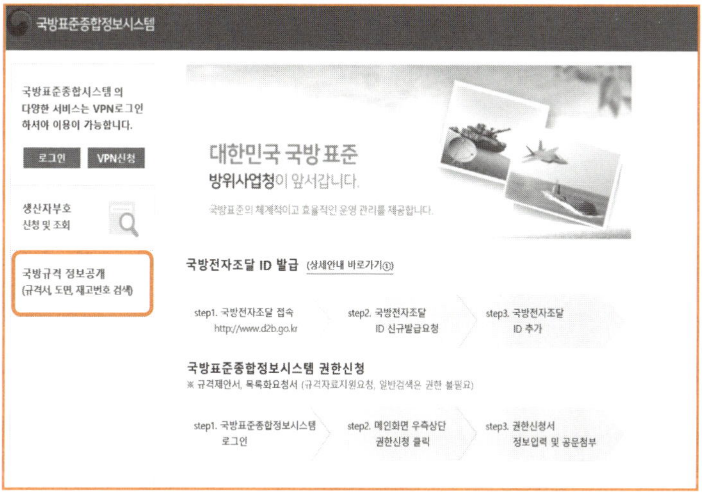

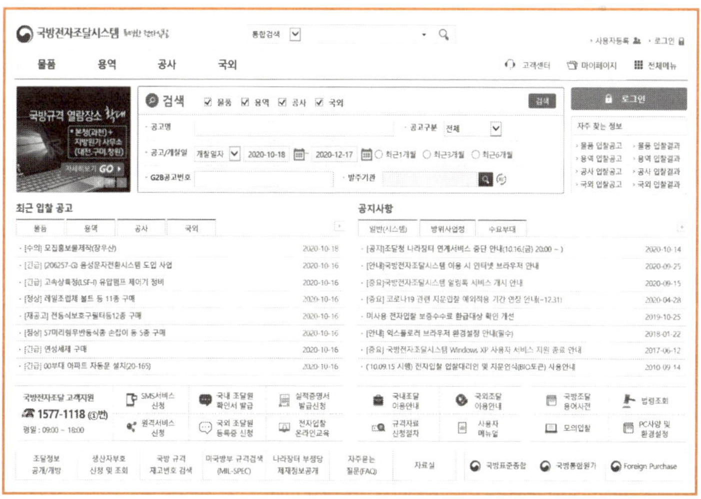

• 처리 화면

국방 규격, 부품/BOM, 목록 자료 검색, 기술 자료 등의 탭을 이용해 검색

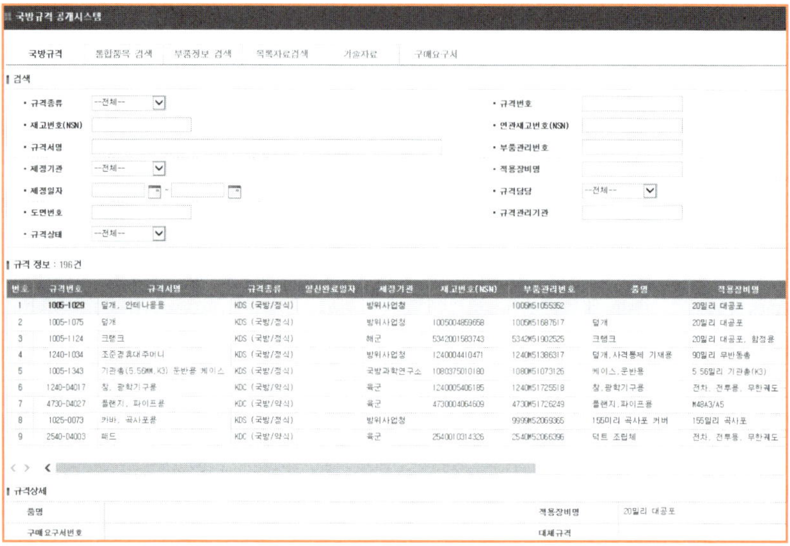

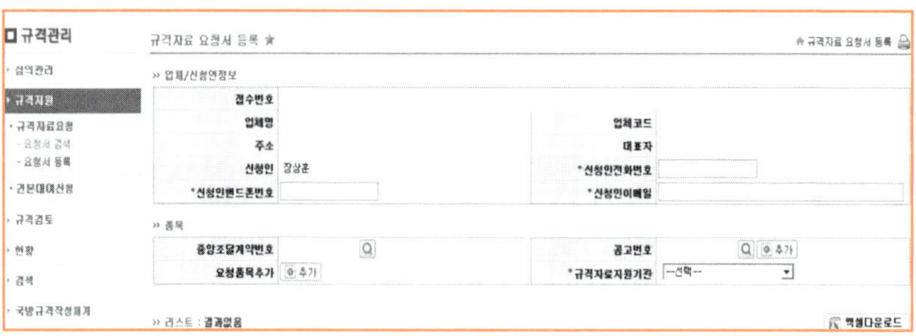

비공개 자료 열람

국방표준종합정보시스템(http://kdsis.dapa.go.kr) 로그인 ⇒ 규격 관리 ⇒ 규격 지원 ⇒ 규격 자료 요청

• 처리 화면

요청서 등록

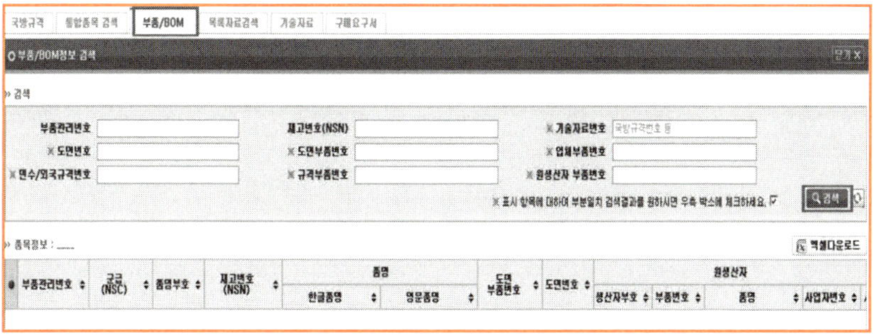

– [규격 관리] – [규격 지원] 버튼 클릭

– [규격 자료 요청] – [요청서 등록] 버튼 클릭

– '업체 · 신청인 정보' 확인 및 전화번호 · 핸드폰번호 · 이메일 입력

– '품목'에서 계약업체는 계약 번호를 검색하는 돋보기 버튼 클릭(알림창에서 계약 번호 · 계약 서명으로 검색 후 해당 계약서와 규격 지원 요청 품목 선택)

– '리스트'의 규격 지원 요청 품목 확인 후 [저장] 버튼 클릭

– [제출] 버튼 클릭

요청서 결과 확인 및 열람

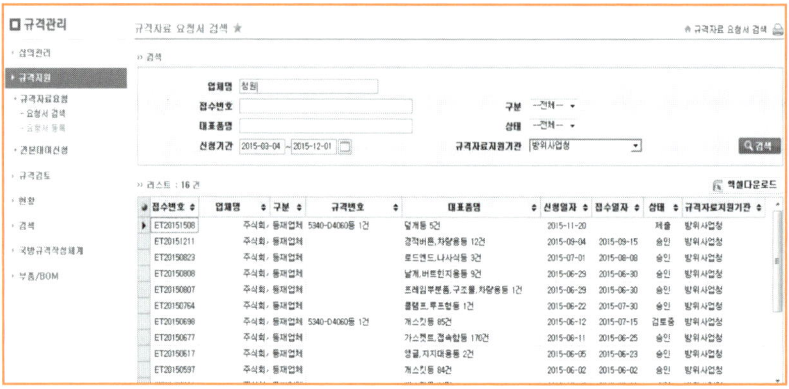

- [규격 관리] – [규격 지원] 버튼 클릭
- [규격 자료 요청] – [요청서 검색] 버튼 클릭
- 업체명 · 접수 번호 · 대표 품명 · 신청 기간 등 입력 후 [검색] 버튼 클릭
- 리스트의 목록 중 상태가 '승인'인 경우 열람 · 다운로드 가능
- 해당 요청서의 접수 번호를 클릭
- 다음과 같이 팝업된 창에서 제공하는 규격 자료 열람 및 다운로드

군수품 견본 지원 요청

국방표준종합정보시스템(http://kdsis.dapa.go.kr) 로그인 ⇒ 규격 관리 ⇒ 규격 지원 ⇒ 견본 대여 신청

※처리 화면은 '비공개 자료 열람 절차'의 처리 화면 참고

견본 지원 대상

- 입찰업체 : 입찰 공고문의 품목명세서상 국방 규격 종류가 '국방 · 현품'으로 명시된 품목에 한해 열람
- 계약업체 : 계약서의 품목명세서상 국방 규격 종류가 '국방 · 현품'으로 명시된 품목 및 국방 규격에 오류가 있어 해당 군수품의 규격 담당자가 견본 지원을 결정한 경우

견본 지원 절차

- 견본 지원 담당 공무원이 견본 보유 여부 확인 후 지원 가능 여부, 일정 및 방법을 별도 통보
- 통보된 일자 및 장소에서 견본 열람 및 대여

※ 군수품 견본 지원 시 유의사항

계약업체는 대여를 받은 견본을 납품일 이전에 원상태로 반드시 반납해야 하며, 기간 내 미반납 또는 훼손했을 때는 해당 품목의 획득 가격에 상응하는 손해액을 대가 지급 시 상계처리할 수 있다. M계약업체가 견본 지원을 받으면 납품일 이전에 해당 품목에 대한 도면, 포장 제원표 등 규격제(개)정에 필요한 기술자료를 규격 담당 공무원에게 제출해야 한다. 만약 이를 이행하지 않으면 기술자료 제출을 완료할 때까지 대가 일부의 지급이 유보될 수 있다.

3

낙찰자를 위한 심사 방법

1 일반 경쟁 입찰 적격심사는 어떻게 하나요

① 적격심사 및 계약 이행능력 심사

- 국가계약법시행령 제42조(국고의 부담이 되는 경쟁 입찰에서의 낙찰자 결정)에 따라 경쟁 입찰에서는 입찰 참가자 중 예정 가격 이하로서 최저 가격으로 입찰한 자의 순으로 당해 계약 이행능력을 심사해 기준 점수 이상을 획득한 경우 낙찰자로 결정한다.
- 또한 중소기업제품 구매촉진 및 판로 지원에 관한 법률 제7조(경쟁 제품의 계약 방법)에 따라 중소기업자 간 경쟁 입찰에서도 적정한 품질과 납품 가격의 안정을 위해 위의 방법으로 중소기업자의 계약 이행능력을 심사해 낙찰자를 결정한다.

② 적격심사

– 추정 가격이 고시 금액 이상인 제조·구매 계약 입찰 건의 낙찰자 결정 시

– 방위사업청 예규 '물품 적격심사 기준' 적용(기준 점수 : 종합평점이 95점 이상)

③ 중소기업자 우선 조달계약 경쟁 입찰 계약 이행능력심사

– 추정 가격이 고시 금액 미만인 제조·구매 계약 입찰 건의 낙찰자 결정 시 추정 가격이 1억 원 미만인 경우 소기업 또는 소상공인 간 제한 경쟁 입찰, 추정 가격이 1억 원 이상이고 고시 금액 미만인 경우에는 중소기업 간 제한 경쟁 입찰이 이루어진다.

④ 중소기업청 고시 '중소기업자 간 경쟁 제품 중 물품의 구매에 관한 계약 이행능력심사 세부 기준' 적용

– 기준 점수 : 종합평점이 88점 이상인 경우, 중소기업자 간 경쟁 제품 경쟁 입찰 계약 이행능력심사

– 중소기업청장이 지정한 중소기업자 간 경쟁 제품 입찰 건의 낙찰자 결정 시

– 방위사업청 예규 '중소기업자 간 경쟁 제품 중 물품의 구매에 관한 계약 이행능력심사 세부 기준'적용(기준점수 : 종합평점이 95점 이상)

⑤ 업체 생산 및 정비능력 확인

국가계약법시행령 제21조(제한 경쟁 입찰에 의할 계약과 제한사항 등)에 따라 방위사업청 계약관리본부에서는 물품의 품질유지 또는 안정적 조달 확보가 요구되는 품목을 '업체 생산(정비)능력 확인' 대상으로 지정하고, 해당 품목 입찰 공고 시 대상임을 명시하고 있다. 이 경우 입찰

등록 심사 시 업체 생산(정비) 능력을 확인받은 업체에 한해 '등록 확정' 해 입찰하거나, 업체 생산(정비)능력 확인 결과를 낙찰자 결정을 위한 적격(계약 이행능력)심사 기준으로 활용한다.

⑥ 일반 경쟁 입찰 적격심사

방위사업청 예규 '물품 적격심사 기준' 내용 요약으로 입찰 참가 시 재개정 여부를 반드시 확인해 최신 내용을 적용해야 한다.

심사 항목 및 배점 한도

(단위 : 점)

구분	심사 분야	심사 항목	배점 한도			
			제조	구매		
				피복류, 급식류 (10억 원 이상)	피복류, 급식류 (10억 원 미만)	일반
계			100	100	100	100
Ⅰ. 당해 물품 납품 이행 능력	소개		60	50	40	50
	1. 납품실적	① 계약 목적물과 동등 이상 물품 ② 계약 목적물과 유사물품	10	10	미적용	10
	2. 기술능력	① 기술인력 보유 ② 생산기술 축적 정도 ③ 기술관리능력 보유 ④ 품질관리능력 보유 ⑤ 안전관리능력 보유(급식류)	20	미적용	미적용	미적용
	3. 경영 상태	① 신용평가등급	30	40	40	40
Ⅱ. 입찰 가격		평점 산식 참조	40	50	60	50

구분	심사 분야	심사 항목	배점 한도			
			제조	구매		
				피복류, 급식류 (10억 원 이상)	피복류, 급식류 (10억 원 미만)	일반
Ⅲ. 신인도	1. 사회적 책임 등 신뢰 정도	① 녹색성장 ② 전시중점 관리 ③ 노사 관리 ④ 납세의무 ⑤ 여성기업 ⑥ 장애인기업 ⑦ 사후 관리 ⑧ 경영 관리 우수 ⑨ 조달 관리 우수 ⑩ 기술획득 기여 ⑪ 수출 기여 ⑫ 담합정황 제보 ⑬ 보훈단체 ⑭ 가족친화 우수 ⑮ 고용창출 ⑯ 접경지역 지원(급식류) ⑰ 근로시간 단축 조기도입 업체 ⑱ 사회적 기업 등	+4.20점~ −5.0	미적용	미적용	미적용
	2. 계약 이행 성실도	① 품질 하자 ② 납품 지연 ③ 부정당업자 제재 ④ 식품위생법 및 축산물위생 관리법 위반 ⑤ 경고장(급식류) ⑥ 보안 사고 발생 ⑦ 협력업체 자금 지급 지연 ⑧ 농수산물의 원산지 표시에 관한 법률 위반(급식류) ⑨ 불공정행위 이력		−5	−5	−5

구분	심사 분야	심사 항목	배점 한도			
			제조	구매		
				피복류, 급식류 (10억 원 이상)	피복류, 급식류 (10억 원 미만)	일반
Ⅳ. 결격 사유	1.당해 물품 납품 이행 능력 결격 여부	① 부도 또는 파산 상태로 당해 계약 이행이 어렵다고 판단되는 경우(단, 법정 관리, 화의인가 결정 등 법원의 정상화 판결을 받은 경우는 제외)	−10	−10	−10	−10
		② 생산능력 부족으로 당해 계약 이행이 어렵다고 판단되는 경우	−10	미적용	미적용	미적용

⑦ 서류 제출

– 입찰일 또는 계약 담당 공무원으로부터 적격심사 대상임을 통보받은 날로부터 7일 이내에 다음의 서류를 제출한다(온라인 송신, 등기우편, 방위사업청 고객지원센터 방문 접수).

- 적격심사신청서 1부
- 적격심사 자기평가 및 심사표, 항목별 평점 세부 내역 각 1부
- 물품 납품 실적증명원 1부
- 신용평가등급 확인서 1부
- 기타 제출 서류 각 1부

제출된 서류상 첨부 목록에 있는 서류가 누락되어 있거나 불명확해 계약 담당 공무원이 인지할 수 없는 경우에는 3일 이상의 기한을 정해 보완을 요구받을 수 있으며, 정한 기한까지 보완 요구된 서류를 제출하

지 않으면 애초 제출된 서류만으로 심사하되, 불명확해 심사하기 곤란한 경우에는 심사에서 제외

⑧ 평가 방법

- 예정 가격 이하로서 최저가로 입찰한 자 순으로 심사
- 입증 서류를 제출하지 않은 평가 항목은 최저점 부여
- 입찰 참가 등록 마감일 전일 이후 발생·신고·수정된 자료는 평가에서 제외
- 저가 입찰 또는 생산능력 부족으로 타 평가 항목의 배점 한도 최고점을 적용해도 95점에 미달할 경우 서류접수 생략 및 부적격 처리 가능

⑨ 낙찰자 결정

- 심사 결과 종합평점이 95점 이상인 입찰자를 낙찰자로 결정하고, 95점 미만일 경우에는 차순위 입찰자 순으로 심사해 낙찰자 결정
- 심사 결과 부적격 통보를 받은 자는 3일 이내에 재심사 요청 가능 (단, 추가 서류 제출 불가)

⑩ 부정한 방법에 따른 심사 서류 제출자와 미제출자 처리

- 서류를 허위로 작성한 자, 정당한 사유 없이 심사 자료 전부(일부)를 제출하지 않은 자 또는 낙찰자 결정 전에 심사를 포기한 자는 입찰 참가자격 제한 조치를 받게 됨.

⑪ 적격심사 서류 온라인 제출 방법

국방전자조달(www.d2b.go.kr)을 통해 온라인상에서 적격심사 서류를 제출하고 심사 결과를 조회할 수 있다. 계약 이행능력심사 서류 온라인 제출 시에도 절차가 같다.

국방전자조달(www.d2b.go.kr) 로그인 ⇒ 국내조달 ⇒ 경쟁 입찰 ⇒ 이행·적격심사 대상

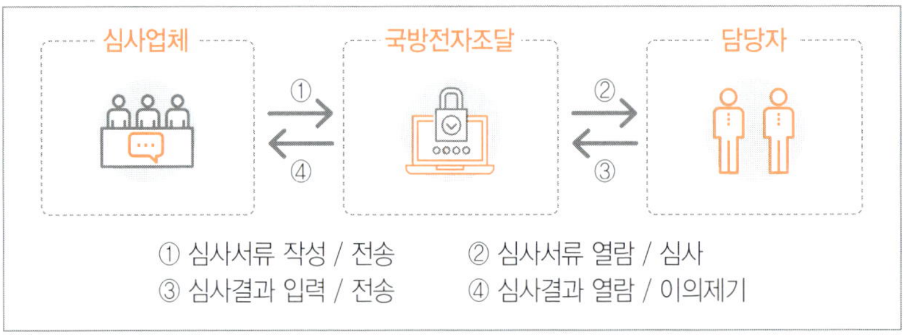

⑫ 처리 화면

- 적격심사 대상 통보받은 목록 조회 및 [상세 조회] 버튼 클릭
- 첨부 서류의 파일 첨부 후 [적격심사 신청] 버튼 클릭해 송신

⑬ 적격심사 결과 및 진행 상태 조회

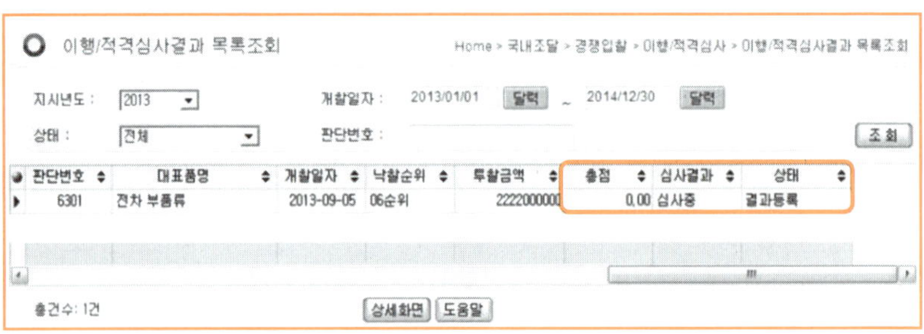

– 접근 경로 : 국내조달 ⇒ 경쟁 입찰 ⇒ 이행 · 적격심사 결과
– 총점 · 심사 결과 및 진행 상태 조회 가능

⑭ 적격심사 진행 과정 대민 안내 서비스

이행/적격심사신청 등록

Home > 국내조달 > 경쟁입찰 > 이행/적격심사 > 이행/적격심사신청 등록

지시년도	2013	개찰일자	2013/09/05
발주기관			
판단번호	6301	입찰방법	총액제
항목번호	***	계약방법	일반경쟁
공고번호	E)163	심사유형	
건명	전차 부품류		
비고			
적용양식		신청마감일시	2014-12-31 00:00

낙찰순위	투찰단가/투찰금액	상태
06순위	2,222,000,000	대상통보

참고서류(심사대상업체가 열람할 수 있는 파일입니다.)

서류명	첨부문서명	파일크기

– 계약 담당 공무원이 우선순위에 따라 적격심사 대상 통보를 하면 해당 업체에 문자 발송
– 대상 업체에서 온라인으로 서류를 제출해 계약 담당 공무원이 서류 접수를 확정할 경우 해당 업체와 차순위 업체들에 문자 발송(단, 입찰 참여 업체 중 대민 알리미 서비스를 신청한 업체들에 한함)
[내용] 공고번호[XXXX]의 [XX] 순위 업체가 심사 중이다. 계약 담당 공무원이 심사해 낙찰 · 유찰 처리를 했을 경우 국방전자조달의 입찰 결과 조회 화면에서 진행상태가 '적격' 또는 '부적격'으로 표시되며, 해당 업체와 차순위 업체들에 문자 발송

예시 공고번호[XXXX]의 [XX] 순위 업체가 적격 처리된다. 공고번호[XXXX]의 [XX] 순위 업체가 부적격 처리된다.

온라인 조회 방법(심사 서류 요청 시부터 최종 결과까지의 진행 상태)

- 접근 경로 : 국내조달 ⇒ 경쟁 입찰 ⇒ 입찰 결과
- 진행 상태 : 대상 통보, 심사 신청, 서류 반려, 서류 확정(심사 중), 적격, 부적격 등

2 계약 이행능력심사는 어떻게 하나요

① 중소기업자 우선 조달 계약 경쟁 입찰 계약 이행능력심사

중소기업청 고시

'중소기업자 간 경쟁 제품 중 물품의 구매에 관한 계약 이행능력심사 세부 기준' 내용으로 입찰 참가 시 재개정 여부를 반드시 확인해 최신 내용을 적용해야 한다.

심사 항목 및 배점 한도

(단위 : 점)

구분	심사 분야	심사 항목	배점 한도
계			100
Ⅰ. 당해 물품 납품 이행능력	1. 납품실적	가. 계약 목적물과 동등 이상 물품 나. 계약 목적물과 유사물품	5
	2. 기술능력	가. 기술 인력 보유 나. 생산 기술 축적 정도	10
	3. 경영 상태	가. 신용평가등급	30
Ⅱ. 입찰 가격			55
Ⅲ. 신인도	1. 품질 관리 등 신뢰 정도	가. 기술 및 디자인 인증보유 나. 품질보증 다. 환경 관리 라. 사후 관리(A/S) 마. 영세기업 지원 바. 기타(여성기업, 장애인기업 및 장애인 고용기업 지원 등)	+3 ~ −2
	2. 계약 이행 성실도	가. 납품 지연 나. 불공정 하도급거래	+3 ~ −2
Ⅳ. 결격 사유	1. 당해 물품 납품 이행능력 결격 여부	가. 부도 또는 파산 상태로 당해 계약 이행이 어렵다고 판단되는 경우 (단, 법정관리·화의인가 결정 등 법원의 정상화 판결을 받은 경우는 제외)	−30

② 서류 제출

– 입찰일 또는 계약 담당 공무원으로부터 계약 이행능력심사 대상임을 통보받은 날로부터 7일 이내에 다음의 서류 제출(온라인 송신, 등기우편, 방위사업청 고객지원센터 방문 접수).

- 계약 이행능력심사 신청서 1부
- 이행능력심사 자기평가 및 심사표 1부, 항목별 평점 세부 내용 각 1부
- 신용평가등급 확인서 1부
- 기타 제출 서류 각 1부

- 제출된 서류상 첨부 목록에 있는 서류가 빠져 있거나 불명확해 계약 담당 공무원이 인지할 수 없는 경우에는 기한을 정해 보완을 요구받을 수 있으며, 정한 기한까지 보완 요구된 서류를 제출하지 않으면 애초 제출된 서류만으로 심사하되, 불명확해 심사하기 곤란한 경우에는 심사에서 제외된다.

③ 평가 방법

– 예정 가격 이하로서 최저가로 입찰한 자 순으로 심사

– 입증 서류를 제출하지 않은 평가 항목은 최저점 부여

– 소기업, 소상공인과 사업자등록일 기준 5년이 지나지 않은 기업에 대해서는 경영 상태를 신용평가등급에 관계없이 30점으로 평가

– 입찰 공고일 이후 발생·신고·수정된 자료는 평가에서 제외. 단, 중소기업 및 소상공인 확인에 대해는 입찰 공고일 이후 심사 서류 제출일 이전에 발생·신고·수정된 자료도 평가에 포함

– 입찰 가격 점수와 다른 심사 분야의 배점 한도를 합산한 종합평점이 88점에 미달할 경우 서류 접수 생략 및 부적격 처리 가능

④ **낙찰자 결정**

- 심사 결과 종합평점이 88점 이상인 낙찰자에 대해 입찰 참여 자격이 있는지를 확인한 후 낙찰자로 결정하고, 88점 미만이거나 입찰 참여자격 미달 또는 최저가 입찰자가 입찰을 포기할 때는 차순위 입찰자 순으로 심사해 낙찰자 결정
- 심사 결과 부적격 통보를 받은 자는 3일 이내에 재심사 요청 가능(단, 추가 서류 제출 불가)

⑤ **부정한 방법에 따른 심사 서류 제출자와 미제출자 처리**

- 서류를 허위로 작성한 자, 정당한 사유 없이 심사 자료 전부(일부)를 제출하지 않은 자는 입찰 참가자격 제한조치를 받게 됨.

※ 계약 이행능력심사 서류 온라인 제출 방법은 적격심사의 해당 내용 참조

⑥ **서류 제출**

- 입찰일 또는 계약 담당 공무원으로부터 계약 이행능력심사 대상임을 통보받은 날로부터 7일 이내에 다음의 서류를 제출해야 한다(온라인 송신, 등기우편, 방위사업청 고객지원센터 방문 접수).

- 계약 이행능력심사 신청서 1부
- 계약 이행능력심사 자기평가 및 심사표, 항목별 평점 세부 내용 각 1부
- 물품 납품 실적증명원 1부
- 신용평가등급 확인서 1부
- 기타 제출 서류 각 1부

서류가 누락되어 있거나 불명확해 계약 담당 공무원이 인지할 수 없는 경우에는 3일 이상의 기한을 정해 보완을 요구받을 수 있으며, 기한까지 제출하지 않으면 애초 제출된 서류만으로 심사하되, 불명확해 심사하기 곤란한 경우에는 심사에서 제외된다.

⑦ 평가 방법

- 예정 가격 이하로서 최저가로 입찰한 자 순으로 심사
- 입증 서류를 제출하지 않은 평가 항목은 최저점 부여
- 입찰 참가 등록 마감일 전일 이후 발생· 신고· 수정된 자료는 평가에서 제외
- 저가 입찰 또는 생산능력 부족으로 타 평가 항목의 배점 한도 최고점을 적용해도 95점에 미달할 경우 서류 접수 생략 및 부적격 처리 가능

⑧ 낙찰자 결정

- 심사 결과 종합평점이 95점 이상인 입찰자를 낙찰자로 결정하고, 95점 미만일 경우에는 차순위 입찰자 순으로 심사해 낙찰자 결정
- 심사 결과 부적격 통보를 받은 자는 3일 이내에 재심사 요청 가능 (단, 추가 서류 제출 불가)

⑨ 부정한 방법에 따른 심사 서류 제출자와 미제출자 처리

- 서류를 허위로 작성한 자, 정당한 사유 없이 심사 자료 전부(일부)를 제출하지 않은 자 또는 낙찰자 결정 전에 심사를 포기한 자는 입찰 참가자격 제한조치를 받게 된다.

※ 계약 이행능력심사 서류 온라인 제출 방법은 적격심사의 해당 내용 참조

3 업체 생산을 위한 확인은 어떻게 하나요

① 업체 생산 및 정비능력 확인

방위사업청 예규 '업체 생산 및 정비능력 확인지침' 내용 요약을 참고하되 입찰 참가 시 재개정 여부를 반드시 확인해 최신 내용을 적용한다.

• 대상 범위

업체의 생산(정비)능력 확인 품목의 대상 범위

- 군 특수규격품으로 성능 보장이 필수적인 품목 또는 전투긴요 품목
- 계약불이행, 납품지체, 하자발생, 수의 계약에서 경쟁 계약으로 전환, 신규조달 등에 해당하는 품목 중 생산(정비)능력 확인이 필요한 품목
- 기타 방위사업청 장비 물자·무기체계 계약 부장, 국방기술품질원장(생산품목에 한함), 각 군 군수 사령관(정비 품목에 한함)이 필요하다고 판단한 품목

② 생산(정비)능력 확인 대상 품목 중 시제품 검사 대상 범위

- 신규조달 품목 또는 성능 개량 품목
- 직전 계약 건에 계약불이행 또는 하자가 발생한 품목
- 조달 물품의 품질이 인명 또는 인체에 손상을 줄 수 있는 품목
- 방위사업청 장비 물자·무기체계 계약 부장이 조달 물품의 품질보장을 위해 시제품 검사가 필요하다고 인정하는 품목

③ 서류 제출

입찰 공고에 명시된 생산능력 서류 제출 마감 일시까지 다음의 서류 제출

- 생산·정비능력 보유 현황 1부
- 업체 생산·정비능력 확인 기준서에 명시된 제조(정비)·검사 설비, 기술자격, 추가 기준 등 업체의 능력 보유를 증명할 수 있는 서류
- 임차로 보유한 경우에는 임대차계약서 등 임차 증빙서류

④ 생산·정비 설비 및 검사 설비와 기술 인력의 보유 기준일

- 입찰 공고에 명시된 생산능력서류 제출 마감일 전일

⑤ 업체 생산(정비)능력 확인 면제

- 입찰 참가 등록 마감일 전일 기준 최근 3년 내 방위사업청에 당해 품목의 생산·정비 납품실적이 있는 업체
- 업체 생산(정비)능력 확인 결과 합격(시제품검사 대상 포함)해 합격일로부터 3년이 경과하지 않은 업체
- 면제 대상 업체가 생산(정비)능력 확인대상 품목의 계약 체결 후 해당 계약을 불이행하거나 규격 면제 결정을 받으면 해당 품목에 대한 새로운 납품실적이 있을 때까지 면제 대상에서 제외

⑥ 업체 생산(정비)능력 확인결과 불합격한 경우의 처리

- 일반 경쟁 입찰의 경우 적격심사 기준 또는 계약 이행능력심사 기준에 따라 '결격' 처리(생산능력 부족으로 당해 계약 이행이 어렵다고

판단되는 상황에 해당)

– 제한 경쟁 입찰의 경우 '입찰 참가 제한' 처리

⑦ 업체 생산 및 정비능력 확인 서류 온라인 제출 방법

국방전자조달(www.d2b.go.kr) 로그인 ⇒ 국내조달 ⇒ 경쟁 입찰 ⇒ 입찰 참가신청서 조회

• 처리 화면

해당 공고 선택 후 [생산능력 서류 제출] 버튼 클릭

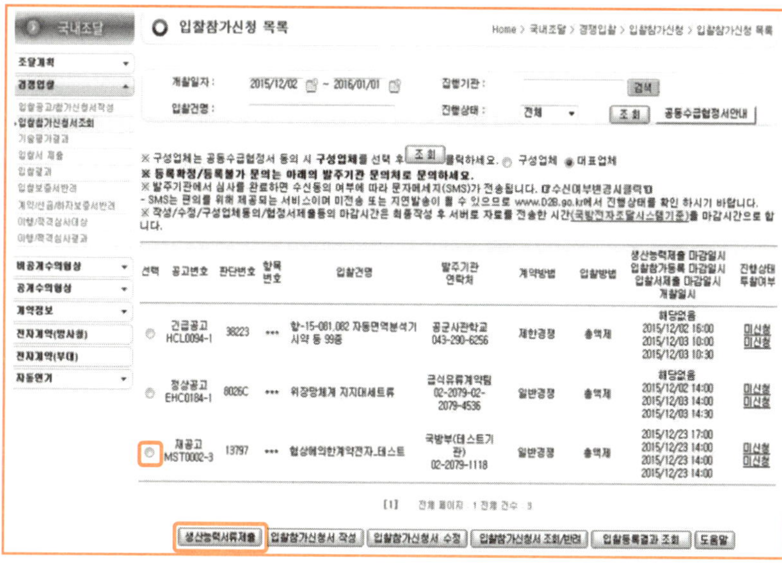

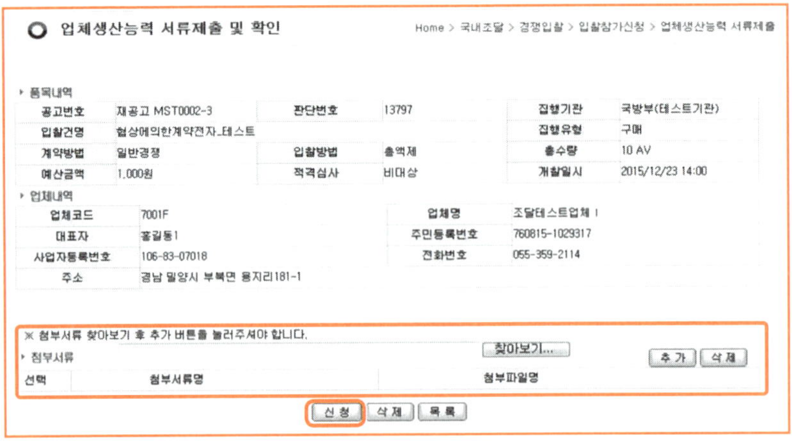

서류 파일 첨부 후 [신청] 버튼 클릭

70%

PART

3

공공조달 계약,
이것만은 기억하자

1

계약 및 사후 관리 방법

1 계약 체결을 위해 알아야 할 것은 무엇인가요

계약 체결

경쟁 입찰 또는 수의 협상 등에서 낙찰 후 계약 금액 및 계약 조건 등에 대한 합의사항을 성문화하기 위해 계약서를 작성하고, 서명한다.

계약 체결 절차도(10일 이내 계약 체결 완료)

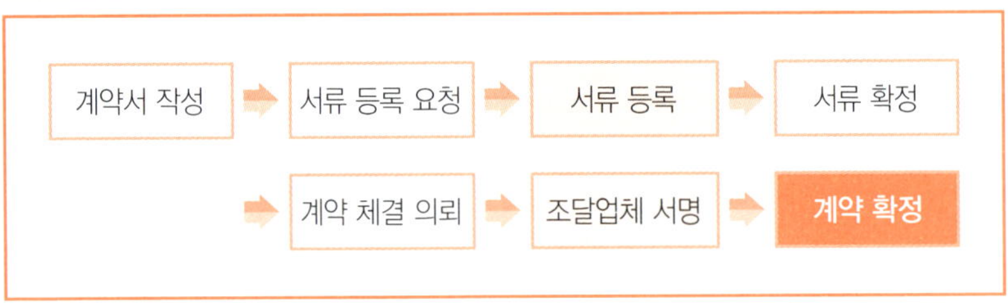

※ 이 절차도에서 계약업체는 '서류 등록', '조달업체 서명' 단계만 수행하고, 그 외 단계는 계약 담당 공무원이 수행해야 한다.

서류 등록

국방전자조달(www.d2b.go.kr) 로그인 ⇒ 전자문서유통 ⇒ 국내조달 ⇒ 전자 계약 ⇒ 계약 진행

처리 화면

서류 등록이 요청된 계약 건명 선택 후 [상세조회] 버튼 클릭

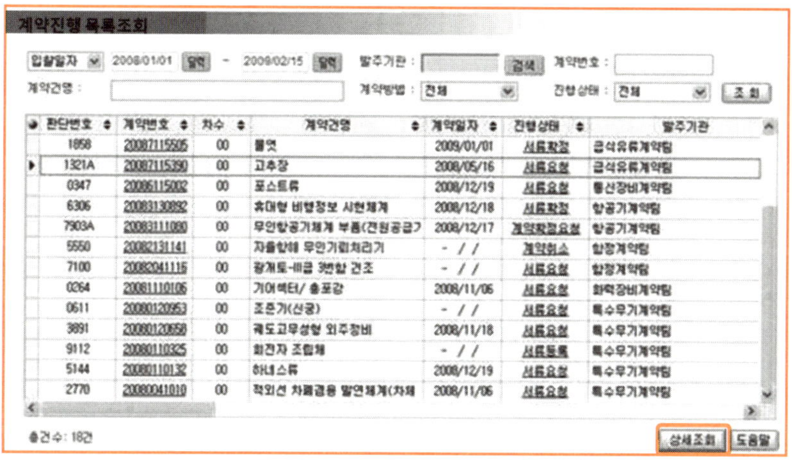

– 서류 등록 요청된 계약 건은 진행 상태가 '서류 요청'으로 표시

계약 진행 상세조회 내용 확인 후 [제출 서류 등록 화면] 버튼 클릭

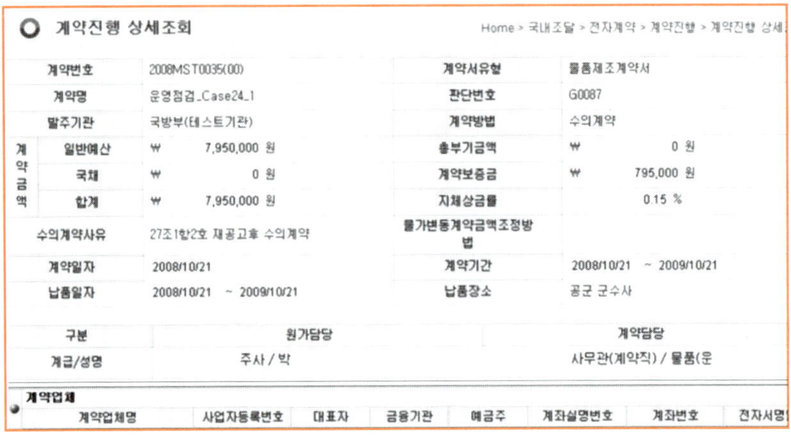

– [찾아보기] 버튼 클릭해 해당 파일 불러오기 ⇒ [파일 첨부] 버튼 클릭 ⇒ [저장] 버튼 클릭

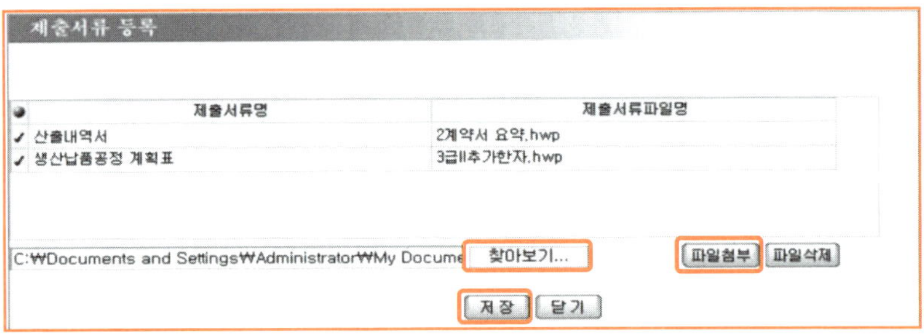

– 업체 제출 서류 : 산출명세서, 생산 납품공정 계획표 등(필요하면 계약 보증금 지급 확약서, 관급품 위험 보증서 등 포함)

다음은 일반물자 계약 시 적용하는 산출내역서 양식으로 방산물자 계약 시는 별도의 양식을 확인해 작성해야 한다. 항목별 금액의 합계는 계약 금액과 일치해야 하고, 총액제는 계약서 표지 금액의 총액을 표기하고, 단가제는 낙찰된 단가 금액을 표기해야 한다.

산출내역서

품명 :

항목 :

금액 : 원

(단위 : 원)

구분	금액	비율(%)	비고
재료비			
노무비			
경비 및 일반 관리비			
기 타			
계			※VAT포함

주소 :

상호 :

대표 :

계약관 귀하

<table>
<tr><td colspan="2">품명(1)</td><td>수량
(2)</td><td colspan="5">생산 납품 공정 계획</td><td colspan="3">일자(4) :　　년　월　일
업체 상호 :
대 표 :　　　　(인)</td></tr>
<tr><td colspan="2"></td><td></td><td colspan="8">계약 월(3) :　　년　　월 (　　번)　단위 : (　　)</td></tr>
<tr><td colspan="2" rowspan="2">주요 과정</td><td rowspan="2">실소요
일수
(5)</td><td rowspan="2">중복
일수
(6)</td><td rowspan="2">계산
소요
일수
(7)</td><td colspan="6">계　획　일　정</td></tr>
<tr><td>1번</td><td>2번</td><td>3번</td><td>~</td><td>23번</td><td>24번</td></tr>
<tr><td rowspan="3">원자재
(부품)
획득 소요
일수
(8)</td><td>국내</td><td></td><td></td><td></td><td></td><td></td><td></td><td></td><td></td><td></td></tr>
<tr><td>국외</td><td></td><td></td><td></td><td></td><td></td><td></td><td></td><td></td><td></td></tr>
<tr><td>계</td><td></td><td></td><td></td><td></td><td></td><td></td><td></td><td></td><td></td></tr>
<tr><td colspan="2">제조(조립)(9)</td><td></td><td></td><td></td><td></td><td></td><td></td><td></td><td></td><td></td></tr>
<tr><td>품질 보증
감독/감시
소요 일수
(10)</td><td>자체</td><td></td><td></td><td></td><td></td><td></td><td></td><td></td><td></td><td></td></tr>
<tr><td></td><td>정부</td><td></td><td></td><td></td><td></td><td></td><td></td><td></td><td></td><td></td></tr>
<tr><td></td><td>계</td><td></td><td></td><td></td><td></td><td></td><td></td><td></td><td></td><td></td></tr>
<tr><td colspan="2">납품 검사
소요 일수
(11)</td><td></td><td></td><td></td><td></td><td></td><td></td><td></td><td></td><td></td></tr>
<tr><td colspan="2">수송 납품
소요 일수
(12)</td><td></td><td></td><td></td><td></td><td></td><td></td><td></td><td></td><td></td></tr>
<tr><td colspan="2">기타 특수
소요 일수
(13)</td><td></td><td></td><td></td><td></td><td></td><td></td><td></td><td></td><td></td></tr>
<tr><td colspan="2">비고</td><td colspan="9">• 계약 체결일 이전에 조치한 기간 일수(15) : (　)일 → 조치한 내용)(16)
• 납품기일(17) :　　년　　월　　일　• 납품기일 조정 사유 및 일수(18)</td></tr>
</table>

(1) 품명 : 계약명세서에 표시 물품 단위 품명

(2) 수량 : 계약(할) 수량

(3) 계약 월 : 계약 체결(예정) 연월

- (　　번) : 계획일정의 당해 숫자(1번~24번)
- 단위 : 계획일정 한 칸의 단위(월, 주, 10일 등 선택)

(4) 업체가 작성하는 일자, 업체 상호 및 대표성명 기재 후 인감 날인

(5) 실소요 일수 : 다른 과정과 관계없이 실제 당해 과정별 소요 기간 일수

(6) 중복 일수 : 전(前) 단계 과정과 당해 과정과의 중복되는 기간 일수

(7) 계산소요 일수 : 실소요 일수(5)에서 중복 일수(6)를 뺀 기간 일수

(8) 원자재(부품) 획득 소요 일수

- 국내 : 국내에서 획득하는 데 걸리는 기간 일수
- 국외 : 국외서 획득하는 데 걸리는 기간 일수
- 계 : 국내 + 국외

(9) 제조(조립) : 제조(조립)하는 데 걸리는 기간 일수

(10) 품질 보증 감독·감시 소요 일수

- 자체 : 생산업체 자체 검사·시험분석 등에 걸리는 기간 일수
- 정부 : 정부의 검사·시험분석 등 감독 활동에 걸리는 기간 일수
- 계 : 자체 + 정부

(11) 납품검사 소요 일수 : 계약 일반조건에 의거 납품검사 소요일 14일 기준

(12) 수송 납품 소요 일수 : 수송해 수납 행정 소요일 약 3일 기준

(13) 기타특수 소요 일수 : (8)~(12)까지의 과정 외 당해 품목의 특수성에 따라 특별히 걸리는 기간일 수

(14) 계 : (8)~(13)까지의 누계 일수

(15) 계약 체결 이전에 조치한 기간 일수

(16) 조치한 내용 : 계약 체결 전 조치한 내용 간략 기재(필요하면 근거 첨부)

(17) 납품기일 : (14) 열 (7)의 기간에서 (15)를 뺀 기간으로 계산된 납부기한(본조·국고채 구분해 기재)

(18) 납품기일 조정 사유 및 일수 : (17)의 납부기한에서 상황에 따라 조정되어야 할 일수와 그 사유 기재

※ 계획 일정상의 시작 선(생산공정의 착수일)은 1번부터 한다.

[계좌 정보 등록] 버튼을 클릭해 팝업되는 창에 납품 대가를 받을 계좌 정보 입력

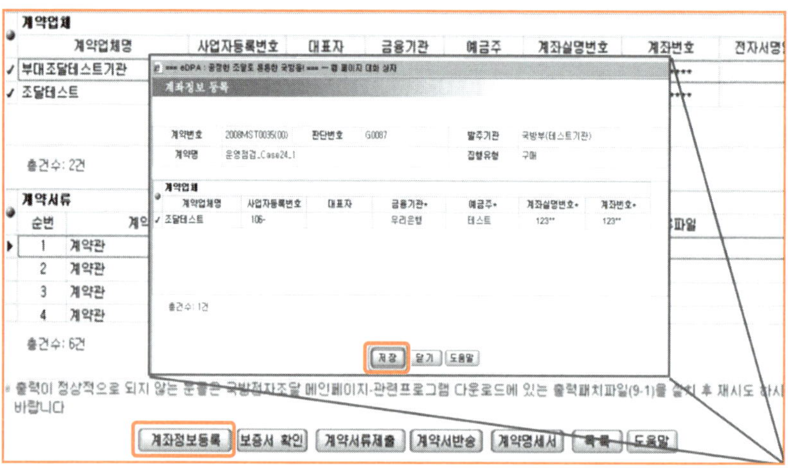

[보증서 확인] 버튼을 클릭해 팝업되는 창에 계약 보증금 정보를 입력

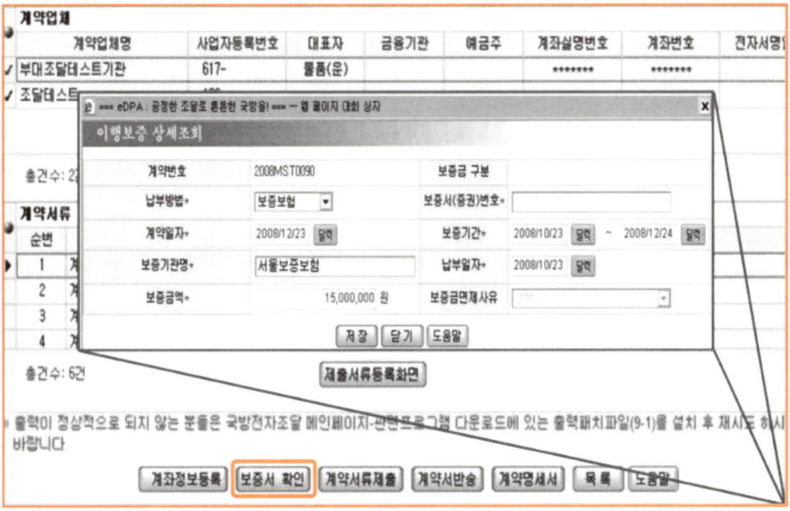

- 계약 보증 기간은 최종 납부기한보다 +1일을 더해 설정

  예 최종 납부기한 : 2016. 10. 31 → 계약보증 기간 : 2016. 11. 1

- 납부 방법을 '보증보험'으로 선택 시 보증회사로부터 전자보증서를 전송받아 접수한 이후 방위사업청으로 전송

[계약서류 제출] 버튼을 클릭하면 서류 등록 완료

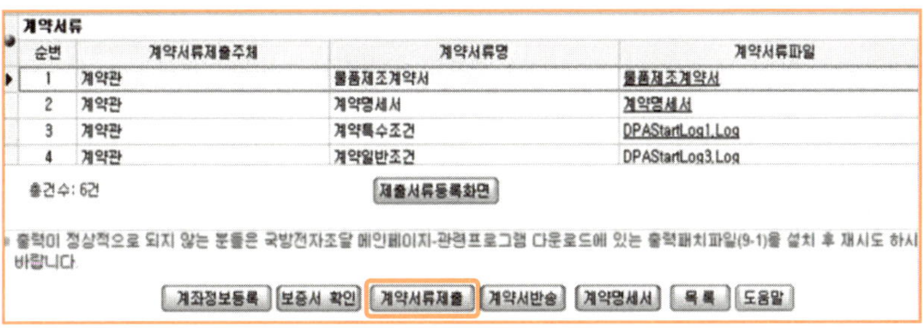

– 계약 진행 목록조회 화면에서 해당 계약 건명의 진행 상태가 '서류 요청'에서 '서류 등록'으로 변경

조달업체 서명

국방전자조달(www.d2b.go.kr) 로그인 ⇒ 전자문서유통 ⇒ 국내조달 ⇒ 전자 계약 ⇒ 계약 진행

처리 화면

조달업체 서명이 요청된 계약 건명 선택 후 [상세 조회] 버튼 클릭

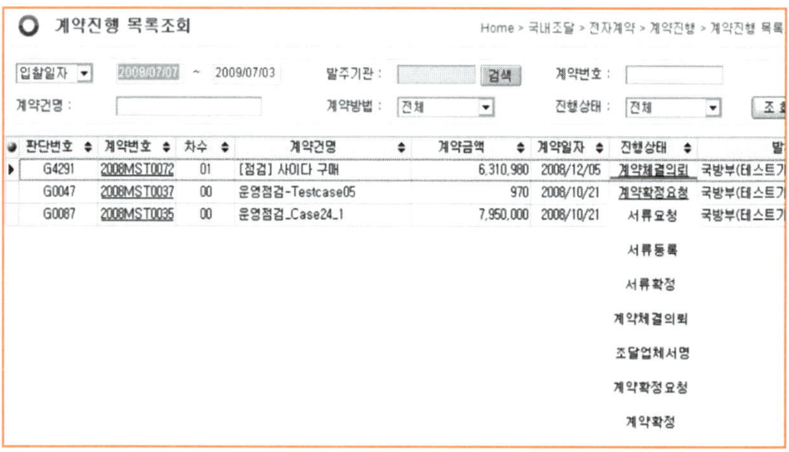

– 조달업체 서명이 요청된 계약 건은 진행 상태가 '계약 체결의뢰'로 표시

[전자서명] 버튼을 클릭

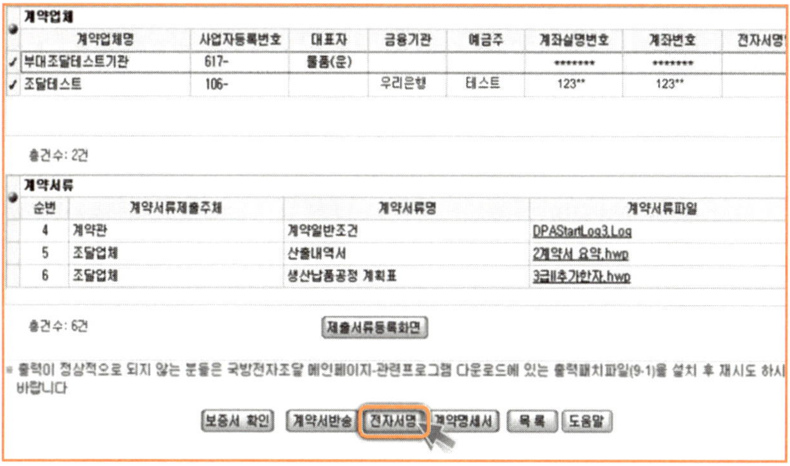

계약업체
계약업체명 | 사업자등록번호 | 대표자 | 금융기관 | 예금주 | 계좌실명번호 | 계좌번호
부대조달테스트기관 | 617- | ******* | *******
조달테스트 | 106- | 우리은행 | 테스트 | 123** | 123**
총건수: 2건
계약서류
순번 | 계약서류제출주체 | 계약서류명 | 계약서류파일
4 | 계약관 | 계약일반조건 | DPAStartLog3.Log
5 | 조달업체 | 산출내역서 | 2계약서 요약.hwp
6 | 조달업체 | 생산납품공정 계획표 | 3급!!추가한자.hwp
총건수: 6건
제출서류등록화면
※ 출력이 정상적으로 되지 않는 분들은 국방전자조달 메인페이지-관련프로그램 다운로드에 있는 출력패치파일(9-1)을 설치 후 재시도 하시기 바랍니다
보증서 확인
계약서반송
전자서명
목 록
도움말

- 계약 진행 목록조회 화면에서 해당 계약 건명의 진행상태가 '계약 체결의뢰'에서 '조달업체 서명'으로 변경
- 이후 계약 담당 공무원이 '계약 확정' 처리하면 계약 체결 완료

2 선금 신청 방법은 어떻게 되나요

선금 신청

선금 지급으로 계약업체 및 협력업체의 원활한 계약을 이행하고, 지급 범위는 다음과 같다.

- 공사, 물품제조 또는 용역계약에 대해 선금 지급
- 계약 형태별로 다음에 해당하는 금액의 100분의 70을 초과하지 않는 범위에서 선금 지급
  - 단기 계약 : 해당 연도 세출 예산액
  - 장기계속 계약 : 각 연차별 계약 금액
  - 단가 계약 : 선금지급요청일까지 해당 연도 세출 예산액에 따른 물품 납품통지서 발주 금액

지급 제한

- 최종납품일까지의 기간이 선금 지급 신청일로부터 30일 이하인 경우
- 선금 지급이 불가능한 경우(신청업체에 사유를 서면으로 통지)
  - 자금 배정이 지연될 경우. 단, 자금 배정이 있으면 즉시 선금 지급
  - 계약 체결 후 불가피한 사유로 이행 착수가 상당 기간 지연될 것이 명백한 경우. 단, 같은 사유로 해제 시 즉시 선금을 지급해야 함.
- 계약 상대자로부터 선금 지급요청이 없거나 유예 신청이 있는 경우
- 신청업체가 입찰 참가자격 제한을 받는 기간에 있는 경우

선금 신청 시 제출 서류

선금 신청서 2부, 전자세금계산서 1부, 채권확보서류 1부, 선금지급계획서 2부, 이행확약서 2부, 이름을 쓰고 도장을 찍은 선금 지급조건 2부, 선금사용명세서 1부

사용 내역 제출

- 선금을 방위사업청 예규 선금 지급조건 제7조에 부합되게 전액 사용한 후 비목별(재료비, 노무비, 경비)로 구분해 선금 사용내역서를 제출한다. 사용내역서를 제출하는 시기는 다음과 같다.
  - 다음 차수의 선금을 신청할 때

- 기성 또는 기납부분의 대가를 신청할 때
- 사용 기간 종료일로부터 30일 이내

정산 : 기성 또는 기납부분의 대가 지급 시마다 이미 지급된 선금에서 다음과 같이 산출한 선금 정산액 이상을 정산한다.

* 선금 정산액 = 선금액×[(기성 또는 기납부분의 대가 상당액) / (계약 금액 또는 선금 대상 금액)]

선금 반환 청구

다음과 같은 사유 발생 시 선금 반환 청구를 하며, 계약업체는 바로 반환해야 한다. 단, 계약업체 귀책사유로 반환하는 경우 약정 이자 상당액을 가산해야 한다.

- 계약을 해제 또는 해지하는 경우
- 선금 지급조건을 위반한 경우
- 선금 사용내역서 자료가 위·변조 또는 허위로 판명되었을 경우
- 계약 이행 기간 이내에 사용하지 않은 경우
- 정당한 사유 없이 선금지급계획서대로 협력업체에 배분하지 않은 경우
- 계약 변경으로 인해 계약 금액이 감액되었을 경우

선금 신청 방법

국방전자조달(www.d2b.go.kr) 로그인 ⇒ 전자문서유통 ⇒ 국내조달 ⇒ 선금 신청서 ⇒ 선금 신청서 작성

처리 화면

선금 신청서 작성 메뉴에서 계약 번호 조회 후 [선금 신청서 작성] 버튼 클릭

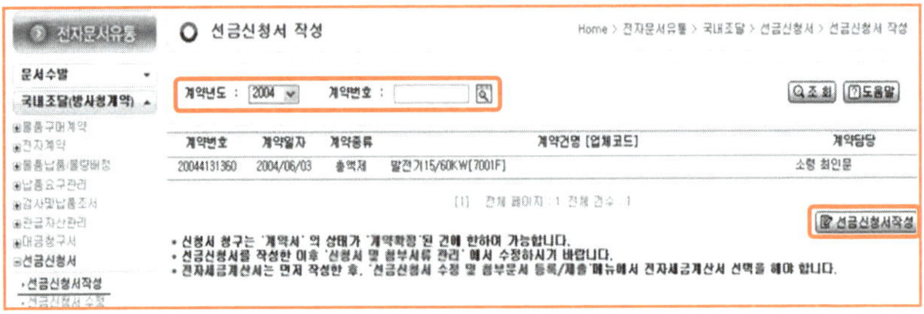

대상 금액 입력 및 각 세부 메뉴에 필요한 자료 등록

– '대상 금액'란에 계약서 작성 시 제출한 산출내역서와 동일하게 작성
– 화면 아래 [사용내역서] 버튼과 [전자세금계산서 선택] 버튼을 차례로 클릭해 해당 내용 등록

[파일첨부] 버튼 클릭⇒ 팝업된 창에서 파일첨부 후 [저장] 버튼 클릭 ⇒ [전자서명] 클릭해 팝업된 창 닫기 ⇒ [제출] 버튼 클릭하면 종료

※ 제출된 서류는 회수가 불가하니 제출 전 반드시 확인해야 한다.

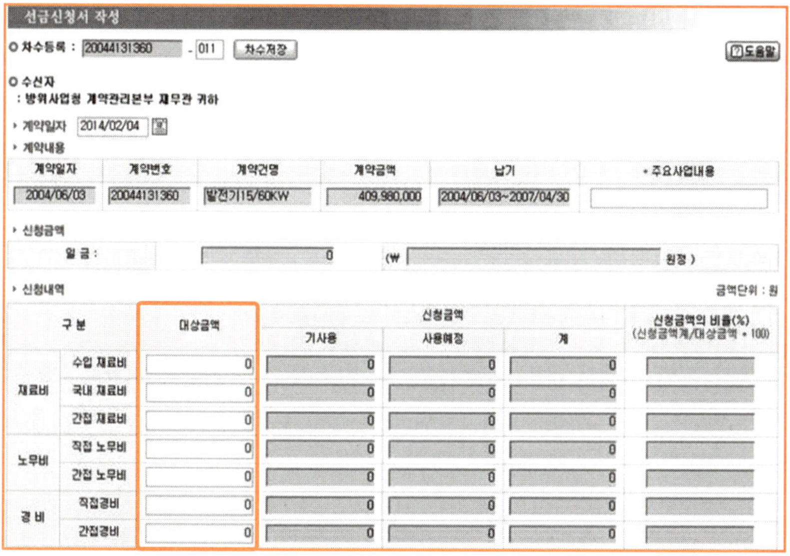
선금신청서 작성
차수등록 : 20044131360 - 011 차수저장
도움말
수신자
: 방위사업청 계약관리본부 재무관 귀하
계약일자 2014/02/04
계약내용
계약일자 계약번호 계약건명 계약금액 납기 주요사업내용
2004/06/03 20044131360 발전기15/60KW 409,980,000 2004/06/03~2007/04/30
신청금액
일 금 : 0 (₩ 원정)
신청내역
금액단위 : 원
구 분 대상금액 신청금액 기사용 사용예정 계 신청금액의 비율(%) (신청금액계/대상금액 * 100)
재료비 수입 재료비 국내 재료비 간접 재료비
노무비 직접 노무비 간접 노무비
경 비 직접경비 간접경비

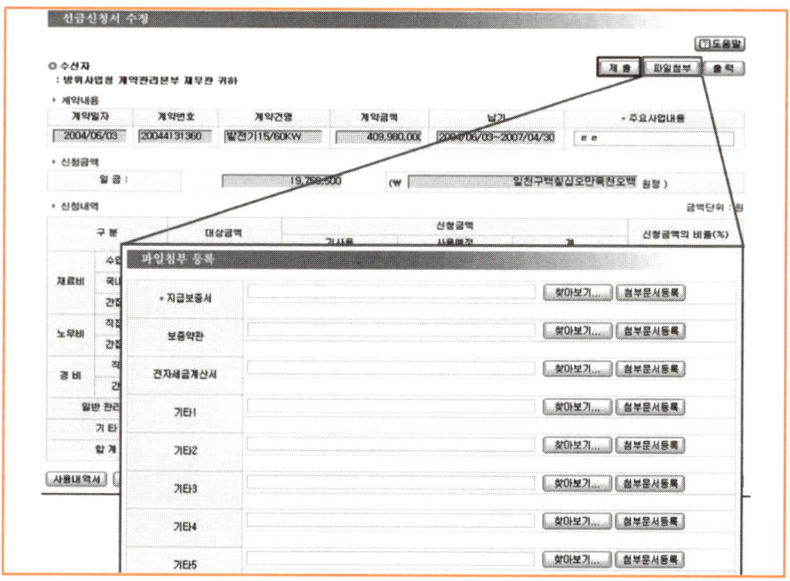
선금신청서 수정
도움말
수신자
: 방위사업청 계약관리본부 재무관 귀하
제 출 파일첨부 출 력
계약내용
계약일자 계약번호 계약건명 계약금액 납기 주요사업내용
2004/06/03 20044131360 발전기15/60KW 409,980,000 2004/06/03~2007/04/30
신청금액
일 금 : 19,756,500 (₩ 일천구백칠십오만육천오백 원정)
신청내역
금액단위 : 원
구 분 대상금액 신청금액 신청금액의 비율(%)
재료비 노무비 경 비 일반 관리 기 타 합 계
사용내역서
파일첨부 등록
지급보증서 보증약관 전자세금계산서 기타1 기타2 기타3 기타4 기타5
찾아보기... 첨부문서등록

3 납품이 지연되면 어떻게 되나요

지연 배상금 부과

계약업체가 납부기한 내 물품을 납품하지 못한 경우 지체 일수마다 계약서에서 정한 지체 상금률을 계약 금액(장기계속계약의 경우에는 연차별 계약 금액)에 곱해 산출한 금액이 지체상금이며, 이때, 계약 담당 공무원이 기납부분에 대한 검사를 거쳐 해당 부분을 인수한 때에는 그 부분에 상당하는 금액을 계약 금액에서 공제한다. 계약업체는 지체상금을 현금으로 납부한다.

지체일수 포함에 제외하는 일수는 천재·지변 등 불가항력의 사유에 따르면 계약업체가 대체 사용할 수 없는 중요 관급 재료의 공급이 지연되어 제조공정의 진행이 불가능했을 경우다. 계약업체의 책임 없이 납품이 지연된 경우는 다음과 같다.

- 발주기관의 물품 제작을 위한 설계도서 승인이 계획된 일정보다 지연된 경우
- 계약업체가 시험기관과 검사기관의 시험·검사를 위해 필요한 준비를 완료했으나 시험·검사기관의 책임으로 시험·검사가 지연된 경우
- 설계도서 승인 후 발주기관의 요구에 따른 설계 변경으로 인해 제작 기간이 지연된 경우
- 발주기관의 책임으로 제조의 착수가 지연되었거나 중단되었을 경우
- 기타 계약업체의 책임에 속하지 않은 사유로 인해 지체된 경우

산출된 지체상금은 계약업체에게 지급될 대가, 대가 지급지연에 대한 이자 또는 기타 예치금 등과 상계할 수 있다.

지체상금면제원 신청

계약업체의 책임이 아닌 사유로 납품이 지체되었다고 인정되는 경우 지체상금을 면제한다. 그 사유는 지체상금 부과 지체 일수 산입에 제외하는 일수에 해당되는 내용과 같다. 납품 후 15일 이내에 계약 담당 공무원에게 증빙자료를 제출해야 한다. 미제출 또는 제출 지연에 따른 불이익(지체상금의 잘못 낸 돈 반환 시 납품 후 15일 경과일부터 면제 신청일까지의 이자를 지급하지 않음을 포함한다)은 계약업체가 부담한다.

제출 서류

- 계약 내용의 현황
- 납품지체 사유서·경위서
- 납품지체 사유가 계약업체의 귀책이 아님을 구체적으로 입증할 수 있는 자료
- 기타 사실확인 및 납품지체 사유의 책임소재 판단에 도움되는 자료

추가 계약 보증금 납부

계약업체의 납품지체가 지속해 지연배상금이 계약 보증금액에 달하면 계약업체가 미납 품목의 계약 금액에 상당하는 계약 보증금을 추가로 내면 계약 유지가 가능하다. 단, 계약 이행 가능성이 있고, 계약을 유지할 필요가 있다고 인정되는 경우다. 납부 방법은 현금, 전자보증서, 계약 보증금 지급확약서 등이고, 추가 계약 보증금은 계약 이행이 완료되지 아니한 미 납품분에 해당하는 계약 금액의 10% 이상을 납부해야 한다. 보증기간은 지체상금이 다시 추가 계약 보증금 상당액에 도달하는 날까지로 설정해야 한다.

추가 계약 보증금 납부요청 시 처리 절차

국방전자조달(www.d2b.go.kr) 로그인 ⇒ 전자문서유통 ⇒ 국내조달 ⇒ 계약 보증금 ⇒ 추가 계약 보증금

처리 화면

추가 계약 보증금 납부요청 해당 계약번호 선택 후 [작성] 버튼 클릭

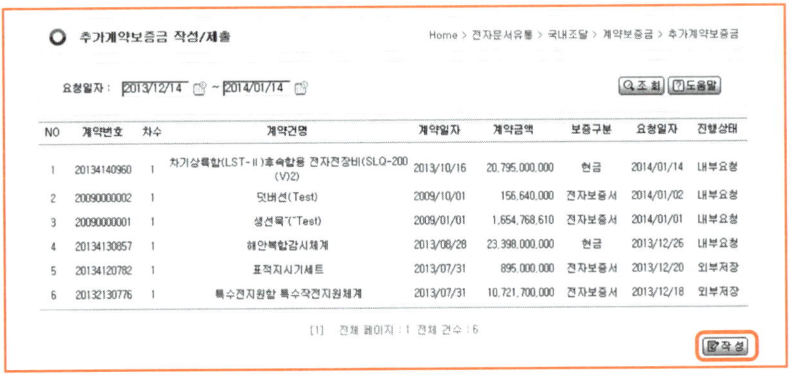

추가계약보증금 작성/제출

Home > 전자문서유통 > 국내조달 > 계약보증금 > 추가계약보증금

요청일자 : 2013/12/14 ~ 2014/01/14 조 회 도움말

NO	계약번호	차수	계약건명	계약일자	계약금액	보증구분	요청일자	진행상태
1	20134140960	1	차기상륙함(LST-II)후속함용 전자전장비(SLQ-200(V)2)	2013/10/16	20,795,000,000	현금	2014/01/14	내부요청
2	20090000002	1	덧버선(Test)	2009/10/01	156,640,000	전자보증서	2014/01/02	내부요청
3	20090000001	1	생선묵"("Test)	2009/01/01	1,654,768,610	전자보증서	2014/01/01	내부요청
4	20134130857	1	해안복합감시체계	2013/08/28	23,398,000,000	현금	2013/12/26	내부요청
5	20134120782	1	표적지시기세트	2013/07/31	895,000,000	전자보증서	2013/12/20	외부저장
6	20132130776	1	특수전지원함 특수작전지원체계	2013/07/31	10,721,700,000	전자보증서	2013/12/18	외부저장

[1] 전체 페이지 : 1 전체 건수 : 6

작 성

추가 계약 보증금 신규 입력 후 송신

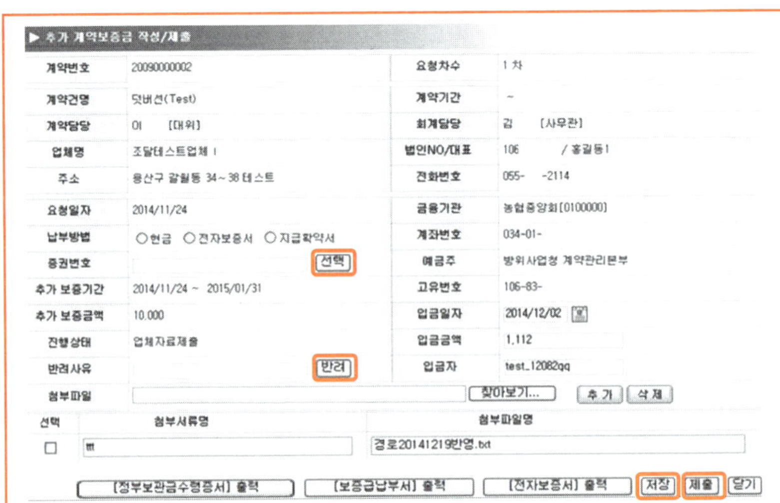

▶ 추가 계약보증금 작성/제출

계약번호	20090000002	요청차수	1 차
계약건명	덧버선(Test)	계약기간	~
계약담당	이 [대위]	회계담당	김 [사무관]
업체명	조달테스트업체 1	법인NO/대표	106 / 홍길동1
주소	용산구 갈월동 34~38 테스트	전화번호	055- -2114
요청일자	2014/11/24	금융기관	농협중앙회[0100000]
납부방법	○현금 ○전자보증서 ○지급확약서	계좌번호	034-01-
증권번호	선택	예금주	방위사업청 계약관리본부
추가 보증기간	2014/11/24 ~ 2015/01/31	고유번호	106-83-
추가 보증금액	10,000	입금일자	2014/12/02
진행상태	업체자료제출	입금금액	1,112
반려사유	반려	입금자	test_12082qq
첨부파일	찾아보기... 추 가 삭 제		

선택	첨부서류명	첨부파일명
□	ttt	경로20141219반영.txt

[정부보관금수령증서] 출력 [보증금납부서] 출력 [전자보증서] 출력 저장 제출 닫기

▶ 전자지급보증서 리스트

보증서번호	작성일자	보증계약자	사업자번호	입찰건명	입찰금액	보증시작일	보증종료일
00000000000000000000test 02		TEST	1068307018	가성소다 등 7종 구매	0	2012/03/01	2012/12/31
00000000000000000000test 03		TEST	1068307018	가성소다 등 7종 구매	0	2012/03/01	2012/12/31
00000000000000000000test 04		TEST	1068307018	PCC 추진제어반 (MCS) 정비	0	2012/03/01	2012/12/31
yxxxxxxxxxxxxxxxx	2013/08/01		1068307018		0	2004/12/27	2015/01/28
uaxxxxxxxxxxxxxxxx	2013/08/01		1068307018		0	2004/12/27	2015/01/28
uaxxxxxKD92BA09C34	2013/08/01		1068307018		0	2004/12/27	2015/01/28
uaxxxxxKD92BB07B66	2013/08/01		1068307018		0	2004/12/27	2015/01/28
uaxxxxxKD92CB07B48	2013/08/01		1068307018		0	2004/12/27	2015/01/28
uaxxxxxKD92CD08E39	2013/08/01		1068307018		0	2004/12/27	2015/01/28
uaxxxxxKD92DB07A10	2013/08/01		1068307018		0	2004/12/27	2015/01/28

[1] [2] [3]　전체 페이지 : 3 전체 건수 : 28

보증서번호	00000000000000000000test 02		
보증계약자(피보증인)		보증채권자(피보험자)	
상호	TEST	상호	TEST
사업자등록번호	1068307018	사업자등록번호	5028302128
대표	TEST	대표	국군재정관리단

- 입금 일자, 금액, 입금자 등의 정보 입력 후 [저장] 버튼 클릭
- 별도의 수정 사항이 없으면 바로 [제출] 버튼 클릭해 송신
- 방위사업청에서 요청한 보증금 내역이 잘못되어 정정이 필요한 경우, 반려 사유 입력 후 [반려] 버튼 클릭 시 방위사업청에 회송
- 전자보증서로 납부하는 경우 증권번호 옆 [선택] 버튼을 클릭 시 알림창이 나타나며, 해당하는 보증서 번호 선택

계약의 해제와 해지

타당한 사유 발생 시 계약의 전부 또는 일부를 해제 또는 해지할 수 있다.

용어 정의

- **계약 해제** : 유효하게 성립한 계약의 효력을 소급해 소멸하도록 해 계약이 처음부터 성립하지 않은 것과 같은 상태로 복귀시키는 것
- **계약 해지** : 이미 정당하게 이루어진 과거의 것까지 소급해 무효로 할 이유가 없으므로, 기존에 이행된 것은 그대로 두고 해지 이후부터 계약의 효력이 없는 것으로 만드는 것

계약 해제와 해지의 사유

- 계약서상의 납품기한 내 계약업체가 계약된 규격 등과 같은 물품 납품을 거부하거나 완료하지 못할 때
- 계약업체의 귀책사유로 인해 납품기일 내 납품할 가능성이 없음이 명백하다고 인정될 경우
- 지체상금이 계약 보증금 상당액에 달한 경우
- 장기 물품제조 등의 계약에 있어서 제2차 이후의 계약을 체결하지 않는 경우
- 계약의 수행 중 뇌물수수 또는 정상적인 계약 관리를 방해하는 불법· 부정행위가 있는 경우
- 입찰에 관한 서류 등을 허위 또는 부정한 방법으로 제출해 계약이 체결된 경우
- 기타 계약 조건을 위반하고, 그로 인해 계약의 목적을 달성할 수 없다고 인정될 경우

계약의 해제 · 해지에 따른 공통적인 사후 조치사항은 계약 보증금(계약 금액의 10%) 전액 국고환수와 부정당업자의 입찰 참가자격 제한 처분 등의 조치가 있다.

계약 해제 또는 계약 해지에 따라 다른 사후 조치사항

계약 해제가 되었을 경우는 계약 당사자 간 원상회복 의무가 발생해서 업체는 지급받은 기성 및 선금을 모두 반환해야 하고, 국가 측도 업

체에서 이행한 것을 모두 반환하는 것으로 정산이 끝나게 된다.

계약 해지가 되었을 경우는 업체가 기존에 이행한 부분은 국가가 인수해야 하고, 인수 부분의 해당 가액만큼 납품 처리를 하는 등 계약 금액을 조정할 필요성이 있다.

계약 해제와 해지 통보 절차는 계약 해제 또는 계약 해지 사유가 발생했을 경우 계약 담당 공무원이 계약업체에 계약 해제 또는 계약 해지의 의사표시를 하고, 그 의사표시가 계약업체에 도달함으로써 효력이 발생한다. 계약업체의 도산 등으로 인해 계약업체에 의사표시 도달이 어려우면 계약 해제 또는 계약 해지의 의사표시 발송일로부터 7일이 지나간 후 효력이 발생한 것으로 본다.

부정당업자의 입찰 참가자격 제한

국가 계약에 대한 계약 상대자의 성실한 이행을 확보하기 위해 국가계약의 질서를 어지럽히는 행위를 한 자에 대해 일정 기간 입찰 참가자격을 제한하는 제도를 운용한다. 정부가 조달계약을 체결하면서 입찰단계부터 준공 및 하자보수단계에 이르기까지 일련의 과정에서 입찰 참가자 또는 계약 상대자가 경쟁 입찰의 공정 행위 집행이나 적정한 이행을 해칠 염려가 있거나, 그밖에 입찰에 참여시키는 것이 부적합하다고 인정되는 경우에 대해서 국가계약법 제27조에 따라 일정 기간(1개월~2년) 정부가 시행하는 입찰에 참여하는 것을 배제하고, 수의 계약도 체결하지 못하도록 하는 제도를 두고 있다. 이를 '부정당업자의 입찰 참가자격 제한'이라 하고, 통상 '부정당업자 제재'로 약칭하고 있다.

부정당업자의 입찰 참가자격 제한 사유(국가계약법시행령 제76조 참조)

- 계약 이행 시 부실·조잡 또는 부당하게 하거나 부정한 행위를 한 자
- 하도급의 제한 규정을 위반해 하도급한 자 및 발주 관서의 승인 없이 하도급을 하거나 발주 관서의 승인을 얻은 하도급 조건을 변경한 자
- 정당한 이유 없이 계약을 체결 또는 이행하지 않은 자, 경쟁 입찰, 계약 체결 또는 이행 과정에서 입찰자 또는 계약 상대자 간 상의해 미리 입찰 가격, 수주 물량 또는 계약의 내용 등을 협정했거나 특정인의 낙찰 또는 납품대상자 선정을 위해 담합한 자
- 입찰 또는 계약에 관한 서류를 위조·변조하거나 부정하게 행사한 자 또는 허위서류를 제출한 자
- 고의로 무효의 입찰을 한 자
- 입찰·낙찰, 계약 체결·이행과 관련해 관계 공무원에게 뇌물을 준 자
- 입찰 참가신청서 또는 입찰 참가승낙서를 제출하고도 정당한 이유 없이 당해 회계 연도 중 3회 이상 입찰에 참여하지 않은 자
- 입찰 참가를 방해하거나 낙찰자의 계약 체결 또는 그 이행을 방해한 자
- 감독 또는 검사에 있어서 그 직무의 수행을 방해한 자
- 정당한 이유 없이 계약 이행능력의 심사에 필요한 서류의 전부 또는 일부를 제출하지 않거나 서류 제출 후 낙찰자 결정 전에 심사를 포기한 자
- 사기, 그 밖의 부정한 행위로 입찰·낙찰, 계약 체결·이행 과정에서 국가에 손해를 끼친 자

부정당업자의 입찰 참가자격 제한 기준

구분	입찰 참가자격 제한 사유	기간
부정·부당 행위	내구성 연한의 단축, 안전도 위해 행위	1년
	기준 규격보다 낮은 다른 자재 사용	6개월
하도급 위반	전부 또는 대부분을 1인에게 하도급	1년
	전부 또는 대부분을 2인 이상에게 하도급	8개월
계약 불이행	계약을 이행(하자보수 포함)하지 않은 자	6개월
계약 미체결	계약을 체결하지 않은 자	6개월

구분	입찰 참가자격 제한 사유	기간
입찰 담합	담합을 주도해 낙찰을 받은 자	2년
	담합을 주도한 자	1년
	가격협정, 특정인의 낙찰을 위해 담합한 자	6개월
허위서류 제출 (원가부정 포함)	입찰관련 서류를 위·변조, 부정행사하거나 허위서류를 제출해 낙찰받은 자	1년
	입찰 및 계약관련 서류를 위·변조, 부정행사하거나 허위서류를 제출한 자	6개월
뇌물 제공	2억 원 이상의 뇌물을 준 자	2년
	1억 원 이상 2억 원 미만의 뇌물을 준 자	1년
	1,000만 원 이상 1억 원 미만의 뇌물을 준 자	6개월
	1,000만 원 미만의 뇌물을 준 자	3개월
사기·부정 행위	국가에 10억 원 이상의 손해를 끼친 자	2년
	국가에 10억 원 미만의 손해를 끼친 자	1년

- 수 개의 위반행위가 경합하는 경우 그중 무거운 제재 기준을 적용하고, 제재 시 위반행위의 동기·내용 및 횟수 등을 고려 제재 기간의 1/2 범위 내에서 감경 가능하다.
- 제재 기간 종료 후 6개월이 경과하는 날까지의 기간 중 다시 제재 사유 발생 시 위반행위의 동기·내용 및 횟수 등 고려해 제재 기간의 1/2 범위 내에서 가중 제재한다.

2

공공조달 주요 질문과 답변

1 정부 계약의 종류 및 절차

Q 1건의 단가 계약에서의 계약 금액은 어떻게 되나요?

A 국가기관이 체결한 단가 계약은 계약 물품명세서상에 규격별 수량 및 계약 금액이 구분되어 있더라도 1건으로 계약이 체결된 경우에는 계약 금액은 전체 계약 금액을 기준으로 한다.

Q 계약 금액에 대한 사후 정산 가능성은 있나요?

A 국가기관이 체결한 용역 계약에서 계약 금액의 사후 정산은 원칙적으로 사후 원가검토 조건부 계약으로 체결한 경우에 가능하다. 다만, 계약 특수조건 등에 사후 정산 조건을 정하거나 개별 적용한 경우 정산이 가능하다.

Q 사후 원가검토 조건부 계약의 증액 조정은 가능한가요?

A 계약 체결 시 계약 금액을 계약 체결 후 일정 기간 이내에 사후 원가심사를 통해 확정하기로 특수 조건을 정했다면 계약은 사후 원가검토 조건부 계약에서 사후 정산 또는 계약 금액 확정은 계약 체결 과정에서 공지해 계약 문서에 규정한 방법과 기준에 따르는 것이 원칙이다. 계약 특수 조건에 증액 확정을 불인정하는 근거가 없다면 계약 금액의 증액 확정은 인정된다.

Q 입찰 공고 등 계약 체결 전체 과정이 지출 행위에 포함되는가요?

A 입찰 공고는 다음 연도 확정된 예산 또는 그해에 배정된 예산이 없다면 원칙적으로 곤란하다고 봐야 한다.

Q 정산 외주 비용 원가 계산 반영 및 이윤 부가는 되는가요?

A 개산 계약이나 사후 원가검토 조건부 계약 방식으로 계약을 체결한 경우, 계약의 이행이 완료된 후에는 입찰 전에 정한 기준 및 절차에 따라 정산한다. 다만, 사후 정산을 위해서 원가 검토를 하지 않고, 사전 기준 및 절차 등을 정하지 않으면 일반 관리비 및 이윤 등이 실질적으로 이중계산되지 않도록 해야 한다.

2 입찰 및 계약 방법(1)

Q 수의 계약 방식을 경쟁 입찰로 전환 가능한가요?

A 계약의 목적, 성질 등을 고려해 계약 방법을 선택할 수 있고, 기존에 수의 계약했던 것을 경쟁 입찰로 변경할 경우 법령의 위반이나 기존 계약 상대자의 권리를 침해한다고 볼 수 없다.

Q 계약 체결 방법 결정은?

A 제한 경쟁 입찰과 수의 계약이 모두 가능할 경우 입찰 참가에 대한 제한 정도가 상대적으로 적은 제한 경쟁 입찰을 먼저 검토하는 것이 바람직하다. 다만, 구체적인 면에서 계약 체결 방법의 결정은 계약 목적물의 특성 및 계약 이행 가능성 등 여러 가지 여건을 고려해 온전히 발주기관이 판단할 사항이다.

Q 국내 입찰에서 납품 조건으로 납품 대상 물품의 원산지를 대한민국으로 한정한 경우 중국산 제품의 납품이 가능한가요?

A 국내 입찰에 있어 납품 조건으로 납품 대상 물품의 원산지를 대한민국으로 한정하고 있으면, 품질, 규격이 동등하다는 이유로 외국산 제품을 납품하는 것은 같은 조건이지만 안 된다.

Q 물품 계약에서의 자격요건은 어떤 것이 있나요?

A '계약 목적물을 직접 생산하는 업체'로 계약 이행에 필요한 허가, 인가, 면허, 등록, 신고 등의 참가자격 요건을 특정해서 해당 자격요건을 갖추었는지 아닌지 및 직접 생산 가능 여부 등을 확인해 입찰 참가자격의 적합 여부를 결정해야 한다.

Q 경쟁 입찰의 참가 요건은 어떤 것이 있나요?

A 계약의 목적, 성질 규모 등을 고려해 필요하다고 인정할 때 법령에 정한 수의 계약을 할 수 있다. 경쟁 입찰의 경우에는 해당 입찰에서 요구하는 입찰 참가자격을 갖춰야 참가 가능하다.

2 입찰 및 계약 방법(2)

Q 재공고 입찰 등록일 이전에 부정당업자 제재처분 효력정지가처분 결정을 받은 경우 입찰 참가를 할 수 있나요?

A 최초 입찰 공고에 따른 입찰에서 2년 이상의 유효한 입찰자나 낙찰자가 없는 경우로 재공고 입찰에 따른 경우 재공고 입찰 참가 등록 마감일 현재 부정당업자의 입찰 참가자격 제한 기간이 만료 또는 정지될 경우 재공고 입찰에 참가할 수 있다.

Q 협상에 따른 계약의 경우 입찰 참가 신청(등록) 마감일에 해당되는 날은 언제인가요?

A 협상의 의한 계약인 경우 입찰 참가 신청(등록) 마감일에 해당하는 날은 제안서 접수 개시 전일로 보는 것이 타당하다.

Q 납품능력으로 입찰 참가자격 제한이 가능한가요?

A 법령에 정해진(국계법시행령 제21조 제1항 제1호의 "가"목, "라"목) 경우는 제한이 가능하지만, 이와 관련 없이 단순한 납품능력만으로는 입찰 참가자격을 제한할 수 없다.

Q 입찰 참가자격 제한의 중대한 하자에 따른 입찰 취소 및 새로운 입찰 가능성은 있나요?

A 공정한 입찰을 위해 입찰 공고 중인 경우에는 입찰 정정 공고를 할 수 있고, 입찰 진행 중(낙찰자 결정 전)인 경우에는 낙찰자 결정 전에 당해 입찰을 취소하는 것이 타당하다.

Q 현재 시공 중인 공사의 실적 인정은 어떻게 되나요?

A 현재 시공 중인 공사는 공사 실적으로 인정할 수 없으나, 분할할 수 있는 일부 부대공사만 미이행되었고, 공사의 주된 부분은 완성되어 같은 부분을 거사, 인수해 발주기관이 이를 관리 사용하고 있는 경우라면 같은 실적으로 인정할 수 있다.

2 입찰 및 계약 방법(3)

Q 직접 설계용역 계약자와 수의 계약 가능한가요?

A 공사 계약이면 한정하는 것으로 물품 및 용역 계약에는 해당하지 않는다. 다만, 설계용역에 있어 특정인의 기술을 필요로 하는 조사, 설계, 등의 용역에 해당하는 경우에는 수의 계약이 가능하다.

Q 직전 또는 현재 시공자에 하수급인 포함은 어떻게 되나요?

A 건설산업기본법령의 규정에 따라 계약 상대자와 하도급 계약을 체결해 시공 중인 하수급인은 직전 또는 현재 시공자 범위에 포함되지 않는다.

Q 특허출원 중인 공법 및 물품은 수의 계약 가능한가요?

A 공사 및 물품 계약에서 특허공법에 따른 공사 및 특허를 받은 물품을 제조하게 하거나 구매하는 경우에는 관련 법령에 규정해 수의 계약을 체결할 수 있다. 특허출원 중인 공법 및 물품은 적용되지 않는다.

Q 중소기업 우선 구매 제품을 1년간 수의 계약 연장이 가능한가요?

A 수의 계약은 국계법시행령 제26조 제1항 각호의 사유에 해당하는 경우 등 같은 법에 정한 사유에 해당되는 경우에만 가능하다.

Q 특약 또는 조건으로 수의 계약을 정할 수 있나요?

A 계약 이행을 위해 필요한 사항이 있는 때는 특약 또는 조건으로 정할 수 있는 것과 수의 계약은 법령에 정한 요건에 해당하면 가능하다. 특약 또는 조건으로 수의 계약 요건을 정할 수는 없다.

2 입찰 및 계약 방법(4)

Q 기술능력 평가에서 1인만 통과한 경우는 어떻게 하나요?

A 경쟁 입찰은 2인 이상의 유효한 입찰로 성립된다. 협상에 따른 계약에 있어서 제안서 평가 결과 기술능력 평가 점수가 기술능력 평가 분야 배점 한도의 85% 이상인 자가 1인인 경우라 하더라도 2인 이상의 유효한 입찰이 있었다면 재입찰 사유에 해당하지 않는다. 기술능력 평가 점수가 기술능력 평가 분야 배점 한도의 85% 이상인 자를 협상 적격자로 선정해 협상을 진행할 수 있다.

Q 2단계 경쟁 입찰에 해당하는 것은 무엇인가요?

A 2단계 경쟁 입찰이 성립하기 위해서는 기술 입찰과 가격 입찰을 통해 낙찰자를 선정해야 하므로 단순히 가격 입찰 참가자격을 부여한 계약은 2단계 경쟁 입찰의 계약이 아니다.

Q 기술·가격 분리 동시 입찰에서의 입찰은 유효한가요?

A 물품의 구매 계약을 위해 기술·가격 입찰을 동시에 한 경우 기술 입찰서는 제출했으나, 가격 입찰서를 제출하지 않으면 유효한 입찰로 보기 어렵다.

Q 잘못 제출된 산출내역서는 수정 가능한가요?

A 내역 입찰의 경우 산출내역서는 입찰자의 입찰 서류로서 입찰 조건에 해당하므로 수정이 불가하다.

3 입찰 공고 및 입찰 참가자격 사전심사(PQ)

Q 일괄 수주 입찰 시 기본설계도서 제출 기한 전에 입찰 참가 신청자 전원의 동의를 얻어 기본설계도서 제출 기한 및 입찰서 제출 기한을 연장할 수 있나요?

A 경쟁 입찰에 참가할 때는 입찰에 관한 서류를 입찰 전에 완전히 숙지하고 같은 서류에서 정한 내용에 따라 입찰에 참여해야 한다. 발주기관에서는 불가피하게 변경할 필요가 있다고 판단하는 경우에는 정정공고 등의 방법으로 입찰 전에 입찰에 참여하고자 하는 자에게 공지해야 한다.

Q PQ 재심사 사유에 기업의 법정관리도 포함되나요?

A 부도, 부정당업자 제재, 영업 정지, 입찰 무효로 한정하기 때문에 법정관리는 포함되지 않는다.

Q 최신 신용평가가 3일 내 전송 의무 위반 시 불이익 조치는 무엇이 있나요?

A 입찰에 참여할 때 고의·과실을 묻지 않고 3일 이내 전송 여부 그 자체를 기준으로 판단하는 객관적 의무다. 전송 의무 주체가 이행 주체를 구별하고 있다는 점에서 발주기관과 신용정보업자를 연결하는 전송시스템의 오류, 신용정보업자의 고의·과실은 객관적 의무라고 하기는 어렵다. 신용정보업자의 고의·과실로 3일 내 전송 의무를 위반하게 된 경우에는 감점 처리하는 것은 부당하다.

Q PQ 신인도 심사 시 과징금 처분이 아닌 과태료 처분이 감점 대상에 해당하나요?

A 입찰 참가자격 사전심사에 있어 신인도 심사 시 최근 1년 동안 건설산업기본법에서 정한 과징금 처분 이상의 처벌을 받은 자에 대해서는 입찰 참가자격 사전심사 요령 사전심사 기준에 따라 감점 처리하는 같은 법에 따른 과태료 처분은 감점 대상에 해당하지 않는다.

Q 신인도 분야 평가는 입찰 목적물에 해당하는 업종과 관련되는 사항만을 평가하는 것인가요?

A 입찰 참가자격 사전심사 요령 관련 심사 기준상의 신인도 분야 평가는 입찰 목적물에 해당되는 업종과 관련되는 사항만을 평가하는 것이다. 전기공사사업법령에 따른 전기공사를 발주한 경우에 다른 법령으로 우수시공업자 등으로 지정받은 사항은 평가하지 않는 것이 타당하다.

4 낙찰자 결정

Q 적격심사 서류 제출 후 보완자료 제출이 가능한가요?

A 적격심사 서류 제출자가 서류를 제출한 후 서류 제출 기한 내라면 미제출된 자료나 보완자료의 제출이 가능하다.

Q 적격심사의 경영 평가 시 적용하는 재무제표 관련해서 궁금한데요?

A 적격심사 기준에서는 경영(재무) 상태 평가 방법을 규정하고 있으며, 이에 따라 입찰에 참여하고자 하는 기업의 '부채비율 및 유동비율'에 대한 평가는 직전 회계 연도 정기결산서로 한다. 따라서 감사보고서 또는 검토보고서상의 재무제표가 아닌 '금융기관의 사실확인서' 및 '세무사의 오류확인서'로는 입찰에 참여할 기업의 경영(재무) 상태를 평가하지 않는다.

Q 장기 계속 공사의 부분 공사 실적 인정 및 준공일은 어떻게 되나요?

A 분할이 가능한 장기 계속 공사의 부분 공사를 시공 완료 후 검사를 거쳐 하자보수 보증금을 내고 발주기관이 인수한 경우 해당 부분 공사를 공사 실적으로 사용했더라도 적격심사 시 해당 부분 공사의 준공일은 해당 장기 계속 공사의 최종 준공일로 볼 수 있다. 발주기관이 직접 정한 별도의 적격심사 세부 기준이 있는 경우 그에 따라 처리하는 것이 타당하다.

5 계약 체결 및 계약 이행

Q 계약 이행의 주체는 어디인가요?

A 국가기관이 체결하는 계약에 있어서 해당 계약의 이행은 계약 당사자가 직접 수행하는 것을 원칙으로 하고 있다. 다만, 발주기관의 사전 승인을 받으면 설계도서 제작 관련 업무를 설계 용역에서 대행하는 것이 가능하다.

Q 입찰 공고 내용과 다르게 계약을 체결하면 그 유효성은 어떻게 되나요?

A 입찰 자격, 입찰 참가 여부 등에 중대한 영향을 미칠 수 있는 입찰 조건을 입찰 실시 후 계약을 체결할 낙찰자만을 대상으로 변경하는 것은 타당하지 않다.

Q 계약 보증금 납부 면제 여부는 어떻게 되나요?

A 계약 보증금 납부를 면제할 수 있는 경우 "일반적으로 공정·타당하다고 인정되는 계약의 관습에 따라 계약 보증금 징수가 적합하지 않을 경우"라고 규정하고 있다. 계약 보증금 납부 면제는 국계법시행령 제50조 제6항 규정을 확인해 각 중앙관서의 장 또는 계약 담당 공무원이 판단할 사항이다.

Q 계약 금액이 3억 원 미만의 용역 계약의 경우 선금을 계약 금액의 70%까지 지급하는 것이 가능한가요?

A "정부 입찰·계약 집행 기준"은 계약 상대자가 청구하는 경우 계약 금액에 대해 의무적으로 지급해야 하는 선급의 비율에 관한 규정이므로 발주기관은 같은 집행 기준에 따라 의무 지급률 외에 계약 금액의 100분의 70을 초과하지 않은 범위에서 선금을 추가 지급할 수 있다.

Q 장기 계속 계약의 선금 지급 방법은 무엇인가요?

A 선금은 계약 체결 후 노임 지급 및 자재 확보 등 당해 계약 목적물을 위한 용도로 우선 사용하게 하려고 지급할 수 있도록 하고 있다. 계약 체결 후 불가피한 사유로 이행 착수가 상당 기간 지연될 것이 명백한 상황에 해당하지 않는 한, 공사 착수 전이라도 해당 계약 목적의 달성을 위해 자재 확보 등이 필요한 경우에는 선금 지급이 가능하다.

Q 계약 이행을 완료하면 필요한 검사를 의무적으로 하지만, 검사를 면제받는 방법은 무엇인가요?

A 산업표준화법 제15조에 따라 인증(KS 인증)을 받은 제품, 품질경영 및 공산품 안전관리법 제6조에 따라 품질경영 우수기업(ISO 인증 기업) 등으로 선정된 자가 제조한 제품, 조달사업에 관한 법률 제3조의 3에 따라 조달청장이 고시한 품질 관리능력 평가 기준에 적합한 자가 제조한 물품이다. 다만, 검사 면제 대상이더라도 해당 물품이 국민의 생명 보호, 안정, 보건 위생 등을 위해 검사가 필요하다고 인정되거나 불량자재 사용, 다수의 하자 발생 등으로 품질의 확인이 필요한 것으로 인정되어 계약 내용에 검사를 한다는 사항이 포함되도록 한 경우에는 검사할 수 있다.

6 하자보수

Q 잘못된 시공으로 인한 계약 상대자의 하자보수 책임은 어떻게 되나요?

A 계약 상대자는 국가계약법에 따라 시공상 하자에 대해 하자보수 책임을 지게 되고, '하자보수'라 함은 해당 공사의 시공상 잘못 및 설계서대로 시공하지 아니해 발생한 하자에 대한 보수를 의미한다. 시공상 하자 발생이 설계서대로 시공하지 않는 경우 등 계약 상대자의 책임 있는 사유로 인한 것이 명백한 경우에는 계

약 상대자가 하자보수 책임을 지는 것이다. 이 경우 예상치 못한 폭우를 이유로 계약 상대자의 하자보수 책임이 면책되지 않는다고 보는 것이 타당하다. 다만, 시공상 하자 여부는 계약 담당 공무원이 계약 목적물의 특성·구조 및 설계도서 등을 종합적으로 고려해 판단해야 한다.

Q 일괄 입찰 공사에서 설계 부분만 분리해 하자담보책임 기간을 설정할 수 있나요?

A 국가계약법령에는 설계 등 기술 용역에 대해서 별도로 하자보수 책임을 규정하고 있지 않으며, 설계·시공 일괄 입찰 공사에 있어서 설계 부분만 분리해 하자담보책임 등을 적용할 수 있는 것은 없다. 다만, 건설기술관리법 등 관계 법령에 별도로 정한 사항이 있는 경우에는 법령에 정한대로 처리될 사항이다.

Q 하자담보책임 기간 중의 하자에 대한 하자담보책임 기간을 설정 가능한가요?

A 공사 계약에서 하자담보책임 기간 및 하자보수 보증금은 국가계약법령에서 정한 것에 따라 정하고 있다. 하자담보책임 기간 중 하자에 대해 하자보수를 시행한 후 별도의 하자담보책임 기간을 설정하는 것은 아니다.

Q 하자보수 지연으로 중대한 하자가 지속되는 경우 하자보수 보증금 국고 귀속이 가능한가요?

A "공사 계약 일반조건"에 따르면 하자담보책임 기간 중 계약 담당 공무원으로부터 하자보수 요구를 받고 이에 불응한 경우 하자보수 보증금을 국고에 귀속할 수 있다. 계약 상대자가 하자담보책임 기간 내에 하자보수를 이행하지 않으면 하자보수 보증금의 국고귀속이 가능하다. 하자보수 지연으로 인해서 중대한 하자가 지속해 해당 계약 목적물을 본래 목적에 활용하기 어려운 경우에도 하자보수 의무를 이행하지 않는 것과 같다. 이 또한 하자보수 보증금의 국고 귀속이 가능하다. 하자보수 보증금 국고 귀속 사유에 해당하는지는 계약 담당 공무원이 하자 발생 사유, 하자보수 소요기간 등을 고려해야 한다.

70%

부록

부록
1

국가 계약과 지방자치단체 계약 비교

정부 계약에 관한 법은 중앙행정기관, 공기업 등을 대상으로 하는 '국가를 당사자로 하는 계약에 관한 법률'과(이하 '국가계약법'이라 함) 지방자치단체 등을 대상으로 하는 '지방자치단체를 대상으로 하는 계약에 관한 법률'(이하 '지방계약법'이라 함)이 있다.

국가 계약	지방자치단체 계약
–	• 주민 공동사업 계약의 대행
–	• 주민 참여 감독제
–	• 지방자치단체의 장 등에 대한 계약 체결의 제한
–	• 원가 검토 제도 – 원가 계산을 하지 않은 기관이 원가 검토
• 입찰 및 계약의 방법 – 일반 경쟁 입찰, 제한 경쟁 입찰, 지명 경쟁 입찰 및 수의 계약 등 4가지 방법	• 입찰 및 계약의 방법 – 일반 입찰, 지명 입찰 및 수의 계약 등 3가지 방법 * 제한 입찰이 일반 입찰에 포함
• 낙찰자 결정 방법 – 최저가 낙찰제, 적격심사 낙찰제, 저가 심의+최저가 낙찰제 * 종합심사 낙찰제	• 낙찰자 결정 방법 – 최저가 낙찰제 및 설계 공모 낙찰제 추가 * 종합평가 낙찰제

국가 계약	지방자치단체 계약
• 협상에 따른 계약 체결 – 물품·용역만 대상(공사 제외)	• 협상에 따른 계약 체결 – 대상에 일부 공사도 포함
• 하자담보책임 대상 – 공사 계약에만 허용	• 하자담보책임 대상 확대 – 공사 외에 물품·용역도 포함
• 하자보수 보증금 : 손해배상액의 예정 성격 – 하자보수 불이행 시 하자보수 보증금 전액 국고에 귀속	• 실손 보상제 성격 – 하자보수 불이행 시 하자보수에 필요한 금액만 해당 지방자치단체에 귀속
• 회계 연도 시작 전의 계약 체결 – 임차, 운송, 보관 등 그 성질상 중단할 수 없는 계약은 회계 연도 시작 전에 확정된 예산 범위에서 계약 체결 가능	• 회계 연도 시작 전 또는 예산 배경 전의 계약 체결 – 긴급한 재해복구 또는 임차, 운송, 보관 계약 등 그 성질상 중단할 수 없는 계약에서는 회계 연도 시작 전 또는 예산 배정 전에 확정된 예산의 범위에서 예약 체결 가능
• 계속비 계약 – 해당 연도 예산(연부액)의 범위에서 연차별 공사 이행 * 예산 총칙에 따라 초과 시공 가능	• 계속비 계약에 초과 시공제 도입 – 해당 연도 예산(연부액)의 범위를 초과해 연차별 공사 이행 가능
• 계속비 공사 계약의 하자담보책임 기간 – 계속비 공사에서 부분 완공된 부분도 완공시점부터 하자담보책임 기간 가산	–
–	• 단연도 차수 계약 – 같은 회계 연도 내에 전체 예산의 확보 범위에서 시기별로 나누어 계약 체결 가능
– (조달사업에 관한 법률에 규정)	• 3자를 위한 단가 계약 – 광역자치단체장은 관할구역 안의 자치구에 공통으로 소요되는 물자 제조, 구매 계약에 대해 제3자를 위한 단가 계약 체결 가능
• 계약심의위원회 설치 운영 – 임의 규정	• 계약심의위원회 설치 운영 – 의무 규정

구분	국가 계약	지방자치단체 계약
국제입찰 대상	• 공사 : 500만 SDR(82억 원) 이상 • 물품·용역 : 13만 SDR(2.1억 원) 이상	• 광역자치단체(서울, 부산, 인천 자치구 포함) • 공사 : 1,500만 SDR(245억 원) 이상 • 물품·용역 : 20만 SDR(3.3억 원) 이상
지역제한 입찰 대상	• 종합공사 : 고시 금액(82억 원) 미만 • 전문공사, 전기공사, 정보통신공사, 소방공사 등 : 7억 원 미만 • 물품, 용역 : 고시 금액 미만	• 종합공사 : 100억 원 미만 • 전문공사 : 7억 원(혁신도시는 10억 원) • 전기공사, 정보통신공사, 소방공사, 특정 열 사용 자재 설치공사 : 5억 원 • 물품, 용역 : 고시 금액 미만 (기초자치단체는 5억 원 미만)
지역 의무 공동 도급 대상 공사	• 고시 금액(82억 원) 미만	• 모든 공사(금액 제한 없음) – 외국 업체는 적용 배제
현장설명	• 모든 공사 : 현장설명 가능 • 300억 원 이상(최저가 대상) : 의무 실시 • 모든 공사 참가 임의 • 의무 실시 대상 공사에 참여하지 않은 입찰도 유효	• 모든 공사 : 현장설명 의무(예외 인정) • 300억 원 이상 : 현장설명을 한 경우, 참가자만 입찰 가능, 참가하지 않은 입찰은 무효
공사의 낙찰자 결정 방법	• 300억 원 미만 : 적격심사 낙찰제 • 300억 원 이상 : 저가 낙찰제 (종합심사 낙찰제)	• 좌동 • 좌동 • 50억 원 이상 : 최적가치 낙찰제

부록

2

용어 정리

ㄱ

기초 금액

설계 가격 또는 조사 가격이 '원가 계산에 따른 예정 가격 작성원칙'에 적정 여부를 검토·조정해 여기에 부가가치세액을 합산해 작성한 가격으로 소속기관의 장 또는 계약 담당 공무원이 최종 예정 가격으로 결정하기 직전에 조정 내용을 예정 가격 조서상에 명시하고 기초 금액을 가감해 작성한 가격을 의미한다.

거래 실례 가격

시중에서 적정한 거래가 형성된 경우의 거래 가격(국가계약법시행령 제9조 제1항 제1호)이다.

건설공사(건설산업기본법 제2조 제4호)

토목공사 · 건축공사 · 산업설비공사 · 조경공사 및 환경시설공사 등 시설물을 설치 · 유지 · 보수하는 공사(시설물을 설치하기 위한 부지조성공사를 포함), 기계설비 기타 구조물의 설치 및 해체공사 등. 다만, 다음 각 목의 1에 해당하는 공사를 포함하지 아니한다.

- 전기공사업법에 따른 전기공사, 정보통신공사업법에 따른 정보통신공사
- 소방법에 따른 소방설비공사, 문화재보호법에 따른 문화재 수리공사

건설사업관리(CM) 방식

발주자와 설계자 및 건설 관리를 담당할 건설관리 전문가(Construction Manager : CMr)의 3자로 구성되며, 발주자는 CM서비스를 전제로 공사 계약을 체결하고 건설관리 전문가(CMr)가 프로젝트의 기획 단계(Planning, Consulting)에서부터 참여하는 것이다. CM의 유형으로는 전문컨설팅 회사에 따른 방식, 원도급자에 따른 방식, Engineering Constructor에 따른 방식 및 설계 전문 CM사에 따른 방식 등이 있다.

계약 단가

공종별 목적물 물량 내역서에 각 품목 또는 비목별로 단가를 기재한 산출내역서의 단가(국가계약법시행령 제68조 제3항)를 말한다.

계약 담당 공무원

1. 세입의 원인이 되는 계약에 관한 사무를 각 중앙관서의 장으로 부터 위임받은 공무원
2. 재무관
3. 계약관
4. 일상경비출납 공무원
5. 기타 법령에 의해 세입세출 외의 자금 또는 기금의 출납 원인이 되는 계약을 담당하는 공무원(국가계약법시행규칙 제2조 제1호)

계약 담당 공무원(국가계약법시행규칙 제2조 제1호)

- 세입의 원인이 되는 계약에 관한 사무를 각 중앙관서의 장으로부터 위임받은 공무원
- 각 중앙관서의 장이 소속 공무원에게 위임해 지출 원인행위를 하게 한 공무원(재무관, 대리재무관, 분임재무관, 대리분임재무관)
- 각 중앙관서의 장이 그 소관에 속하는 계약 사무를 처리하기 위해 그 소속 공무원 중에서 계약에 관한 사무를 담당하게 한 공무원(계약관, 대리계약관, 분임계약관, 대리분임계약관)
- 지출관으로부터 자금을 교부받아 출납 공무원 사무처리규정에 따른 지급 원인행위를 할 수 있는 일상경비출납 공무원(대리 일상경비출납 공무원, 분임 일상경비출납 공무원, 대리분임 일상경비출납 공무원)
- 기타 법령에 의해 세입세출 외의 자금 또는 기금의 출납의 원인이 되는 계약을 담당하는 공무원
- 각 중앙관서의 장이 계약에 관한 사무를 그 소속 공무원에게 위임

하지 아니하고 직접 처리하는 경우에는 그 중앙관서의 장(공사 계약일반조건 제2조 제1호)

계약 문서의 구성(공사 계약일반조건 제3조)

계약서(주로 표준계약서를 사용), 설계서(공사시방서, 설계도면, 현장설명서로 구성), 공사입찰 유의서 및 특별 유의서, 공사 계약 일반조건(이 조건에서 따로 정하는 경우를 제외하고는 국가계약법령에 정한 것을 따름) 및 특수 조건, 산출내역서

계약 보증금

계약 체결 후 계약 이행이 완료될 때까지의 계약 이행을 계약자로부터 보증받기 위한 물적 담보로서 계약 금액의 100분의 10 이상을 납부해야 하며, 계약 불이행 시 국고에 귀속된다(국가계약법 제12조, 동법 시행령 제50조).

계약 상대자

정부와 공사 계약을 체결한 자연인 또는 법인을 말한다(공사 계약일반조건 제2조 제2호).

계약 이행 보증 종류

공사 계약을 체결하고자 하는 경우 계약 대상자가 다음 각 호의 방법 중 하나를 선택해 계약 이행의 보증을 하게 해야 한다.

1. 계약 보증금을 납부하고 당해 공사의 계약상의 시공의무 이행(하

자보수 이행을 포함)을 보증하는 1인 이상의 연대보증인을 세우는 방법

2. 연대보증인을 세우지 아니하고 계약 보증금을 계약 금액의 100분의 20 이상 납부하는 방법
3. 계약 보증금을 납부하지 아니하고 공사 이행 보증서(당해 공사의 계약상의 고시 금액), 국가계약법 제4조 제1항 본문의 규정에 따라 재정경제부장관이 고시한 금액(국가계약법시행령 제2조 제3호)

공동 계약

제조기술 및 자본의 보완 및 계약 불이행에 대한 위험부담을 분산시키기 위해 2인 이상의 계약 상대자와 체결하는 계약을 말한다(국가계약법 제25조, 동법시행령 제72조).

공동 도급 계약

일반적으로 2인 이상의 사업자가 공동으로 어떤 일을 도급받아 공동 계산하에 계약을 이행하는 특수한 도급 형태. 특히 건설업에 있어서의 공동 도급은 '2인 이상의 건설업자가 공동으로 공사를 수급받아 공동 계산하에 공사를 수행하는 특수한 도급 형태'. 복수의 건설업체가 당해 계약을 공동으로 수행하기 위해 잠정적으로 결성한 실체를 공동 수급체라 하고, 동 공동 수급체와 발주기관 간에 공사 도급 계약을 체결하는 것을 공동 도급 계약이라고 하며, 결합 방식에 따라 공동 이행 방식과 분담 이행 방식으로 나뉜다.

공동 수급 협정서

공동 도급 계약에 있어서 공동 수급체 구성원 상호 간 권리·의무 등 공동 도급 계약의 수행에 관한 중요사항을 규정한 계약서다(전자상으로 등록 입력처리).

공동 이행 방식

공동 수급체의 각 구성원이 자금을 갹출하고, 인원·기재 등을 공여해 공동 계산으로 계약을 이행하는 방법을 말한다.

관급 자재

계약 내용에 따라 발주기관이 공급하는 공사 자재를 말한다.

국제 입찰 대상 공사

양허 대상 기관에서 발주하는 공사로서 관급 자재 대가 및 부가가치세를 공제한 금액이 기준가 이상 규모인 공사를 말한다. 경쟁 입찰 대상 신규발주 1건 공사를 기준으로 평가한다.

※ 기관별	양허 기준가
국가기관	81억 원(500만 SDR) 이상
자치단체	244억 원(1,500만 SDR) 이상
투자기관	244억 원(1,500만 SDR) 이상

ㄴ

낙찰률

예정 가격에 대한 낙찰 금액의 비율을 말한다.

낙찰 하한율

예정 가격 대비 낙찰받을 수 있는 최저 가격을 정하는 백분율(예 89.685%)을 말한다.

낙찰 하한가

예정 가격에 낙찰 하한율을 곱한 금액으로 낙찰 하한가 미만으로 투찰한 금액은 하한가 탈락으로 순위에 관계없이 낙찰을 받을 자격을 상실한다.

ㄷ

단가 계약

다수 기관에서 공통적으로 사용하고 수요빈도가 많은 품목에 대해 단가에 의해 입찰 및 수의시담 하고 예정 수량을 명시해 체결하는 계약을 말한다(국가계약법 제22조).

대안 입찰

원안 입찰과 함께 따로 입찰자의 의사에 따라 대안이 허용된 공사의 입찰을 말하며, 대안 입찰이 허용된 공종에 한해 대안을 제시해야 한다(국가계약법시행령 제79조 제1항 제4호).

대지급

조달사업에 관한 법률 시행령 제12조(물자 대금 및 수수료의 납입시기 등) 제2항에 의거 조달 요청한 물품 대금을 공공기관의 요청에 따라 조달청에서 공공기관을 대신해 물품납품업체에 지급하는 것을 말한다.

도급

원도급·하도급·위탁 기타 명칭의 여하에 불구하고 건설공사를 완성할 것을 약정하고, 상대방이 그 일의 결과에 대해 대가를 지급할 것을 약정하는 계약을 말한다(건설산업기본법 제2조 제8호).

ㅁ

물가 변동으로 인한 계약 금액 조정 제도(Escalation 또는 De-escalation)

계약 체결 후 일정 기간이 경과된 시점에서 계약 금액을 구성하는 각종 품목 또는 비목의 가격이 급격하게 상승 또는 하락된 경우 계약 금액을 증감 조정해줌으로써 계약 당사자 일방의 예기치 못한 부담을 경감시켜 계약 이행을 원활하게 할 수 있도록 하는 것을 말한다.

물품 감사

물품 관리의 적법성 및 적정성 등을 검사하는 권한으로서 감사 범위는 물품관리법이 정하는 물품 관리업무 전반을 말한다.

ㅂ

복수 예비 가격

기초 금액을 근거로 해 15개의 예비 가격을 작성(비공개)한 후 이 중에서 4개를 추첨해 예정 가격을 결정한다(조달청 수요물자 구매업무 처리규정 제30조).

부정당업자의 입찰 참가자격 제한 제도(약칭, '부정당업자 제재제도')

국가가 계약을 체결함에 있어서 입찰 단계부터 준공 및 하자보수 단계에 이르기까지의 일련의 과정에서 입찰 참가자 또는 계약 상대자가 경쟁 입찰의 공정한 집행, 계약의 적정한 이행을 해칠 염려가 있거나, 기타 입찰에 참가시키는 것이 부적합하다고 인정되는 자에 대해서는 국가가 집행하는 모든 입찰에 일정기간 동안 참가를 배제하는 제도를 말한다.

분담 이행 방식

공동 수급체의 각 구성원이 계약의 목적물을 분할해 각자 그 분담 부분에 대해서만 자기의 책임으로 이행하고 손익을 계산하되 공동 경비

만을 갹출해 계약을 이행하는 방법을 말한다.

ㅅ

사후 원가 검토 조건부 계약

예정 가격을 구성하는 일부 비목별 금액을 결정할 수 없을 경우 체결하는 계약으로서 계약이 완료된 후에 원가를 검토해 정산해야 한다(국가계약법시행령 제73조).

산출내역서

국가계약법시행령 제14조 제6항 및 제7항의 규정에 따라 발주기관이 교부한 물량내역서에 입찰자 또는 계약 상대자가 단가를 기재해 제출한 내역서를 말한다.

수급인

발주자로부터 건설공사를 도급받은 건설업자를 말하며, 하도급 관계에 있어서 하도급을 하는 건설업자를 포함한다.

수요기관

국가기관, 지방자치단체, 기타 기관으로서 조달청으로부터 수요기관 고유번호를 부여받은 기관을 말한다(조달사업에 관한 법률 제2조 제4호, 동법 시행령 제4조).

수의 계약 사유 평가 기준

국가계약법시행령 제26조에 의거 수의 계약에 의할 수 있는 경우 중 시설물에 대한 하자책임 구분이 곤란한 경우, 작업상 혼잡 등으로 동일 현장에서 2인 이상의 시공자가 공사를 할 수 없는 경우, 마감공사인 경우, 특허공법 또는 신기술에 따른 공사 등과 같이 독점적 권리로 인해 사실상 경쟁이 불가능한 경우 등의 수의 계약 요건에 대해 수의 계약 요건의 경중에 따라 계량적 수치로 평가하고, 평가 결과 60점 이상에 달할 경우에는 수의 계약으로 추진하기 위한 기준이다.

시공 비율

회계예규 공동 도급 운용 요령에 의거 공동 이행 방식 또는 분담 이행 방식으로 공동 수급체를 구성, 낙찰된 경우 각각의 구성원이 시공할 비율을 말하며 시공 경험, 기술능력, 경영 상태 등의 평가 시 각 구성원의 평가 자료 인정에 적용하며 참여 비율이라고도 한다.

시설공사

전기통신, 가스, 상하수도, 교통안전시설, 포장공사 등의 간선시설공사 및 토목, 건축, 산업설비, 조경공사, 환경시설, 기계설비, 기타 구조물의 설치 및 해체공사 등을 말한다.

시설용역

건설공사에 관한 설계, 시공, 감리 등 건설공사와 관련된 용역을 말한다.

신용장(Letter of Credit)

환어음에 따른 거래 대금 결제상의 문제점을 해소하고 대금 결제를 원활히 하기 위해 사용된다. 신용장이란 국제 무역에 있어서 거래 대금 결제의 원활을 기하기 위해 외국환 은행이 수입상을 대신해 일정한 금액, 기간 및 조건하에서 수출상이 하환어음을 발행할 권한을 부여하고 그 은행이 어음의 인수 또는 지급을 수출상, 어음할인 은행, 선의의 소지인에 대해 보증하는 서류를 말한다.

예비 가격 기초 금액

조달청에서 조사한 당해 공사의 공사 금액(관급자재 대가 불포함)으로서 예비 가격 작성의 기초 금액 및 적격심사의 시공 경험 평가 기준 금액 산정에 활용하고 입찰일 기준 7일 전에 〈일간건설〉 및 인터넷(http://www.g2b.go.kr)에 공개한다.

예정 가격

입찰 또는 계약 체결 전에 낙찰자 및 계약 금액의 결정 기준으로 삼기 위해 미리 작성·비치해두는 가액으로서 국가계약법 제8조의 규정에 따라 작성된 가격을 말한다(국가계약법시행령 제2조 제2호).

추정 가격과 예정 가격의 비교

구분		추정 가격	예정 가격
차이점	작성 목적	계약 방법 등 판단 기준	낙찰자·계약 금액 결정 기준
	작성 시기	계약 방법 결정 전	입찰 또는 계약 체결 전
	부가가치세	제외	포함
	공개 여부	공개	비공개
공통점	작성자	발주기관·계약 담당자	
	관급자재비	제외	

예비 가격 기초 금액

조달청에서 조사한 당해 공사의 공사 금액(관급자대 대가 불포함)으로서 예비 가격 작성의 기초 금액 및 적격심사의 시공, 경험 평가 기준 금액 산정에 활용한다.

원가 계산 가격

신규 개발품이거나 특수 규격품 등의 특수한 물품·공사·용역 등 계약의 특수성으로 적정한 거래 실례 가격이 없는 경우, 계약의 목적이 되는 물품·공사·용역 등을 구성하는 재료비·노무비·경비와 일반관리비 및 이윤을 계산한 가격이다(국가계약법시행령 제9조 제1항 제2호).

이행 보증보험

발주기관을 피보험자로 하는 손해보험의 일종으로 계약 상대자의 계약 불이행 시 발주기관이 입은 손해를 보험회사가 발주기관에 보험금을 지급하는 방법으로 보증하는 금전적 보증 수단. 이행 보증증권은 보증 위탁 계약에 근거한 구상권이 존재하나, 이행 보증보험은 보험대위권에 따른 구상권이 존재한다.

일괄 입찰(Turn-Key)

일괄 입찰이란 정부가 제시하는 공사 일괄 입찰 기본계획 및 지침에 따라 입찰 시에 그 공사의 설계서와 기타 시공에 필요한 도면 및 관계 서류를 작성해 입찰서와 함께 제출하는 설계·시공 일괄 입찰을 말하며 기본 설계 입찰과 실시 설계로 구분한다(국가계약법시행령 제79조 제1항 제5호).

입찰

상품의 매매나 도급 계약을 체결할 때 여러 희망자들에게 각자의 낙찰 희망가격을 서면으로 제출하게 하는 일을 말한다.

입찰 참가자격

당해 건설공사 관련 인·허가, 면허, 등록 등 필요한 요건을 구비한 자, 부가가치세법 제5조에 따른 사업자등록증을 교부받은 자, 입찰 참가자격 등록규정(조달청훈령)에 따라 등록을 필한 자(공사입찰특별유의서 제3조 제1항). 즉, 입찰 공고 및 입찰 설명서에서 정한 요건을 갖춘 자를 말한다.

입찰 담합

경쟁 입찰에 있어서 수요 독점적 위치에 있는 발주자에 대항해 다수의 입찰 참가자가 미리 특정인을 정해 낙찰자가 되도록 현시적 또는 묵시적으로 협정하고서 다른 입찰 참가자들은 말하자면 들러리 형식으로 입찰에 참가하는 것을 말한다.

입찰 보증금

입찰 후 계약 체결을 보장받기 위한 물적 담보로서 입찰 금액의 100분의 5 이상을 납부해야 하며, 계약 체결을 하지 못할 경우 국고에 귀속 조치한다. 조달청은 입찰 보증금 지급 각서로 대체하고 있으나 신용불량자, 가격 등락이 심해 계약을 기피할 우려가 있는 품목으로 계약관이 입찰 보증금을 수납하는 것이 필요하다고 인정한 경우에는 입찰 보증금을 납부하도록 하고 있다(국가계약법시행령 제37조).

입찰 참가자격 사전심사에 따른 경쟁 입찰

입찰 참가자격 사전심사제(Pre-Qualification, PQ)란 입찰에 참여하고자 하는 자에 대해 사전에 시공 경험·기술능력·경영 상태 및 신인도 등을 종합적으로 평가해 시공능력이 있는 적격 업체를 선정하고 동 적격 업체에게 입찰 참가자격을 부여하는 제도를 말한다.

장기 계속 계약

그 성질상 수년을 계속해 존속할 필요가 있거나 이행에 수년을 요하는 계약을 말한다(국가계약법 제21조, 국가계약법시행령 제69조).

전자 입찰

직접 입찰 장소에 방문해 입찰 서류를 제출할 필요 없이 인터넷을 통해 물품 조달 또는 시설공사 입찰에 참여할 수 있는 입찰 방식을 말한다. 2000년 11월 조달청이 처음 도입한 이후 각급 정부기관, 지방자치단체, 정부투자기관 등은 2002년 9월부터 나라장터(G2B 시스템)에 입찰 공고를 게시하도록 의무화했다.

적격심사

입찰자의 계약 이행능력을 심사해 우량업체를 낙찰자로 결정하는 제도로서 물품 납품 이행능력과 입찰 점수 및 신인도 점수로 평가한다(국가계약법 제42조 제1항).

제3자 단가 계약

수요기관에서 공통적으로 소요되고 신속 공급이 필요한 물자의 제조·구매 및 가공 등의 계약에 관해 미리 단가만을 정해 공고하고 각 수요기관에서 계약 상대자에게 직접 납품을 요구해 구매하는 계약을 말한다(조달사업에 관한 법률 제5조, 동법 시행령 제7조).

제한적 최저가 낙찰제

예정 가격 이하로 입찰한 자 중 예정 가격 대비 일정 비율(예 : 90%)이상 입찰자로서 최저 가격으로 입찰한 자를 낙찰자로 결정하는 제도를 말한다(1999. 9. 9 이후 공고분부터 폐지).

제한적 평균가 낙찰제

예가의 85% 이상 입찰한 자의 평균 금액 이하로 가장 근접하게 응찰한 자를 낙찰자로 결정하는 제도를 말한다.

종합 낙찰제

입찰 가격 이외에 품질·성능·효율 등을 종합적으로 고려해 가장 경제성 있는 가격으로 입찰한 자를 낙찰자로 결정한다(국가계약법시행령 제44조, 종합 낙찰제 세부운용기준(조달청훈령)).

중앙 관서의 장

1.국회의장 2.대법원장 3.헌법재판소장 4.중앙선거관리위원회 위원장 5.헌법 또는 정부조직법, 기타 법률에 의해 설치된 중앙행정기관의 장을 말한다(국가계약법 제4조 제3항, 예산회계법 제14조).

지체 상금

계약 상대자가 정당한 이유 없이 계약상의 의무를 기한 내에 이행하지 못하고 지체한 때에는 이행 지체에 대한 손해 배상액의 예정 성격으로 징수하는 것을 말한다.

차액 보증금 제도

경쟁 계약에 있어서 낙찰 금액이 예정 가격의 100분의 85 미만일 때는 계약 보증금 외에 예정 가격과 낙찰 금액과의 차액을 현금 또는 보증서 등으로 납부해야 하는데 이를 차액 보증금이라 한다. 1995년 7월 6일 국가계약법시행령 제정으로 폐지되었다.

총액 계약

계약 목적물 전체에 대해 총액으로 입찰 또는 수의시담해 체결하는 계약을 말한다.

총액 입찰

입찰서에 입찰 금액을 기재해 입찰하는 제도이며 낙찰된 회사는 착공계 제출 시 입찰 내역서를 함께 제출해야 한다.

최저가 낙찰제

예정 가격 이하 최저 가격으로 입찰한 자를 낙찰자로 결정하는 제도이다.

추정 가격

국제 입찰 대상 여부를 판단하는 기준 등으로 삼기 위해 예정 가격이 결정되기 전에 예산에 계산된 금액 등을 기준해 부가가치세 및 조달수수료를 제외한 금액을 말한다(국가계약법시행령 제7조). 물품·공사·용역 등의 조달 계약을 체결함에 있어서 국가계약법 제4조의 규정에 따른 국제 입찰 대상 여부를 판단하는 기준 등으로 삼기 위해 예정 가격이 결정되기 전에 동법 제7조의 규정에 의해 산정된 가격, 공사 예정 금액 중 부가가치세 및 도급자 설치 관급자재 대가를 제외한 금액으로 국제 입찰 및 국내 입찰의 구분 , 적격심사 대상 기준의 선택 등 공사규모별 평가 기준을 선택하는 기준이 된다(국가계약법시행령 제2조 제1호).

추정 금액

공사에 있어서 국가계약법시행령 제2조의 제1호에 따른 추정 가격에 부가가치세법에 따른 부가가치세와 관급자재로 공급될 부분의 가격을 합한 금액을 말한다.

- 공사 예정 금액에 관급자재 대가(도급자 관급포함) 및 부가가치세를 포함한 금액이다.
- 추정 가격과 부가가치세, 관급자재대(도급자 설치 관급)를 합산한 금액으로써 조달청 등에서 등급별 유자격 명부 등록 및 운용 기준과 시공능력 공시액에 따른 입찰 시 참가자격 등의 기준에 활용한다(국가계약법시행규칙 제2조의 2호).

ㅎ

하도급 거래

원사업자가 수급사업자에게 제조위탁(가공위탁 포함) · 수리위탁 또는 건설위탁을 하거나, 원사업자가 다른 사업자로부터 이를 위탁받은 것을 수급사업자에게 다시 위탁하고, 수급사업자가 제조 등을 해 원사업자에게 납품 또는 인도하고 그 대가를 수령하는 행위다(하도급법 제2조).

하자보수 보증금

공사 계약을 체결할 때에 계약 이행이 완료된 후 일정 기간 그 계약 목적물에 시공상 하자가 발생할 것에 대비해 이에 대한 담보적 성격으로 납부하게 하는 일정 금액을 말한다.

하한가 탈락

예정 가격에 대해 낙찰 하한율(예/87.745%) 이하로 투찰하면 순위에 관계없이 입찰은 무효다.

C

CPT

CPT(Carriage Paid To)란 매도인이 지정 목적지까지 물품 운송에 대한 운임을 지급하는 조건을 의미하며 물품의 멸실 또는 손상에 대한 위험뿐만 아니라 물품이 운송인에게 인도된 이후에 발생된 사고에 기인한 모든 추가 비용에 대한 위험은 물품이 운송인의 보관창고로 인도되었을 때 매수인에게로 이전되는 조건을 의미하며, CPT 또는 운송비 지급 가격이라고 한다.

CIP

CIP(Carriage and Insurance Paid To)란 매도인이 CPT조건과 동일한 의무를 가지지만 이에 추가해 물품 운송 중의 멸실이나 손상의 위험에 대비한 적하보험을 부보(部保)할 의무를 지게 되며 이를 CIP 또는 운임 보험료 지급 가격이라고 한다.

CIF

CIF(Cost Insurance and Freight)란 매도인이 CFR 조건과 동일한 의무를 가지지만 이에 추가해 물품의 운송 중 멸실 또는 손상의 위험에 대비한 해상보험을 부보해야 하는 의무를 지게 되는 조건을 의미하며, CIF 또는 운임보험료 포함 가격이라고 한다.

CFR

CFR(Cost and Freight)란 매도인이 지정된 목적지까지 물품을 운반하는 데 필요한 비용 및 운임을 지급해야 하며, 물품이 본선상에 인도된 후 발생된 사고에 기인한 물품의 멸실 또는 손상에 대한 위험과 추가비용은 물품이 선적항에서 본선의 난간을 통과할 때 매도인으로부터 매수인에게 이전되는 조건을 의미하며, CFR 또는 운임 포함 가격이라고 한다.

F

FOB

FOB(Free On Board)는 물품이 지정 선적항에서 본선의 난간을 통과할 때 매도인의 의무가 완수되는 것을 말한다. 이 조건은 해상 운송 또는 내륙 운송에만 사용될 수 있다. 컨테이너 운송의 경우와 같이 본선의 난간이 특별한 의미를 가지지 않을 경우에는 FCA 조건을 사용하는 것이 더 적절하다.

FAS

FAS(Free Alongside Ship)는 물품이 지정 선적항의 부두에서 또는 부선으로 선측에 인도 완료되었을 때 매도인의 인도 의무가 완수되는 조건을 말한다. 이는 곧 그 순간부터 물품의 멸실 또는 손상의 모든 위험과 비용이 매수인에게 이전되는 것을 의미한다.

G

G2B 시스템

G2B(Government To Business) 시스템은 전 공공기관과 기업 간 거래를 구매결정에서부터 대금지불까지 온라인화하는 정부종합전자조달 시스템을 말한다. 현재는 나라장터 시스템(GEPS : Goverment e-Procurement System)으로 개칭해 사용하고 있다.

GEPS 시스템

GEPS(Government e-Procurement System) 시스템이란 나라장터 시스템을 일컫는 말로 전 공공기관과 기업 간 거래를 구매결정에서부터 대금지불까지 온라인화하는 국가종합전자조달 시스템을 말한다.

G2B 목록번호

G2B 목록번호란 G2B 시스템의 물품식별 체계에 따른 16자리 물품번호를 말하며, 8자리의 대·중·소 세 분류번호와 8자리의 식별(또는 품목)번호를 의미한다.

G2B 분류번호

G2B 분류번호란 G2B 시스템의 물품식별 체계에 따른 16자리의 G2B 목록번호 중 앞부분 8자리의 대·중·소 세 분류번호를 말한다.

G2B 식별번호

G2B 식별(품목)번호란 G2B 시스템의 물품식별 체계에 따른 16자리의 G2B 목록번호 중 뒷부분 8자리의 식별번호를 말한다.

참고문헌

1. 장훈기, 〈공고계약제도(해설)〉, 도서출판 삼일, 2015, p.49~120
2. 방위사업청, 〈계약 실무 편람〉, 2014
3. 방위사업청, 〈계약 관련 업무절차 MATRIX〉, 2008
4. 남진권, 〈건설공사 클레임과 분쟁〉, 문원출판사, 2000
5. 조달청, 〈공공공사 입찰 및 계약제도 개선포럼 보고서〉, 2007
6. 한신솔루션, 〈부정당업자 제재의 실효성 강화를 위한 제도개선〉, 2017
7. 김정포, 〈공공조달을 활용한 중소기업지원정책 품질에 관한 수혜자 만족도 분석 : 서브퀄(SERVQUAL)요인을 중심으로〉. 한국경영사학회, 2008
8. 한양대학교 법학연구소, 〈공공조달계약에 있어서 행정적 분쟁해결 절차의 활성화를 위한 연구〉, 2015
9. 전태종, 〈공공조달계약에 관한 연구〉, 2011
10. 최장우, 〈한국기업의 해외 공공조달 분야 수출증대방안에 관한 연구〉, 2010

70%

(개정판)

한 권으로 끝내는 공공조달 시장 진출

제1판 1쇄 2020년 12월 1일
제2판 1쇄 2025년 9월 26일

지은이 양현상
펴낸이 한성주
펴낸곳 ㈜두드림미디어
책임편집 최윤경
디자인 노경녀(nkn3383@naver.com)

㈜두드림미디어
등 록 2015년 3월 25일(제2022-000009호)
주 소 서울시 강서구 공항대로 219, 620호, 621호
전 화 02)333-3577
팩 스 02)6455-3477
이메일 dodreamedia@naver.com(원고 투고 및 출판 관련 문의)
카 페 https://cafe.naver.com/dodreamedia

ISBN 979-11-24026-00-7 (03320)

책 내용에 관한 궁금증은 표지 앞날개에 있는 저자의 이메일이나 저자의 각종 SNS 연락처로 문의해주시길 바랍니다.